모던 웹을 위한
마이크로 프런트엔드
실패하지 않는 대규모 애플리케이션을 위한
프런트엔드 아키텍처 설계와 구현

모던 웹을 위한
마이크로 프런트엔드
실패하지 않는 대규모 애플리케이션을 위한
프런트엔드 아키텍처 설계와 구현

지은이 플로리안 라플

옮긴이 박성규, 김정동, 김창준

펴낸이 박찬규 엮은이 최용 디자인 북누리 표지디자인 Arowa & Arowana

펴낸곳 위키북스 전화 031-955-3658, 3659 팩스 031-955-3660

주소 경기도 파주시 문발로 115 세종출판벤처타운 311호

가격 28,000 페이지 360 책규격 175 x 235mm

초판 발행 2023년 03월 21일
ISBN 979-11-5839-408-0 (93000)

등록번호 제406-2006-000036호 등록일자 2006년 05월 19일
홈페이지 wikibook.co.kr 전자우편 wikibook@wikibook.co.kr

Copyright ©Packt Publishing 2021.
First published in the English language under the title
'The Art of Micro Frontends – (9781800563568)'
Korean translation copyright ⓒ 2023 by WIKIBOOKS

이 책의 한국어판 저작권은 저작권자와 독점 계약한 위키북스에 있습니다.
신저작권법에 의해 한국 내에서 보호를 받는 저작물이므로 무단 전재와 복제를 금합니다.

이 책의 내용에 대한 추가 지원과 문의는 위키북스 출판사 홈페이지 wikibook.co.kr이나
이메일 wikibook@wikibook.co.kr을 이용해 주세요.

모던 웹을 위한
마이크로 프런트엔드

실패하지 않는 대규모 애플리케이션을 위한
프런트엔드 아키텍처 설계와 구현

플로리안 라플 지음 / 박성규, 김정동, 김창준 옮김

위키북스

지속적인 도움과 헌신을 주신 가족에게 감사함을 전합니다. 가족 없이는 제 삶이 빛나거나 올바른 길을 갈 수 없었을 것입니다. 가르쳐 주시고 헌신해 주셔서 감사합니다.

– 플로리안 라플(Florian Rappl)

추천사

플로리안 라플과 만나서 함께 일한 지 5년이 됐다. 플로리안은 아키텍트이면서 코딩도 즐기는데, 그런 사람은 흔치 않다. 나는 그가 아키텍트로서 주도한 프로젝트를 많이 지켜봤는데, 그는 마이크로 프런트엔드 솔루션을 도입하고 해당 기술을 팀원들이 구현하게 이끌었다. 플로리안은 닷넷(.NET)과 마이크로 프런트엔드 커뮤니티를 이끌어가는 세계적으로 손꼽히는 전문가다.

이 책은 마이크로 프런트엔드의 구현 아이디어, 확장성(scalability) 측면, 조직 구성, 보안 문제를 두루 다룬다. 마이크로 프런트엔드를 처음부터 직접 구현하려 하거나 기존 프레임워크를 활용해 마이크로 프런트엔드 솔루션을 구축하려는 독자 모두에게 이 책이 도움이 될 것이다.

모놀리스라고 불리는 모든 기능을 하나로 밀접하게 결합하는 방식의 개발이 오랫동안 이뤄졌으며, 대규모 시스템도 예외가 아니었다. 백엔드 분야에서는 컴포넌트 간의 강한 결합, 복잡한 배포 시나리오, 단일 개발팀에서 대규모 코드 베이스를 관리해야 하는 등의 모놀리식 솔루션의 단점을 마이크로서비스가 해결해 큰 인기를 얻었다. 요즘에는 마이크로서비스 아키텍처에 기초해 백엔드를 구현하는 사례가 많다.

이와 유사한 아키텍처가 프런트엔드 솔루션에 적용된 지는 얼마 되지 않았다. 유연하고 확장 가능(extendable)한 사용자 인터페이스 구현에 있어서는 컴포넌트의 모듈화가 중요한 요구사항이다. 레이아웃과 사용 가능한 피처(feature)가 사용자 콘텍스트에 크게 의존하는 시나리오나 여러 마이크로서비스의 프런트엔드를 모아서 단일 애플리케이션처럼 자연스럽게 내보여야 하는 시나리오에서는 특히 그렇다.

기능 블록의 디커플링은 현대적 모놀리식 프런트엔드 솔루션에도 이미 폭넓게 적용되고 있지만, 마이크로 프런트엔드 아키텍처에서는 마이크로서비스의 장점을 프런트엔드에 활용함으로써 적절한 기술을 자율적으로 사용할 수 있고, 소규모 팀에서 독립적으로 개발할 수 있다. 특히 개별 모듈을 프런트엔드에 동적으로 로딩할 수 있어, 개발/테스트/피처 프로비저닝에 있어 짧고 자기완비적인(self-contained) 릴리스 주기를 가져갈 수 있다. 이러한 장점으로 마이크로 프런트엔드가 대규모의 복잡한 웹 개발에 아주 좋은 선택지가 될 수 있다.

백엔드 아키텍처의 마이크로서비스를 선택할 때도 그렇지만, 모든 프런트엔드 솔루션에 마이크로 프런트엔드를 적용하는 것만이 이상적이거나 모범 답안이라고는 할 수 없다. 사용자 인터페이스의 기능 빌딩 블록을 서로 격리(isolation) 및 디커플링하느라 복잡성이 증가할 수 있다. 오히려 잘 설계하고 모듈화한 모놀리식 웹 애플리케이션이 더 가치 있거나 주어진 사용 시나리오에 더 잘 맞을 수도 있다. 따라서 마이크로 프런트엔드를 도입하기에 앞서 솔루션의 콘셉트에 비추어 장단점을 평가할 필요가 있다. 이러한 맥락에서, 이 책은 알맞은 프런트엔드 아키텍처를 설계하는 과정을 도와준다.

마이크로 프런트엔드를 활용하는 슈퍼 개발자가 되어 스케일러블한 웹 애플리케이션을 구축하자.

로타르 쉐트너(Lothar Schöttner)
(전) 액센츄어와 마이크로소프트의 솔루션 아키텍트, (현) smapiot의 설립자 겸 CEO

저자 소개

플로리안 라플(Florian Rappl)은 디지털 전환(digital transformation) 및 사물인터넷(IoT) 분야의 분산 웹 애플리케이션을 연구하는 솔루션 아키텍트다. 플로리안의 주된 관심사는 마이크로 프런트엔드를 구현하거나 마이크로 프런트엔드가 사업 모델에 미치는 영향을 파악하는 것이다. 그는 이 분야에서 지난 수년간 여러 팀을 이끌며 프로젝트를 성공시켰다.

라플은 수석 아키텍트로서 많은 업계 선두 기업이 뛰어난 웹 애플리케이션을 구축하는 것을 도왔다. 정기적으로 소프트웨어 디자인 패턴과 웹 개발에 대한 강의도 한다. 수년간 세운 업적으로 여러 상을 받았으며, 개발 기술 분야에서 마이크로소프트 MVP로 활동한다.

그는 소프트웨어 공학 분야에서 경력을 시작했으며 물리학을 전공하고 에너지 효율이 높은 슈퍼컴퓨터를 만드는 일에 참여했다. 현재 독일 뮌헨에서 아내와 두 딸과 함께 살고 있다.

검토자 소개

라훌 가울(Rahul Gaur)은 엔터프라이즈 소프트웨어 개발에 열정을 품은 소프트웨어 엔지니어다. 그는 대규모의 복잡한 소프트웨어 애플리케이션 공학에 대한 8년 이상의 성공적인 경험이 있다. 현재 프런트엔드 기술에 전문성을 갖고 이노벡서(Innovaccer)의 기술 이사로 일하고 있다. 헬스케어 플랫폼의 첫 번째 버전 출시를 감독했고, 이후 2018년 마이크로 프런트엔드 아키텍처로서의 전사적 전환을 감독하여 헬스케어 플랫폼의 성장을 가속화하여 2021년 초에 야심 찬 스타트업을 유니콘으로 격상시켰다. 자유-오픈 소스 소프트웨어의 열렬한 신봉자인 라훌은 정기적으로 여러 오픈 소스 프로젝트에 기여하고 있다.

머리말

마이크로 프런트엔드의 패턴은 소프트웨어 개발의 마이크로서비스 아이디어를 프런트엔드 개발로 끌어온 웹 아키텍처다. 마이크로 프런트엔드에서는 복잡성과 단일 장애 지점을 피하기 위해 프런트엔드의 각 모듈이 격리되어 개발·배포된다.

대상 독자

솔루션 아키텍트, 소프트웨어 아키텍트, 개발자 및 프런트엔드 엔지니어를 대상으로 이 책을 썼다. 독자가 자바스크립트와 그 생태계(Node.js와 NPM 포함)에 대한 충분한 지식과 HTML 및 CSS의 기본적인 프런트엔드 지식을 갖고 있을 것으로 가정한다.

각 장의 주제

1장 '왜 마이크로 프런트엔드인가?'에서는 마이크로 프런트엔드의 개요와 주요 사용 영역, 마이크로 프런트엔드와 관련한 어려움과 문제에 관해 설명한다. 이러한 문제와 과제를 완화하기 위해 어떤 전략을 취할 수 있는지도 다룬다.

2장 '일반적인 도전과 함정'에서는 마이크로 프런트엔드를 구현함에 있어 가장 중요한 과제와 함정을 알아보고 적절한 솔루션을 도출하는 과정을 설명한다.

3장 '배포 시나리오'에서는 배포와 관련하여 마이크로 프런트엔드의 규모 변경성에 대해 살펴볼 것이다. CI/CD 파이프라인의 예시와 이상적인 사용 사례도 소개한다.

4장 '도메인 분해'에서는 마이크로 프런트엔드에 무엇을 배치할지를 결정하는 사고방식을 알아본다. 도메인 중심 설계 방법으로 이러한 결정을 내리는 방법을 소개한다.

5장 '마이크로 프런트엔드 아키텍처의 종류'에서는 가장 인기 있는 패턴의 특징을 묘사한 3차원 공간의 비유를 통해 마이크로 프런트엔드 아키텍처의 특징을 설명한다. 3차원 공간의 모서리에 위치한 아키텍처 패턴들의 장단점을 정리한다.

6장 '웹 접근 방식'에서는 iframe과 링크와 같은 기존의 웹 기술을 활용하여 마이크로 프런트엔드를 다루는 가장 간단한 접근법을 논의한다.

7장 '서버 측 구성'에서는 서로 다른 서버에서 온 프런트엔드 프래그먼트를 단일 웹사이트로 결합하는 일반적인 백엔드 방법에 대해 설명한다.

8장 '에지 측 구성'에서는 역방향 프락시 설정을 사용하여 에지에 웹사이트를 구성하기 위해 서버 측 구성보다 훨씬 더 단순화된 접근 방식을 취한다.

9장 '클라이언트 측 구성'에서는 웹 구성요소를 활용하여 사용자의 브라우저에서 서로 다른 프래그먼트로 하나의 웹사이트를 구성하는 방법을 보여준다.

10장 'SPA 구성'에서는 사용자의 브라우저 내에 구성된 공동 솔루션으로 서로 다른 SPA 웹사이트를 통합하는 방법에 대해 설명한다.

11장 '사이트리스 UI'에서는 서버리스 기능의 인기 속성을 프런트엔드로 가져오는 마이크로 프런트엔드 패턴을 소개한다.

12장 '팀과 이해 관계자'에서는 마이크로 프런트엔드를 도입할 때 필요한 조직 변화를 다룬다.

13장 '의존성 관리, 거버넌스, 보안'에서는 모든 종류의 프로젝트에 대한 의존성 공유 및 일반적인 마이크로 프런트엔드 거버넌스에 대한 지침을 제공한다. 이 장에서는 배포에서 런타임에 이르는 보안에 대해서도 설명한다.

14장 'UX와 화면 디자인'에서는 실질적으로 무제한의 규모 변경성을 가진 마이크로 프런트엔드 솔루션을 설계할 때 고려할 가장 중요한 측면을 소개한다.

15장 '개발자 경험'에서는 프로젝트의 내부 또는 외부 개발자를 만족시키기 위해 포함해야 할 가장 중요한 속성을 나열하고 이것이 높은 수준의 생산성을 유지하는 데 매우 중요함을 보여준다.

16장 '사례 연구'에서는 세 가지 실제 마이크로 프런트엔드 프로젝트와 그 배경, 핵심 결정 및 사용된 전반적인 아키텍처를 나열한다.

이 책의 활용 방안

이 책의 모든 예제는 단순함을 염두에 두고 만들어졌다. 예제는 모두 비슷하게 작동하며 HTML과 CSS를 사용하는 자바스크립트와 같은 핵심 프런트엔드 기술에 대한 지식을 필요로 한다. 코드 실행을 위한 도구로는 Node.js를 기반으로 가장 널리 사용되는 프런트엔드 툴 체인을 사용한다.

책에서 다루는 소프트웨어/하드웨어[1]	OS 요구 사항
Node.js 14 이상	윈도우, 맥OS, 리눅스 중 한 가지
NPM 6 이상	Git
ECMAScript 2020 이상	

8장 '에지 측 구성'의 코드는 도커를 실행해야 한다. 제공된 Docker 파일을 실행하거나 로컬에 엔진엑스(nginx) 서버를 설치해 실습할 수 있다.

이 책의 디지털 버전을 사용하는 경우, 코드 복사 및 붙여넣기와 관련된 오류를 방지하려면 코드를 직접 입력하거나 이 책의 깃허브 저장소를 이용하는 것이 좋다.

예제 코드

이 책의 예제 코드는 다음 주소의 깃허브 저장소에 있다.

- https://github.com/PacktPublishing/The-Art-of-Micro-Frontends

코딩 영상

이 책의 라이브 코딩 영상(영어)을 https://bit.ly/3cbhbL7에서 볼 수 있다.

---

[1] (엮은이) 원서에는 Node.js 12 이상, ECMAScript 2015 이상으로 안내되어 있지만, 실습에 쓰이는 lerna 등의 최신 버전을 사용하려면 표에 기재한 버전이 필요하다.

컬러 이미지 다운로드

또한 이 책에서 사용된 스크린숏/다이어그램의 컬러 이미지가 있는 PDF 파일을 다음 주소에서 다운로드할 수 있다.

- https://static.packt-cdn.com/downloads/9781800563568_ColorImages.pdf

편집 서식

이 책에는 다음과 같은 서식을 적용했다.

본문 코드: 폴더 이름, 파일 이름, 파일 확장명, 경로 이름, 더미 URL, 사용자 입력 등을 고정 폭 글꼴로 표시한다. 예: "절대 URL을 통해 `fragment1.html`에 직접 요청하는 대신에 동일한 CDN에서 요청한다. 이로 인해 ESI 지시문이 포함되지 않은 사전 평가된 버전이 생긴다."

코드 블록은 다음과 같이 나타낸다.

```
// index.html (original)
<esi:include src="http://example.com/fragment1.html" />

// fragment1.html
<esi:include src="http://example.com/fragment2.html" />

// fragment2.html
<div>...
```

명령어 입출력은 다음과 같이 나타냈다.

```
npm run build
npm pack
```

굵은 글씨: 새로운 용어나 중요한 단어를 나타낸다. 예를 들어 메뉴나 대화 상자의 텍스트에 다음과 같이 표시된다. 예를 들어, "상단의 **My messages** 버튼은 messages micro frontend에서 가져온 것이다."

> **참고**
> 위와 같이 표시된다.

역자서문

처음 번역 제안을 받았을 때 조금은 당황스러웠다. 이전에 번역 작업을 정식으로 해 본 적이 없었기 때문이다. 그러나 기술을 좋아하고 재밌는 지식을 습득할 좋은 기회라는 생각에 기쁘게 번역을 시작했다. 그렇게 시작한 지 1년이 넘어 드디어 이 책이 세상의 빛을 본다. 함께 밤마다 번역하며 고생한 팀원들과, 처음이라 생기는 잦은 일정 조정에도 넓은 아량으로 이해해 준 위키북스 관계자에게 진심 어린 감사를 드린다.

이 책은 프런트엔드를 아키텍처 관점에서 바라본다. 간단한 프런트엔드의 역사에서부터, 마이크로서비스의 개념, 도메인 주도 설계를 설명한다. 그리고 코드를 통해 간단한 마이크로 프런트엔드가 적용된 프로젝트를 직접 만져볼 수 있다. 마지막으로 마이크로 프런트엔드의 장단점과 배포 파이프라인, 그리고 이를 적용하기 위한 팀 빌딩과 몇 가지 고객 사례들이 소개돼 있다. 어느 정도 규모가 있는 팀에서 프런트엔드의 마이크로서비스화를 고려하는 개발 팀장이나 프런트엔드 개발자 혹은 솔루션 아키텍트가 읽어보길 추천한다.

옮긴이 소개

박성규

AWS 코리아에서 기술 강사로 일하다가 현재는 디지털 광고 솔루션 스타트업에서 풀스택 개발자로 일하고 있다.

김정동

AWS 코리아에서 솔루션 아키텍트로 일했다. 지금은 웹3.0 관련 스타트업을 운영하는 개발자이자 대표다.

김창준

현재 AWS 코리아에서 솔루션 아키텍트로 일하고 있다.

01부 프런트엔드 모듈화 도입

01 왜 마이크로 프런트엔드인가? · 2

웹 애플리케이션의 발전 · 3
웹 프로그래밍 · 3
소셜 웹 · 4
프런트엔드와 백엔드의 분리 · 6

마이크로서비스 · 7
SOA와 마이크로서비스 · 7
마이크로서비스의 장점 · 9
마이크로서비스의 단점 · 9
'마이크로'와 '프런트엔드' · 10

웹 표준의 부상 · 11
웹 컴포넌트를 통한 격리 · 12
프레임 통신 · 12
웹 워커와 프락시 · 14

출시 기간 단축 · 16
조직 적응 시간 단축 · 16
여러 개의 팀 · 17
피처 격리 · 18
A/B 테스팅 · 19

요약 · 20

02 일반적인 도전과 함정 · 22

성능 · 23
리소스 캐싱 · 23
번들 크기 · 24
요청 최적화 · 26

보안	26
중앙 사용자 관리	27
개별 사용자 관리	28
스크립트 실행	29
지식 공유	30
신뢰성	33
사용자 경험	34
워딩	34
패턴 라이브러리	35
요약	35

03 배포 시나리오   36

중앙 집중식 배포	37
모노리포를 사용	37
여러 저장소를 결합	40
분산 배포	43
모노리포 사용하기	43
전용 파이프라인 사용하기	45
하이브리드 솔루션	46
예약된 릴리스	46
변경사항에 대한 트리거	47
요약	48

04 도메인 분해 … 49

도메인 주도 설계의 원칙 … 50
- 모듈 … 50
- 바운디드 콘텍스트 … 51
- 콘텍스트 맵 … 52
- 전략적 도메인 설계 대 전술적 설계 … 52

관심사 분리(SoC) … 54
- 기술적 분할 … 54
- 기능적 분할 … 56
- 분할 예제 … 58

아키텍처 경계 … 62
- 공유된 기능 … 62
- 적절한 자유도 선택하기 … 64
- DOM 접근하기 … 65
- 마이크로 프런트엔드의 범용성 … 67

요약 … 68

02부 마이크로 프런트엔드 아키텍처 구현

05 마이크로 프런트엔드 아키텍처의 종류 … 70
- 기술적인 요구 사항 … 71
- 마이크로 프런트엔드의 환경 … 71
- 정적 vs. 동적 … 73
- 수평적 구성 vs. 수직적 구성 … 77
- 백엔드 중심 vs. 프런트엔드 중심 … 78
- 요약 … 82

06 웹 접근 방식 … 83

- 기술적인 요구 사항 … 84
- 웹 접근 방식의 기본 … 84
  - 아키텍처 … 85
  - 예제 구현 … 86
  - 개선점 … 89
- 장단점 … 89
- 링크 … 90
  - 중앙 연결 디렉터리 … 91
  - 로컬 연결 디렉터리 … 91
- iframe 태그 … 93
  - 보안 … 93
  - 접근성 … 93
  - 레이아웃 … 94
- 요약 … 95

07 서버 측 구성 … 96

- 기술적인 요구 사항 … 97
- 서버 측 구성의 기본 … 97
  - 아키텍처 … 98
  - 예제 구현 … 99
  - 개선점 … 111
- 장단점 … 112
  - Mosaic 9 소개 … 112
  - 포디움(Podium) 소개 … 113
  - 유명한 사용 사례 … 114

구성 레이아웃 만들기 … 114
   레이아웃의 이해 … 114
   SSI 사용 … 115
   ESI 사용하기 … 116
   JS 템플릿 문자열 사용하기 … 117

마이크로 프런트엔드 프로젝트 설정하기 … 119
   포들릿(Podlet) … 119
   수명 주기 검토하기 … 121

요약 … 121

08 에지 측 구성 … 122

기술적인 요구 사항 … 123

에지 측 구성의 기초 … 123
   아키텍처 … 123
   예제 구현 … 124
   개선점 … 128

장단점 … 129

SSI와 ESI … 132
   SSI … 133
   ESI … 134

BFF 결합하기 … 136

요약 … 137

09 클라이언트 측 구성 · 138

기술적인 요구 사항 · 139
클라이언트 측 구성의 기본 · 139
- 아키텍처 · 139
- 예제 구현 · 141
- 개선점 · 147

장단점 · 147
웹 컴포넌트 살펴보기 · 148
- 웹 컴포넌트의 이해 · 148
- 섀도 DOM으로 스타일 격리하기 · 150

동적으로 마이크로 프런트엔드 구성 · 151
- 마이크로 프런트엔드 레지스트리를 사용 · 151
- 런타임에 마이크로 프런트엔드 업데이트하기 · 152

요약 · 154

10 SPA 구성 · 156

기술적인 요구 사항 · 157
SPA 구성의 기본 사항 · 157
- 아키텍처 · 157
- 예제 구현 · 158
- 개선점 · 164

장단점 · 164
핵심 SPA 셸 구축하기 · 165
- 페이지 활성화 · 165
- 의존성 공유 · 168

SPA 마이크로 프런트엔드 통합하기	171
수명 주기 선언	172
프레임워크 간 컴포넌트 사용	174
통신 패턴	176
이벤트 교환	176
데이터 공유하기	178
컴포넌트 확장하기	179
요약	180

11 사이트리스 UI   181

기술적인 요구 사항	182
사이트리스 UI의 기본	182
아키텍처	182
예제 구현	184
개선점	193
장단점	194
서버리스와의 비교	195
로컬에서 개발	196
모듈 배포	197
파이럴(Piral)로 런타임 만들기	198
파이럴로 런타임 빌드	199
파이럴로 런타임 배포	201
모듈 작성	202
파일렛의 수명 주기	203
프레임워크에 국한되지 않는 컴포넌트 구현	206
요약	208

03부 조직 키워가기

12 팀과 이해 관계자 — 210
- 고위급 이해관계자와의 소통 — 211
  - 기대치 관리 — 211
  - 요약 보고서 작성 — 213
- 프로덕트 오너 및 운영 위원회 다루기 — 215
- 팀 구성 — 217
  - 가능한 팀 구성 이해하기 — 218
  - 팀 조직 변경하기 — 222
- 요약 — 222

13 의존성 관리, 거버넌스, 보안 — 224
- 전부 공유하거나 아예 공유하지 않기 — 225
- 변경 관리를 어떻게 하는가? — 227
- 거버넌스 모델 수립하기 — 229
- 마이크로 프런트엔드 샌드박싱하기 — 232
- 일반적인 보안 문제와 개선 사항 — 233
- 요약 — 238

14 UX와 화면 디자인에 미치는 영향 — 240
- 확장성 — 241
- 폴백 — 245
- 디자인을 효율적으로 공유하기 — 247
- 디자이너 없이 디자인하기 — 249
- 요약 — 250

15 개발자 경험 252
최소한의 개발자 경험 제공 253
표준 IDE 지원 253
스캐폴딩 경험 개선 254
멋진 개발자 경험 구축 256
코드 문서 중앙 집중화 257
동영상으로 문서화 259
코드 분석 지원 259
테스트 가능성 높이기 260
최고의 개발자 경험 달성 261
오류 코드 통합 262
오프라인 우선 개발 환경 제공 263
브라우저 확장 프로그램을 통한 커스터마이징 265
개발자 포털 구현하기 266
요약 268

16 사례 연구 269
대고객 포털 솔루션 269
문제 설명 270
팀 구성 270
솔루션 271
효과 273
관리 포털 솔루션 275
문제 설명 275
팀 구성 275
솔루션 276
효과 278
의료 정보 관리 솔루션 280

문제 설명	280
팀 구성	280
솔루션	281
효과	284
요약	**285**
맺음말	**286**

부록
예제 실습 안내

05-pipeline	**288**
사전 준비 사항	288
실행하기	288
단계	289
05-server-discover	**292**
사전 준비 사항	292
실행하기	292
단계	293
06-web-approach	**295**
사전 준비 사항	295
실행하기	295
단계	296
07-gateway	**299**
사전 준비 사항	299
실행	299
단계	300

07-red — 301
- 사전 준비 사항 — 301
- 실행 — 301
- 단계 — 302

07-blue — 303
- 사전 준비 사항 — 303
- 실행 — 303
- 단계 — 304

07-green — 305
- 사전 준비 사항 — 305
- 실행 — 305
- 단계 — 306

08-edge-side-composition — 307
- 사전 준비 사항 — 307
- 실행 — 307
- 단계 — 308

09-client-side-composition — 310
- 사전 준비 사항 — 310
- 실행하기 — 310
- 단계 — 311

10-spa-composition — 313
- 사전 준비 사항 — 313
- 실행하기 — 313
- 단계 — 314

11-service-feed — 317
- 사전 준비 사항 — 317
- 실행하기 — 317
- 단계 — 318

11-app-shell — 321
- 사전 준비 사항 — 321
- 실행하기 — 321
- 단계 — 322

11-frontend-balance — 323
- 사전 준비 사항 — 323
- 실행하기 — 323
- 단계 — 324

11-frontend-settings — 326
- 사전 준비 사항 — 326
- 실행하기 — 326
- 단계 — 327

11-frontend-tax — 329
- 사전 준비 사항 — 329
- 실행하기 — 329
- 단계 — 330

1부

프런트엔드 모듈화 도입

1부에서 독자는 마이크로 프런트엔드와 주요 애플리케이션에 대해 더 깊이 이해할 뿐만 아니라 이를 잘 활용하기 위한 다양한 과제와 전략을 이해하게 될 것이다.

1부에서 다룰 내용은 다음과 같다.

- 1장. 왜 마이크로 프런트엔드인가?
- 2장. 일반적인 도전과 함정
- 3장. 배포 시나리오
- 4장. 도메인 분해

01
왜 마이크로 프런트엔드인가?

어떤 문제를 해결하는 것은 여행과 닮았다. 여행이 어떤 곳으로 향하는 여정인 것처럼, 특정한 문제를 해결하는 것 또한 작은 실마리로부터 시작하기 때문이다. 다만 문제를 해결할 때에는 심층적으로 이해하는 것도 중요하지만, 얽힌 다양한 문제를 복합적으로 고려했을 때 더 좋은 해결책을 떠올릴 수 있다.

웹 개발이 시작된 지 30년이 넘은 지금, 우리는 무엇이든 가능한 지점에 도달했다. 기존의 데스크톱 애플리케이션, 모바일 네이티브 애플리케이션과 웹사이트 간의 경계는 사라졌다. 오늘날 많은 웹사이트는 실제로 웹 애플리케이션이며 '도구'와 같은 특성을 제공한다.[1]

개발자는 매우 어려운 상황에 처해있다. 코드의 근본적인 복잡성을 처리하기 위해 알아야 할 것이 너무 많다. 그로 인해 비효율과 버그에 시달린다.

마이크로 프런트엔드(Mircro Frontend) 아키텍처 패턴을 활용하면 그러한 딜레마에서 벗어날 수 있다. 이번 장에서는 마이크로 프런트엔드가 다양한 프로젝트에서 인기를 얻은 이유를 알아본다.

---

1 (옮긴이) 도구는 특정 목적으로 유용성을 띠는데, 웹사이트도 그런 특징을 가진다고 해석할 수 있다.

이번 장에서는 다음 주요 주제를 다룬다.

- 웹 애플리케이션의 발전
- 마이크로서비스
- 웹 표준의 부상
- 출시 기간 단축

웹 애플리케이션의 발전

마이크로 프런트엔드를 사용해야 하는 이유를 알아보기 전에, 마이크로 프런트엔드가 등장한 배경을 살펴봐야 한다. 웹은 어떻게 유럽 입자 물리학 연구소(CERN)의 작은 사무실에 있는 NeXT 컴퓨터에서 실행되는 소규모 개념 증명(POC: proof of concept)에서 진화하여 정보화 시대의 중심이 됐을까?

웹 프로그래밍

필자가 웹 개발을 처음 접한 것은 1990년대 중반이었다. 당시 정적 웹 페이지가 대부분의 웹을 구성했다. 그림 1.1과 같이 CGI(Common Gateway Interface) 기술을 활용해 동적 웹사이트를 구현할 만큼 숙련된 사람들도 있었지만, 웹마스터[2] 대부분은 이에 대한 지식이 없거나 **서버 측 렌더링(SSR: Server-side Rendering)**에 비용을 지출하고 싶어 하지 않았다. 그래서 모든 것을 수작업으로 정적 웹 페이지에 욱여넣는 경우가 많았다.

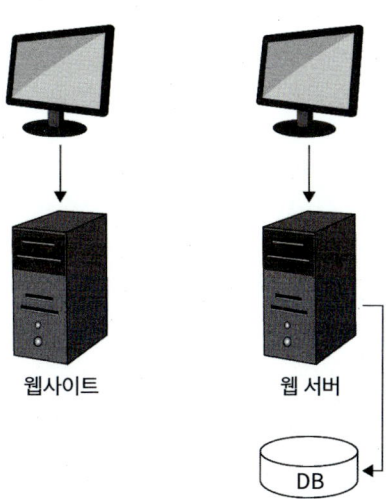

그림 1.1 정적에서 동적 웹 페이지로 변화

---

2   당시에 웹사이트를 담당하는 사람을 그렇게 불렀다.

중복이나 일관성이 깨지는 것을 방지하기 위해 새로운 기술인 `<frameset>` 태그에 선언된 프레임이 이용됐다. 이 태그는 프레임을 이용하여 웹사이트 내에 웹사이트를 표시했다. 메뉴, 머리글 또는 바닥글과 같은 항목을 다른 페이지에 재사용할 때 효과적이었다. **HTML5 규격에서 프레임이 없어졌지만, 아직 모든 브라우저에서 프레임을 사용할 수 있다. 나중에 나온 인라인 프레임** `<iframe>` 태그는 아직 살아있다.

프레임의 단점은 링크 처리가 어렵다는 것이었다. 올바른 대상을 명시적으로 선택해야 최상의 성능을 얻을 수 있다. 또 URL을 올바로 처리하는 것도 문제였다. 주어진 프레임에서만 내비게이션을 할 수 있기 때문에 주소창에 표시된 페이지 주소는 바뀌지 않았다.

결과적으로 다른 대안이 필요했다. 복잡하지 않으면서도 서버 측 렌더링을 이용하는 방법이 나왔다. 서버 인스트럭션을 포함하는 자리 표시자(placeholder) 역할을 하는 특별한 HTML 주석을 도입함으로써 동적으로 결정(resolve)되는 일반적인(generic) 레이아웃을 추가할 수 있었다. 이 기술을 보통 **SSI(Server Side Includes)**라고 부른다.

아파치(Apache) 웹 서버는 `mod_ssi` 모듈을 통해 SSI 지원을 발 빠르게 도입했다. 마이크로소프트의 IIS(Internet Information Services) 등의 유명 웹 서버도 뒤를 이었다. SSI는 사용할 수 있는 인스트럭션이 진보적이면서 튜링 완전성(Turing completeness)을 갖춰 선풍적인 인기를 얻었다.

웹사이트는 점점 더 동적으로 변해갔다. CGI를 활용하기 위해 많은 솔루션이 구현됐다. 하지만 서버 측 렌더링이 주류로 자리 잡은 것은 PHP라는 새로운 프로그래밍 언어가 소개된 이후다. PHP를 운영하는 비용이 워낙 저렴하다 보니 SSI는 거의 잊혔다.

소셜 웹

웹 2.0의 등장과 자바스크립트(JavaScript)의 기능—특히 런타임 시 동적인 데이터 로딩을 위한 **AJAX(Asynchronous JavaScript and XML)**—으로 인해 웹 커뮤니티는 새로운 국면을 맞았다. 서버 측 렌더링만으로 더 이상 모든 문제를 해결할 수 없었다. 대신 웹사이트의 동적인 부분을 일부만이라도 클라이언트에 두어야 했다. 따라서 테스트 및 개발과 함께 애플리케이션을 여러 영역(빌드, 서버, 클라이언트)으로 나누는 복잡성이 급증했다.

결과적으로 클라이언트 측 렌더링(**CSR: client-side rendering**) 프레임워크가 등장했다. Backbone.js, Knockout.js, AngularJS 등의 1세대 프레임워크는 모두 서버 측 렌더링에서 널리 사용되던 프레임워크와 유사한 아키텍처 옵션을 제공했다. 해당 프레임워크는 전체 애플리케이션을 클라이언트에 배치할 의도가 없었고 무한정 확장할 의도도 없었다.

그러나 현실은 달랐다. 애플리케이션 크기가 증가하고 현재 사용자에게 필요 없는 코드가 클라이언트에 제공됐다. 이미지를 포함한 각종 미디어는 최적화 없이 제공됐고 웹은 점점 느려졌다.

물론, 이런 문제를 해결하기 위한 도구도 만들어졌다. 자바스크립트 축소(Javascript minification)는 자바스크립트만큼 오래됐지만, 이미지 최적화 및 **CSS(Cascading Style Sheets)** 축소를 위한 다른 도구들은 이러한 상황을 개선하기 위해 비교적 최근에 등장했다.

부족했던 부분은 이러한 도구를 단일 파이프라인으로 결합하는 것이었다. Node.js 덕분에 웹 커뮤니티는 정말 훌륭한 혜택을 누리게 됐다. 자바스크립트를 서버 측으로 가져올 뿐만 아니라 크로스 플랫폼 도구를 사용할 수 있는 런타임이 생겼다. Grunt 또는 Gulp와 같은 새로운 태스크 러너(task runner)는 프런트엔드 코드를 효율적으로 개발하기 쉽게 만들었다.

또한 웹 2.0으로의 전환이 일어나 브라우저 기반으로 작동하는 UI에서 직접 웹 서비스를 재사용하는 방식이 인기를 얻었다(그림 1.2).

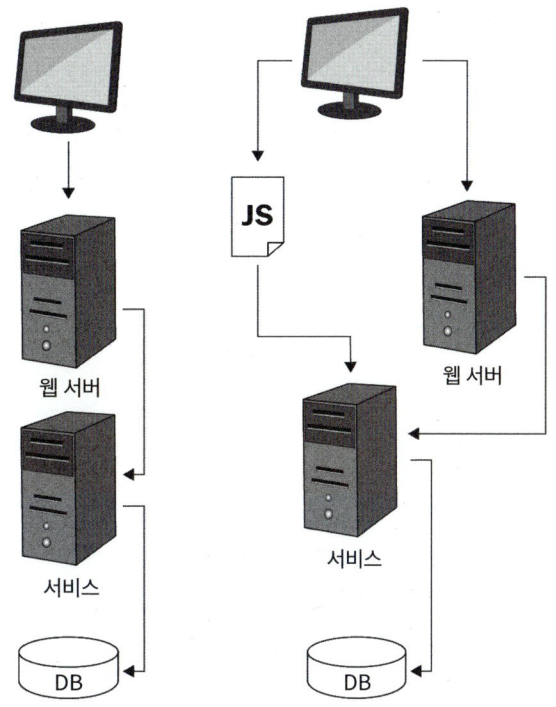

그림 1.2 웹 2.0의 움직임과 함께 보편화된 아키텍처가 된 서비스와 AJAX

전용 백엔드 서비스를 활용하는 것은 여러모로 좋은 선택이다. 첫째, 그림 1.2처럼 프런트엔드에서 AJAX를 활용해 부분적으로 다시 로드할 수 있다. 그리고 다른 시스템도 정보에 액세스할 수 있게 한다. 이렇게 하면 유용한 데이터를 수익화할 수 있다. 또한 표현(일반적으로 HTML을 사용)과 구조(XML 또는 JSON과 같은 포맷을 사용)를 분리하면 여러 애플리케이션에서 재사용이 가능하다.

프런트엔드와 백엔드의 분리

프런트엔드의 향상된 렌더링 기능은 백엔드와 프런트엔드 간의 분리를 가속화했다. 하나의 코드 기반에서 사용자 활동, 페이지 생성과 데이터베이스 쿼리를 처리하는 거대한 모놀리스(monolith) 방식이 사라졌다. 대신, 데이터는 서버 측 렌더링으로 처리하고 페이지 생성에 사용되거나 사용자의 브라우저에서 실행되는 코드에서 직접 사용할 수 있게 **API(application programming interface)** 계층에 배치됐다. 특히 클라이언트에서 모든 렌더링을 처리하는 애플리케이션은 **단일 페이지 애플리케이션(SPA: single-page application)**으로 명명했다.

이러한 분리가 API 설계의 고도화라는 이점만 가져온 것은 아니다. 적절한 보안 설정을 제공하고 우수한 성능 기준을 세우기가 더 힘들어졌다. 결국 배포 관점에서도 문제가 발생했다.

사용자 경험의 관점에서도, 부분 페이지 업데이트를 수행하는 기능은 문제가 있다. 여기서는 사용자에게 올바른 응답을 전송하기 위해 스피너 로딩이나 스켈레톤 스타일 등에 의존한다. 오류를 올바로 처리하는 것도 신경 써야 한다. 다시 시도해야 할지 혹은 사용자에게 알려야 할지, 또는 폴백(fallback)을 해야 할지 등 여러 가지 가능성이 있지만, 올바른 결정을 내리는 것 외에도 구현하고 테스트하는 데 시간을 더 할애해야 한다.

그럼에도 불구하고 애플리케이션 대다수는 프런트엔드와 백엔드로 분할하는 것이 적절하다. 이는 프런트엔드 팀과 백엔드 팀이 동시에 작업하면 더 큰 웹 애플리케이션을 보다 효율적으로 개발할 수 있기 때문이기도 하다.

뒤에서 보겠지만, 마이크로 프런트엔드로 전환하려는 움직임의 원동력은 개발 효율성 향상이다. 웹 개발의 모듈화 추세가 어디서 비롯됐는지 살펴보자.

마이크로서비스

애플리케이션을 전용 프런트엔드와 백엔드로 분할하면 매우 유용하다는 것은 앞에서 확인했다. 한편 백엔드에서는 소규모 서비스를 오케스트레이트(orchestrate) 및 결합하는 마이크로서비스(microservices)라는 아키텍처가 부상했다.

SOA와 마이크로서비스

서비스 지향 아키텍처(SOA: service-oriented architecture) 의 개념은 전부터 있었지만, 마이크로서비스가 등장함에 따라 선택의 자유가 생겼다. 2000년대 초반에 SOA라는 용어가 도입되어, 이를 적용하려는 시도가 있었다. 그러나 SOA는 요구 사항과 제약이 너무 많았다. 통신 프로토콜부터, API 검색 가능성(discoverability), 소비하는 애플리케이션에 이르기까지의 모든 것이 이미 정해져 있거나 모범 사례를 반강제로 따라야 했다.

SOA는 결국 실패했고, 단시간에 서비스를 많이 구축하는 것은 기피 대상이 됐다. SOA 자체의 제약뿐만 아니라 잠재적으로 상호 의존성이 있는 여러 서비스의 오케스트레이션이 힘들다는 문제도 있었다. 다수의 서비스를 두세 곳의 환경에 신뢰성 있게 배포하려면 어떻게 해야 할까?

도커(Docker)가 도입되어 몇 가지 문제를 해결했다. 도커는 배포가 올바르게 작동하도록 하는 신뢰성 있는 방법을 제공했다. 앤서블(Ansible) 같은 도구와 결합해 여러 서비스를 릴리스하는 것이 실현 가능하고 개선 가능성이 있어 보였다. 결과적으로 전 세계 여러 팀이 기존의 경계를 허물기 시작했다. 그런 다음 이러한 팀에서 사용하는 일반적인 디자인 패턴을 사용하여 마이크로서비스라고 하는 일반적인 아키텍처 스타일을 형성하게 된다.

마이크로서비스를 사용할 때는 한 가지만 담당하는 서비스를 구축해야 한다. 통신 방법(일반적으로 JSON 기반의 REST[3])이나 서비스에 자체 데이터베이스가 있어야 하는지는 개발자에게 달렸다. 서비스가 서로 직간접적으로 통신해야 하는 경우 아키텍트가 이를 결정할 수 있다. 궁극적으로 여러 상황에 대한 모범 사례가 등장하며 마이크로서비스의 위치가 확고해졌다.

---

3 'REpresentational State Transfer'의 줄임말

일부 순수론자들은 마이크로서비스를 '세밀한 서비스 지향 아키텍처'로 보지만 대부분의 사람들은 **단일 책임 원칙(SRP: single-responsibility principle)**을 자유롭게 적용할 수 있는 옵션으로 여긴다. 다음 그림은 SPA를 기반으로 마이크로서비스를 사용하는 웹 애플리케이션을 보여준다.

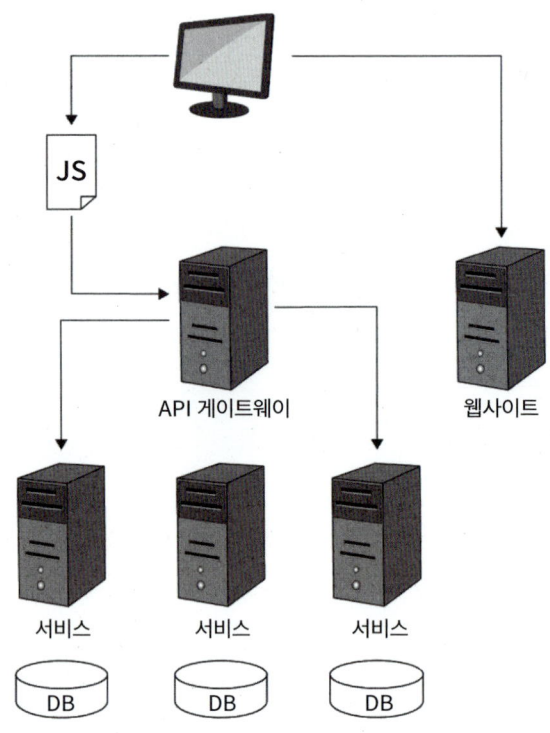

그림 1.3 SPA와 마이크로서비스 아키텍처를 적용한 최신 웹 애플리케이션

마이크로서비스는 백엔드 구축에 초점이 맞춰져 있기 때문에 프런트엔드 역시 이러한 동적 접근 방식을 따라야 했다. 결국 SSR과 CSR을 모두 정의하는 복잡성을 피하기 위해 SPA를 활용함에 따라 많은 애플리케이션이 자바스크립트에 크게 의존하게 됐다. 이는 그림 1.3에도 나타나 있다.

마이크로서비스의 장점

마이크로 프런트엔드 책에서 마이크로서비스의 역사나 잠재적인 이점을 살펴보는 데 시간을 할애해야 하는 이유는 무엇일까? 둘 다 '마이크로'로 시작하기 때문인데, 이는 우연의 일치일 수도 있겠지만, 실은 그렇지 않다. 또 다른 이유는, 앞으로 살펴보겠지만 두 아키텍처의 배경과 역사가 실제로 매우 유사하다는 점이다. 마이크로서비스는 마이크로 프런트엔드보다 오래됐기 때문에 해당 기술을 기반으로 추후 디자인 의사 결정을 내릴 때도 도움이 된다.

마이크로서비스가 어떻게 오늘날 백엔드를 수행하는 실질적인 표준으로 자리 잡았을까? 물론 좋은 모놀리식 방식은 여전히 많은 프로젝트에 적합한 선택이지만, 일반적으로 '대중적인 선택'은 아니다. 대부분의 대규모 프로젝트는 사전 평가나 기타 제약 조건 없이 즉시 마이크로서비스 방식을 선택한다.

마이크로서비스는 잘 알려진 장점 외에도 다음과 같은 몇 가지 추가적인 장점이 있다.

- 장애는 단일 서비스와 직접적으로 관련된다.
- 여러 팀이 독립적으로 작업할 수 있다.
- 배포 규모가 작다.
- 프레임워크와 프로그래밍 언어를 자유롭게 선택할 수 있다.
- 초기 출시 시간이 더 짧다.
- 아키텍처 경계가 뚜렷하다.

마이크로서비스를 선택하면 위와 같은 장점을 얻을 수 있지만 단점도 있다.

마이크로서비스의 단점

동전에 양면이 있듯 장점은 단점과 동시에 존재한다. 정말 중요한 것은 어떤 관점에 초점을 맞추느냐는 것이다. 예를 들어, 장애가 단일 서비스에만 관련된 경우 디버깅이 복잡해진다. 장애가 발생한 서비스에 종속된 서비스는 이상하게 작동한다. 서비스 장애가 발생한 근본 원인을 찾고 상황을 완화하는 방법을 찾기가 더 어렵다.

그럼에도 불구하고 마이크로서비스라면 단점보다 장점에 초점을 맞추어야 한다. 단점을 극복할 수 없다면 다른 패턴을 찾거나 문제가 되는 단점을 없앨 수 있도록 최선의 방향을 찾아야 한다.

장점이 단점으로 이어질 수 있는 또 다른 예는 프레임워크 및 프로그래밍 언어에 관한 자율성이다. 개발자 인원에 따라 지원할 수 있는 언어의 수가 정해져 있다. 그 수를 초과하게 되면 유지관리가 어려워진다. 새로운 언어와 프레임워크를 사용하는 것이 확실히 세련돼 보이지만, 그 언어로 개발된 새로운 서비스를 유지 보수할 수 있는 사람을 구하기 어렵다면 개발의 규모 변경(scaling)[4]에 어려움을 겪을 것이다.

많이 알려진 단점을 살펴보자.

- 오케스트레이션 복잡성 증가
- 다중 장애 지점
- 디버깅 및 테스트가 더 어려움
- 책임감 부족
- 서로 다른 서비스 간의 결과적 비일관성
- 버전 관리 어려움

위 단점들을 보고 어떻게 대처해야 할지 난처할 수 있지만, 이미 모범 사례와 개선된 도구를 통해 이러한 문제를 해결해왔다. 결국 현 상황을 최대한 이해하고 현명한 선택을 하는 게 단점을 극복할 수 있는 방법이다.

'마이크로'와 '프런트엔드'

마이크로서비스는 이미 효과를 입증했기 때문에 다음 단계로 프런트엔드에 이 원리를 적용하는 것이 당연한 수순으로 보일지 모른다. 이를 도입하기 위한 가장 쉬운 방법은 JSON 대신 HTML을 제공하는 마이크로서비스를 구현하는 것이다. 하지만 그렇게 쉽지만은 않을 것이다.

---

[4] (엮은이) 'scaling'은 어떤 대상을 문제 해결에 적절한 규모로 변경함을 의미하며, '확대'뿐 아니라 '축소'도 포함한다. 이 책에서는 '규모 변경'으로 옮겼다.

HTML끼리만 조합하는 것은 그리 어렵지 않겠지만 그것보다 더 크게 생각해야 한다. 우리는 자바스크립트, CSS 및 이미지 파일과 같은 애셋(asset)이 필요하다. 자바스크립트 콘텐츠가 서로 간섭하지 않게 하려면 어떻게 해야 할까? 전역 변수의 이름이 같다면 어느 변수를 택해야 할까? 각 파일의 URL을 개별 서비스에 맞게 변환(resolve)해야 할까?

풀어야 할 숙제는 아직 많지만, 이론상 이렇게 적용하는 것이 가능해 보이더라도 실제로는 좀 더 제한되고 백엔드와 프런트엔드 간의 분리를 할 수 없게 된다는 점은 확실하다. 이는 오늘날 웹 개발의 사고방식에 있어 근본적인 요소이기도 하다.

따라서 마이크로 프런트엔드는 이러한 장벽을 무너뜨릴 수 있는 요소가 최근까지 존재하지 않았다. 앞으로 살펴보겠지만 마이크로 프런트엔드 솔루션을 구축하는 방법은 여러 가지가 있다. 마이크로서비스와 마찬가지로 고정된 제약조건은 없다. 결국, 프로젝트를 독립적인 팀이 메인 애플리케이션을 업데이트하지 않고도 프런트엔드의 작은 형태로 자유롭게 배포할 수 있을 때 마이크로 프런트엔드를 사용한다.

일부 기술적 이유 외에도 마이크로 프런트엔드가 마이크로서비스보다 늦게 알려진 또 다른 이유가 있다. 마이크로 프런트엔드가 전에는 그렇게 필요하지 않았기 때문이다.

앞서 설명한 대로 웹은 최근 프런트엔드 코드 단에서 폭발적으로 발전했다. 이전에는 일관된 사용자 경험을 제공하지 않는 분리된 페이지나 모놀리식 방식으로도 서비스를 제공하기에 충분했다. 애플리케이션의 규모가 엄청나게 커지면서 마이크로 프런트엔드가 주목받고 있다.

SSI 또는 전용 로직과 같은 서버 사이드 솔루션은 마이크로 프런트엔드 솔루션을 구축하는 데 상당한 도움이 될 수 있는데, 이러한 동적 구성을 클라이언트에 적용하면 어떤 이점이 있을까? 알다시피 새로운 웹 표준은 이를 가능케 한다.

웹 표준의 부상

클라이언트에서 실행되는 마이크로 프런트엔드를 개발하는 데 몇 가지 문제점이 있다. 무엇보다도 코드 간의 충돌을 방지하기 위해 코드를 최대한 격리(isolate)해야 한다. 그러나 백엔드의 마이크로서비스와 달리, 런타임 프레임워크 등의 리소스를 공유할 수 있어야 한다. 그렇지 않으면 최종 사용자(end user)의 컴퓨터에서 리소스가 고갈될 수 있다.

처음에는 이상하게 들릴 수도 있지만, 마이크로 프런트엔드의 성능은 풀어야 할 큰 과제 중 하나다. 백엔드에서는 서비스에 필요한 성능의 하드웨어를 갖추는 일이 어렵지 않지만, 프런트엔드에서는 사용자가 선택한 기기의 브라우저에서 코드가 돌아가야 한다. 해당 기기는 데스크톱일 수도 있고 라즈베리 파이나 스마트폰일 수도 있다.

최근 웹 표준에 상당히 도움이 되는 영역 중 하나는 스타일 격리(style Isolation)다. 스타일을 격리하지 않으면 DOM(Document Object Model)이 모든 스타일을 전역으로 처리하여 충돌로 인해 실수로 스타일을 누출하거나 덮어쓰게 된다.

웹 컴포넌트를 통한 격리

섀도 DOM(shadow DOM)을 이용해 스타일을 격리할 수 있다. 섀도 DOM을 사용하면 상위(parent) DOM의 일부가 되지 않고도 상위 DOM에 투영된 컴포넌트를 작성할 수 있다. 대신 캐리어 요소(호스트라고 함)만 직접 마운트된다. 상위 스타일 규칙이 섀도 DOM으로 노출되지 않을 뿐만 아니라 일반적으로 스타일 정의도 적용되지 않는다.

결과적으로 섀도 DOM을 사용하려면 상위 스타일 시트를 다시 불러와야 한다. 따라서 섀도 DOM에서 스타일링에 대해 완전한 자율성을 원할 경우에만 이러한 격리가 가능하다.

자바스크립트 파트에는 동일한 격리가 적용되지 않는다. 전역 변수를 통해 상위 스크립트에 액세스할 수 있다. 여기에서 웹 구성요소 표준의 또 다른 단점이 보인다. 일반적으로 섀도 DOM의 정의를 전송하는 방법은 커스텀 요소를 사용하는 것이다. 그러나 커스텀 요소에는 재정의할 수 없는 고유한 이름이 필요하다.

많은 자바스크립트의 단점을 해결하는 방법은 언급된 `<iframe>` 요소로 대체하는 것이다. iframe은 스타일 및 스크립트 격리와 함께 사용할 수 있는데, 상위 프레임과 프레임에 있는 콘텐츠 간에는 어떻게 통신할 수 있을까?

프레임 통신

원래 HTML5에서 소개된 `window.postMessage` 함수는 마이크로 프런트엔드에서 상당히 유용한 것으로 입증됐다. 그래서 재사용 가능한 프런트엔드 일부에 일찍 도입됐다. 오늘날 대부분의 챗봇 서비스나 쿠키 동의 서비스 등에서 프레임 통신 기반의 재사용 가능한 프런트엔드를 찾을 수 있다.

메시지를 보내는 것만큼이나 중요한 것은 메시지를 받는 부분이다. 이를 위해 window 객체에 메시지 이벤트를 도입했다. 다른 여러 이벤트와의 차이점은 발신인의 URL을 추적할 수 있는 오리진 속성도 제공한다는 것이다.

메시지를 보낼 때 특정 프레임의 URL이 필요하다. 이러한 프로세스의 예를 살펴보자.

다음은 상위 문서의 HTML 코드다.

```
<!doctype html>
<iframe src="iframe.html" id="iframe"></iframe>
<script>
setTimeout(() => {
iframe.contentWindow.postMessage('Hello!', '*');
}, 1000);
</script>
```

1초 뒤에 Hello! 문자열이 포함된 메시지를 iframe.html에서 불러온 문서로 보낸다. URL에는 * 와일드카드 문자열을 사용한다.

iframe은 다음과 같이 정의할 수 있다.

```
<!doctype html>
<script>
    window.addEventListener('message', event => {
        const text = document.body.appendChild(
            document.createElement('div'));
    text.textContent = `Received "${event.data}" from
        ${event.origin}`;
    });
</script>
```

이렇게 하면 게시된 메시지가 프레임에 표시된다.

> **참고**
>
> 교차 원점(cross-origin)을 사용하는 경우에는 프레임 접근 및 조작이 불가능하다. 교차 도메인 원점(cross-domain origin)의 정의는 현재 웹 구축에 필요한 보안의 기본 중 하나다. 프로토콜(예를 들어, HTTP Secure(HTTPS))과 도메인, 포트가 원점을 구성한다. 서브도메인이 다르면 원본도 다르다. HTTPS 요청은 브라우저가 교차 원점 규칙을 긍정적으로 평가해야 제대로 처리될 수 있다. 기술적으로 이를 CORS(cross-origin resource sharing)라고 한다. 더 많은 정보를 원한다면 MDN 웹 문서[5]를 참고하자.

이러한 통신은 생산적인 편이지만 어떠한 자원도 공유하지 않는다. postMessage 함수를 통해 문자열만 전송할 수 있다. 이러한 문자열은 JSON으로 직렬화된(serialized) 복잡한 객체일 수 있지만 내포된 순환 참조 또는 내부에 함수가 있는 진짜 객체가 될 수 없다.

다른 대안은 직접 격리를 포기하고 대신 간접 격리에 힘쓰는 것이다. 웹 워커를 활용하여 이를 수행하는 것이 좋은 방법이 될 수 있다.

웹 워커와 프락시

웹 워커(web worker)는 일반적인 멀티스레딩의 번거로움 없이 자바스크립트 엔진의 단일 스레드 모델을 쉽게 탈피할 수 있는 방법이다.

iframe과 마찬가지로 메인 스레드와 워커 스레드 간의 유일한 통신 방법은 메시지를 게시하는 것이다. 그러나 중요한 차이점은 워커가 현재 window 객체와 다른 전역 콘텍스트에서 실행된다는 것이다. 아직 일부 API가 존재하지만 많은 부분이 다르거나 전혀 사용할 수 없는 상태다.

한 가지 예는 추가 스크립트를 로드하는 방법이다. 표준 코드는 또 다른 <script> 요소를 추가할 수 있지만 웹 워커는 importScripts 함수를 사용해야 한다. 이것은 동기적이며 하나의 URL뿐만 아니라 실제로 여러 개의 URL을 지정할 수 있다. 지정된 URL이 순서대로 로드되고 평가된다.

그런데 웹 워커들이 서로 다른 전역 콘텍스트에 있을 때는 어떻게 해야 할까? DOM 조작을 시도하는 모든 프런트엔드 관련 코드는 여기서 실패한다. 이럴 때 프락시를 쓰면 좋다.

---

5 https://developer.mozilla.org/ko/docs/Web/HTTP/CORS

프락시를 사용하여 원하는 개체 액세스 및 함수 호출을 포착할 수 있다. 이를 통해 웹 워커의 특정 작동을 호스트로 전달할 수 있다. 유일한 단점은 postMessage 인터페이스가 본질적으로 비동기적이라는 점이며, 이는 동기 API를 모방해야 할 때 문제가 될 수 있다.

가장 간단한 프락시 중 하나는 사실 **모든 것을 처리하는** 프락시다. 다음의 짧은 코드는 모든 스텁(stub)의 90%에 대해서는 굳건한 기초가 된다.

```
const generalProxy = new Proxy(() => generalProxy, {
    get(target, name) {
        if (name === Symbol.toPrimitive) {
            return () => ({}).toString();
        } else {
            return generalProxy();
        }
    },
});
```

이렇게 하면 generalProxy.foo.bar().qxz와 같이 사용하는 데 아무 문제가 없으면서도 미정의된 액세스나 잘못된 함수는 거를 수 있다.

프락시를 사용해 필수 DOM API의 목(mock)[6]을 만들어 상위 문서로 전달(forward)할 수 있다. 물론 안전하게 사용할 수 있는 API 호출만 정의하고 전달할 것이다. 궁극적으로 허용되는 API의 안전한 목록을 기준으로 필터링하는 것이 팁이다.

웹 워커에서 부모로 콜백하는 것과 같이 객체 참조를 전송하는 문제에 직면할 때, 한 발 물러서서 이것들을 감쌀(wrap) 수 있다. 커스텀 마커를 사용해 나중에 콜백을 실행하기 위해 웹 워커를 호출할 수 있다.

이러한 솔루션에 대한 자세한 내용은 나중에 설명하겠다. 지금은 웹이 강력한 모듈화를 위해 활용할 수 있는 적절한 보안 및 성능 수단을 제공한다는 사실만 아는 것으로도 충분하다.

마지막 섹션에서는 마이크로 프런트엔드를 선택해야 하는 사업적인 이유를 살펴보면서 원래 질문을 마무리해 보자.

---

[6] (엮은이) 실제 객체의 작동(behavior)을 흉내 내도록 모사(simulate)한 것. https://en.wikipedia.org/wiki/Mock_object

출시 기간 단축

앞서 기술한 바와 같이 백엔드에서 마이크로서비스를 수용한 것보다 프런트엔드에서 마이크로 프런트엔드를 완전히 수용하기가 더 어려운 이유에는 기술적인 면과 비즈니스적인 측면이 있다. 필자의 사견으로는 기술적인 이유도 중요하지만 사업적인 이유가 더 중요하다.

마이크로 프런트엔드를 구현할 때 기술적 이유만 좇아서는 안 된다. 최종 사용자를 위한 애플리케이션을 만드는 것이 궁극적인 목표다. 그러므로 최종 사용자에게 부정적인 영향을 끼치는 기술을 선택해서는 안 된다.

그러나 사용자 경험을 사업적 관점에서 동인으로 삼는 데 그치지 않고, 생산성 수준과 개발 프로세스도 함께 고려해야 한다. 이는 결국 사용자 경험에도 많은 영향을 미치며, 새로운 피처(feature)를 얼마나 빨리 출시할 수 있는지 또는 사용자의 피드백을 반영할 수 있는지와 같은 모든 구현의 기본을 나타낸다.

조직 적응 시간 단축

20년 전에는 개발자 대부분이 한 회사에 오랜 기간 머물렀다. 그러나 근속 기간은 점점 줄어들어서 이제는 대다수 회사의 근속 기간이 2년 정도밖에 되지 않는다.[7] 평균 근속 기간은 다음과 같다.

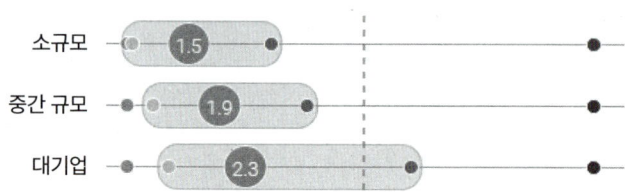

그림 1.4 한 회사에서 개발자들의 평균 근속 기간

평범한 개발자가 큰 코드 베이스를 파악하는 데 6개월이 걸린다고 하면, 투자의 상당 부분(약 25%)을 잃는 셈이다. 따라서 다소 비현실적으로 들릴지 모르지만, 첫날부터 생산성을 발휘할 수 있게 해야 한다.

---

7 https://hackerlife.co/blog/san-francisco-large-corporation-employee-tenure

필요한 정보의 양을 줄이는 것이 조직 적응(onboarding)[8] 시간을 단축하는 한 가지 방법이며, 독립적인 저장소(repository)를 통해 강력한 모듈화를 수행하면 많은 도움이 된다. 결국 새 개발자가 버그 하나를 크기가 작은 저장소에서 수정하면, 큰 저장소에서 수행하는 것보다 훨씬 빠르게 디버깅하고 인지할 수 있다.

또한 몇 개의 큰 저장소보다 작은 저장소를 많이 사용하여 문서를 훨씬 쉽게 최신 상태로 유지할 수 있다. 커밋 기록이 작을수록 (또한 집중도가 높을수록) 진입하기도 훨씬 쉬워진다.

단점은 복잡한 버그의 경우 디버깅이 더 힘들 수 있다. 시스템을 완전히 이해하기 위해서는 더욱 높은 전문성이 요구된다. 어떤 코드가 어디에 위치해 있는지 알기 어렵고, 시니어 개발자와 아키텍트가 프로젝트에서 코드와 저장소를 안전하게 지우는 과정을 복잡하게 만든다.

해결책은 주요 책임을 갖고 기본적인 인프라 전문성을 공유할 수 있는 피처 팀(feature team)을 만드는 것이다.

여러 개의 팀

신규 개발자를 조직에 신속하게 적응시킬 수 있다면 여러 경로를 통해 채용할 수도 있다. IT 분야에서 뛰어난 인재를 영입하기란 터무니없이 어려워졌다. 상위 기업들은 소규모 벤처 회사에 있는 상당수의 슈퍼 개발자를 끌어오고 있다. 개발자 한 명 뽑는 데 수개월이 걸리는 상황에서 어떻게 새로운 피처(feature)를 신속하게 개발할 수 있을까?

이러한 문제에 대한 해결책은 위탁 형태의 개발 지원을 제공할 수 있는 IT 에이전시 또는 서비스 제공자의 도움을 고려하는 것이다. 과거에는 외부 인력을 데려오는 것이 문제의 소지가 될 수 있었다. **비밀 유지 서약서(NDA: Non-disclosure agreements)**를 작성해야 하며 접근 권한이 필요했다. 이러한 복잡한 절차가 가장 큰 골칫거리였다.

모듈화를 주요 아키텍처 피처로 사용하면 서로 다른 팀이 각자의 저장소에서 작업할 수 있다. 고유한 프로세스를 사용하고 개별 릴리스 일정을 가질 수도 있다. 이러한 기능 도입은 내부적으로도 유용하지만 외부 개발자 및 팀과 함께 작업할 때 가장 큰 이점이 있다.

---

8 (엮은이) 신규 직원이 조직 내에서 효과적으로 기능하는 데 필요한 지식, 기술, 행동을 습득하는 메커니즘. https://en.wikipedia.org/wiki/Onboarding

프런트엔드를 모듈화할 수 있게 됨으로써 갖는 가장 좋은 장점 중 하나는 팀을 감축하는 새로운 방법을 생각해내는 것이다. 예를 들어, 각 팀이 하나의 백엔드 서비스와 하나의 프런트엔드 모듈을 담당하는 진정한 풀스택 팀을 도입하는 것이다. 이 경계선이 항상 의미가 있는 것은 아니지만, 여러 시나리오에서 매우 유용할 수 있다. 백엔드 API를 만든 팀을 그 프런트엔드 API 파트 담당으로 할당하면 정렬(alignment)[9]에 대한 요구가 줄고 좀 더 안정적으로 릴리스할 수 있다.

도메인 기반 설계(DDD: domain-driven design)의 아이디어를 여러 팀과 결합하는 것은 인지 부하를 줄이고 명확한 아키텍처 경계를 설정하는 효율적인 방법이 될 수 있다.

도메인 기반 설계는 유지보수 불가능한 스파게티 코드로 끝나지 않고 모듈화가 수행되는 방법을 공식화하는 기술 집합이다. 4장에서는 모듈화하는 데 도움을 주는 도메인 분해 기술에 대해 자세히 알아볼 것이다. 그러나 올바른 도메인 분해를 도출하는 것은 절대로 쉬운 일이 아니다. 여기서는 서로 다른 기능 도메인을 구분하는 것이 핵심이다.

피처 격리

마이크로 프런트엔드를 도입하는 데 있어 저자가 가장 좋아하는 비즈니스 동인은 독립적인 피처를 피처별 일정에 따라 배포할 수 있다는 것이다.

프로덕트 오너(PO: product owner)가 새로운 피처에 대한 아이디어를 가지고 있다고 가정해 보자. 현재로서는 이 피처가 사용자에게 어떻게 받아들여질지 알기 힘들다. 여기서 무엇을 할 수 있을까? 물론 PO에게 제시된 작은 POC부터 시작할 것이다. 이것이 잘 받아들여진다면 최종 사용자 피드백을 수집하는 데 도움이 되는 **최소 가치 프로덕트(MVP: minimum viable product)**를 내놓을 수 있다.

과거에는 피처를 원하는 방식으로 애플리케이션에 적용하려면 정렬에 힘을 쏟아야 했다. 마이크로 프런트엔드를 사용하면 피처를 점진적으로 롤아웃(roll out)할 수 있다. 처음에는 PO만 사용할 수 있게 하고, 그다음에는 대상 최종 사용자도 사용할 수 있게 한다. 최종적으로는 전 지역 혹은 전 세계에 릴리스할 수 있다.

---

9 (엮은이) 모든 팀원과 상위 관리자가 공통 목표를 공유하게 하는 활동을 가리킨다.

선택적 롤아웃이 가능하려면 피처가 격리돼 있어야 한다. 피처 A와 피처 B가 있다고 할 때 A가 B를 필요로 한다면 피처 B에 대한 점진적 롤아웃은 불가능하다. 그것이 항상 피처 A의 롤아웃 규칙의 상위 집합이어야 한다.

일반적으로 그러한 의존성은 여전히 가능할 수 있지만(또는 심지어 희망할 수도 있지만), 본질적으로는 절대 직접적이어서는 안 된다. 따라서 사용 가능한 모든 피처는 다른 피처에 대해서 간접적으로만 참조할 수 있다. 간접적인 참조가 규모 변경성(scalability)의 기초를 형성하고 건전한 마이크로 프런트엔드 솔루션에 중요하다는 것을 나중에 알게 될 것이다.

마이크로 프런트엔드가 잘 설계됐는지 확인하는 좋은 테스트는 그것을 꺼보는 것이다. 전반적인 애플리케이션이 여전히 작동하는가? 그렇다면 해당 마이크로 프런트엔드가 더 이상 유용하지 않을 수도 있다. 하지만 그것이 요점은 아니다. (마이크로 프런트엔드 없이도) 애플리케이션이 여전히 작동한다면, 마이크로 프런트엔드 솔루션이 올바로 설계된 것이다. '원칙적으로 이 모듈 없이도 작동하는가?'라고 항상 자문해야 한다.

마이크로 프런트엔드를 끌 수 있다면 개별 마이크로 프런트엔드를 교체할 수도 있다. 내부 작업을 사용할 필요가 없기 때문에 완전히 교체할 수도 있다. 이를 통해 유용한 사용자 피드백을 수집할 수도 있다.

A/B 테스팅

비즈니스 관점에서 마이크로 프런트엔드를 사용해야 할 이유를 열 가지도 더 들 수 있겠지만, (안타깝게도 종종 간과되는) 한 가지 이유는 사용자 피드백 수집을 단순화한다는 것이다. A/B 테스트를 도입하면 이 문제를 해결할 수 있다.

A/B 테스팅에서는 피처의 두 가지 변형(variant)인 A와 B가 존재한다. A는 피처의 현 상태, 즉 기준선(baseline)이고, B는 문제에 접근하는 새로운 방법이다. 다음 다이어그램에 이를 나타냈다.

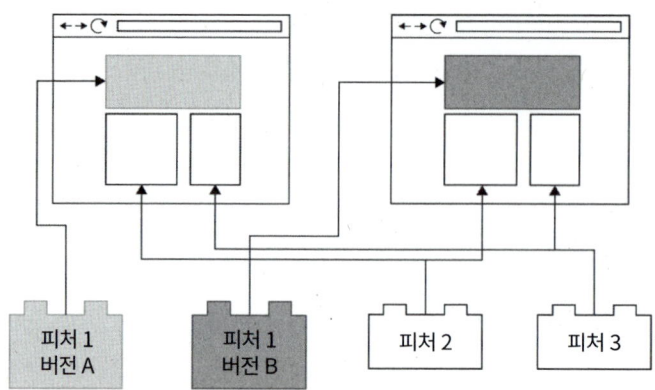

그림 1.5 사용자에 따라 경험이 달라지는 피처의 A/B 테스트

새로운 시나리오에서는 여기에 참여하고자 하는 모든 사용자에게 새로운 피처를 위한 A/B 테스트를 제공한다. 기준선에서 작업하는 경우 기존 습관이 데이터를 오염시키지 않도록 해당 피처를 새로 접하는 사용자만 조사하는 것이 타당할 수 있다.

대부분의 모놀리식 프런트엔드는 특정 피처에 대한 A/B 테스트 기능을 포함하려면 코드를 많이 수정해야 하며, 최악의 경우에는 변형 A와 변형 B의 분기가 수십, 수백 곳에 산재하게 된다. 적절한 모듈화를 도입하면 코드 변경 없이도 A/B 테스트를 도입할 수 있다. 단, 이는 마이크로 프런트엔드를 전달하는 부분만 활성화된 A/B 테스트의 규칙을 안다는 전제하에 가능한 이상적인 시나리오다.

피드백을 포함하고 결과를 평가하는 것은 물론 완전히 다른 이야기다. 여기서 마이크로 프런트엔드는 별로 도움이 되지 않는다. 데이터 분석을 지원하기 위한 전용 툴과의 연결은 모놀리식 솔루션을 통해 변경되지 않는다.

요약

이 장에서는 웹이 마이크로 프런트엔드를 실행 가능한 솔루션으로 제시할 수 있는 지점에 도달하기까지의 진화 과정을 살펴봤다. 그리고 애플리케이션 규모 변경에 대한 요구가 정렬 노력이 효율성에 엄청난 영향을 끼치는 지점에 도달했음을 논의했다. 기술적 가능성의 발견과 함께 마이크로 프런트엔드의 구조적 패턴은 성공적인 구현의 발판을 마련했다. 이제 마이크로 프런트엔드는 기술적인 배경뿐만 아니라 비즈니스적 배경도 있다는 것을 알게 됐다. 하지만 몇 가지 장점과 더불어 단점을 가지고 있다. 확실한 해결책을 추구할 때는 처음부터 무엇을 기대해야 하는지 아는 것이 중요하다.

다음 장에서는 마이크로 프런트엔드의 당면 과제와 함정에 대해 자세히 알아본다. 목표는 탄탄한 솔루션을 통해 모든 과제를 성공적으로 해결하는 것이다. 가장 어려운 문제 중 몇 가지를 적절하게 구현하는 방법에 대해서도 함께 다룬다.

02

일반적인 도전과 함정

1장에서 마이크로서비스의 진화와 마이크로 프런트엔드 도입은 궁극적으로 더 이상 피할 수 없다고 했다. 기술의 모듈화는 거의 모든 산업에서 찾아볼 수 있기에 자연스러운 것이다. 모듈화는 많은 장점이 있지만 동시에 도전 과제도 존재한다.

마이크로 프런트엔드로 가는 여정에서 이러한 문제를 마주하게 될 것이다. 특히 모듈화의 일반적인 문제들은 프런트엔드의 작동에 관한 기대에서 비롯한다.

이번 장에서는 마이크로 프런트엔드를 적용할 때의 가장 일반적인 이슈 다섯 가지를 다룬다.

- 성능
- 보안
- 지식 공유
- 신뢰성
- 사용자 경험

이번 장에서는 이론을 주로 배우고, 구체적인 구현에 관해서는 여러 가지 아키텍처 스타일을 다룰 때 논의할 것이다.

성능

성능은 거의 항상 피처(feature)로 여겨진다. 애플리케이션의 종류에 따라 성능 기준은 달라지겠지만, 특히 최종 사용자용 애플리케이션의 경우에는 '빠를수록 좋다'는 암묵적인 믿음이 있다. 아마존은 100ms이 지연될 때마다 매출이 1%씩 감소한다고 주장한다. 이것은 매우 큰 숫자이고 그냥 지나쳐서는 안 된다.

리소스 캐싱

앞서 살펴본 바와 같이, 요즘에는 다양한 종류의 웹사이트가 있다.

- 정적 웹사이트
- 동적 웹사이트(서버 측 렌더링)
- AJAX를 이용한 동적 웹사이트
- SPA

각 웹사이트 유형은 성능을 끌어올리면서 규모 변경성을 유지하는 나름의 방법이 있다. 예를 들어, 정적 웹사이트는 모든 요청을 디스크에서 페이지 읽기로 처리하는 것을 피하기 위해 메모리 내(in-memory) 캐시를 사용한다. SPA에서는 이러한 단순한 피처가 이미 사용 가능하지만, 서버 측 렌더링에서는 수작업으로 구현해야 한다.

서버 측 렌더링을 다루는 대부분의 언어와 프레임워크는 주어진 요청의 응답을 만들기 위해 어떤 종류의 의존성(dependency)이 필요한지 모른다. 따라서 이런 요청에 자동 캐시를 도입하는 것은 매우 어려워 보이지만, 힌트를 줌으로써 이러한 프레임워크를 도울 수 있다.

서버를 돕는 것은 물론, 캐시로 브라우저의 성능을 향상시키는 데 적용할 수 있는 다수의 캐싱 레이어가 있다. 이상적으로는 많은 프런트엔드 애셋에 고유하게 이름을 부여하고 클라이언트에 영구적으로 캐시할 수 있다.

> **참고**
>
> 캐싱과 적절하게 통신하기 위한 전용 HTTP 헤더가 있다. 여기서는 가장 강력한 캐싱 보장에 중점을 두지만 일반적으로 보다 세분화된 접근 방식도 아주 유용하다. 캐싱에 대해 더 알고 싶다면 다음 주소의 MDN 문서를 참고하자.
> https://developer.mozilla.org/ko/docs/Web/HTTP/Caching

복수의 애셋을 단일 애셋에 모으고(aggregate) 싶을 때도 있을 것이다. 가령 세 개의 마이크로 프런트엔드가 각각 자바스크립트 파일을 만들어낸다면, 이를 단일 자바스크립트로 가져가고 싶을 것이다. 그렇게 했을 때의 장점이 없지는 않지만, 복잡성이 증가하고 투자한 만큼의 결과를 얻기가 힘들다. 그 이유는 여러 가지가 있다.

- HTTP2는 요청을 스트리밍하여, 복수의 리소스도 단일 리소스만큼 효율적으로 처리할 수 있다.
- 캐싱이 더 복잡해지고 세밀하지 못하게 되어 캐시 미스가 많아진다.
- 개별 스크립트의 콘텍스트(예: URL을 자동으로 올바로 결정하기 위한 것)를 잃어버린다.
- 잘못된 스크립트 하나 때문에 집합(aggregation) 내 전체 스크립트의 실행이 중단될 수 있다.

결론적으로, 브라우저에서 마이크로 프런트엔드마다 리소스를 소비하는 것을 감수하더라도 전체 마이크로 프런트엔드를 포함한 하나의 큰 리소스를 사용하는 것보다는 나을 때가 많다.

번들 크기

일반적으로 SPA나 자바스크립트로 짜인 무거운 페이지는 자바스크립트의 코드 자체에 주의해야 한다. 오늘날 환경에서는 여러 의존성을 너무 무분별하게 이용한다. 자바스크립트 번들(bundle)의 크기를 모니터링하고 이러한 번들을 작게 유지하는 것은 우수한 성능에 매우 중요하다.

특히 SPA 기반 마이크로 프런트엔드의 경우 각각의 마이크로 프런트엔드에 대한 하나 이상의 자바스크립트 파일을 만들기 위해 웹팩(webpack)이나 Parcel 같은 번들러를 사용한다. 번들 분할(bundle splitting)을 활용하려면 각 자바스크립트 파일을 작게 유지하는 것이 중요하다. 고전적인 예는 SPA에서 각각의 페이지에 대해 자바스크립트 파일을 따로 생성하는 것이다.

그래서 다음과 같이 코드를 작성하는 대신, import 함수를 사용해서 또 다른 자바스크립트 프래그먼트(fragment)를 지연 로딩함으로써 번들 분할을 도입한다.

```
import * as React from 'react';
import { Switch, Route } from 'react-router-dom';
import MyPage from './page';
```

```
export const Routes = (
    <Switch>
        <Route path="/my-page" component={MyPage} />
    </Switch>
);
```

리액트(React)에서 Suspense 컴포넌트를 포함하는 lazy 함수는 이렇게 사용한다.

```
import * as React from 'react';
import { Switch, Route } from 'react-router-dom';

const MyPage = React.lazy(() => import('./page'));

export const Routes = (
    <React.Suspense fallback={<div>Loading...</div>}>
        <Switch>
            <Route path="/my-page" component={MyPage} />
        </Switch>
    </React.Suspense>
);
```

마이크로 프런트엔드에서는 번들 분할이 더욱 중요하다. 규모 변경성이 핵심 원칙 중 하나이므로, 애셋을 더 작게 만들어서 필요할 때만 로드하는 것이 유려한 사용자 경험을 보장하는 유일한 방법이다.

> **참고**
>
> 어떤 의존성이 최종 번들 크기에 얼마나 영향을 미치는지 아는 것은 항상 중요하다. 웹팩에서 webpack-bundle-analyzer는 시각화하는 패키지다. 또한 https://bundlephobia.com 같은 웹사이트는 의존성과 관련된 비용을 일찍 식별하게 도와준다.

일반적으로 최대한 개별적인 코드의 지연된 로딩을 도입하려고 노력해야 한다. 앞에서 봤듯이 SPA에서 이것은 페이지를 보여주는 모든 컴포넌트를 지연 로딩하는 것만큼 쉽다. 또한 '특별한' 상황에서만 사용하는 의존성은 주요 번들에 포함하지 않아야 한다. 최신 Promise 구조를 사용하는 것이 이때 많은 도움이 된다.

요청 최적화

마이크로 프런트엔드는 모듈화가 매우 중요하다. 이때 요청의 수는 계속 무한히 증가한다. 요즘은 모놀리식에서 모든 것을 통합하는 대신, 서버나 브라우저 안에 서로 다른 기술을 이용한 분산된 시스템을 많이 갖고 있다.

모듈은 같거나 유사한 데이터를 매우 빈번하게 요청한다. 주의하지 않으면 API 서버에 부하를 많이 줄 수 있다. 더 나쁜 것은, 결과를 집계하는 것이 더 오래 걸리고 사용자 경험이 나빠진다는 점이다. API 요청에 대한 마이크로 캐싱을 도입하면 이것을 완화할 수 있다. /api/user에 요청이 1초 동안 캐시된다면 다른 실행 단위는 캐시에서 결과를 바로 얻을 수 있다. 중요한 점은 서버 사이드에서 이 캐시는 페이지 요청 콘텍스트에 대해서만 적용해야 한다는 것이다.

또 고려할 요인은 일괄 처리(batching)를 요청하는 것이다. 특히 마이크로서비스 백엔드의 경우 일부 필수 정보를 집계하는 데 필요한 요청이 많을 수도 있다. API 게이트웨이에 대해 **GraphQL** 같은 기술을 도입한다고 하면, 여러 개의 질의를 모아서 한 번에 요청할 수도 있을 것이다. 그러면 백엔드는 클라이언트보다 더 빠르고 직접적인 방법으로 서로 다른 모든 쿼리를 처리한다. 백엔드는 쿼리를 캐시할 수도 있다.

지금까지 요청 최적화 및 그와 관련한 잠재적 보안 이슈를 다뤘으니, 보안 부문을 좀 더 살펴보자.

보안

잠재적인 취약성을 논하기 전에 마이크로 프런트엔드의 양극단을 더 자세하게 검토해볼 필요가 있다.

- 사용자 관리를 포함한 중앙 집중식으로 제공되는 횡단 관심사[1]
- 모듈이 사용자 관리에 대해 각각 책임을 지는 완전한 격리

---

[1] (엮은이) 관점 지향 소프트웨어 개발에서 횡단 관심사(cross-cutting concerns)란 다른 관심사에 영향을 미치는 프로그램의 애스펙트(aspect)다. https://en.wikipedia.org/wiki/Cross-cutting_concern

두 옵션에는 각기 장단점이 존재한다. 이미 봤던 것처럼 적절한 균형을 찾는 것이 성공적인 구현에 매우 중요하다. 만능 열쇠는 없다. 프로젝트에 정의 내린 경계 조건(boundary conditions)에 따라 결정한다.

보안 관리에 있어 가장 큰 위협은 신뢰할 수 없는(untrusted) 코드의 실행과 관련이 있다. 이제는 코드를 중앙에서 작성·유지하지 않기 때문에 원치 않는 코드 스니핏(snippet)이 시스템으로 들어갈 가능성이 매우 커졌다. 따라서 시스템이 취약해지지 않도록 경계(boundary)와 프로세스가 더 많이 필요하다.

사용자 관리를 위한 두 옵션과 스크립트 실행 문제를 자세히 살펴보자.

중앙 사용자 관리

이 방식은 사용할 백엔드가 하나뿐일 때 적합하며 대개 많은 문제에서 이상적인 솔루션이 될 수 있다.

중앙 사용자 관리에서는 중앙화된 함수를 통해 백엔드에 모든 HTTP 요청을 처리하거나 백엔드로 향하는 요청에 내부적으로 세션을 붙인 쿠키를 사용한다. 전자의 경우 중앙화된 함수에 의해 생성된 요청에 토큰을 붙일 수도 있다. 후자의 경우 애플리케이션에서 토큰은 사용되면 안 된다. 사용자 정보는 현재 사용자에 관한 공통적인 질문에 대답하는 것을 간소화하기 위해 중앙에 저장할 수 있다.

그림 2.1의 다이어그램은 마이크로 프런트엔드가 백엔드와 통신하기 위해 애플리케이션의 사용자 관리 모듈을 면밀히 살펴볼 필요가 있음을 보여준다. 이 방법에서 토큰은 적절하게 사용해야 한다. 사용자 관리 모듈은 다음 그림에서 보여주는 것처럼 마이크로 프런트엔드 솔루션의 기초 레이어와 함께 배포하므로 각각의 마이크로 프런트엔드로부터 독립돼야 한다.

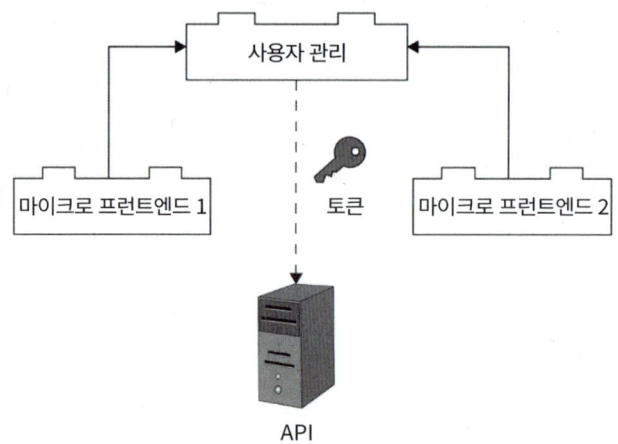

그림 2.1 중앙 인스턴스를 통과하는 백엔드 요청을 필요로 하는 중앙 사용자 관리

사용자 관리 부분은 미들웨어(middleware)를 통해 API 요청자 부분으로부터 분리될 수 있다. 여기서 HTTP 헤더를 사용하고 통신수단에 따라 다른 기술을 사용할 것이다.

개별 사용자 관리

이는 서드 파티 소스로부터 나가거나 들어오는 다수의 백엔드나 마이크로 프런트엔드가 있을 때 고려해볼 수 있다.

가령 각각의 마이크로 프런트엔드가 벡엔드 통신을 위한 토큰을 메모리에 갖는다고 하자. 이는 벡엔드에서 같은 애플리케이션에 대해 수십 개의 토큰을 다시 생성해야 하는 것을 피하기 위해 요청을 마이크로 캐싱하는 것과 잘 맞는다. 그림 2.2에 있는 다이어그램은 이것을 잘 보여준다.

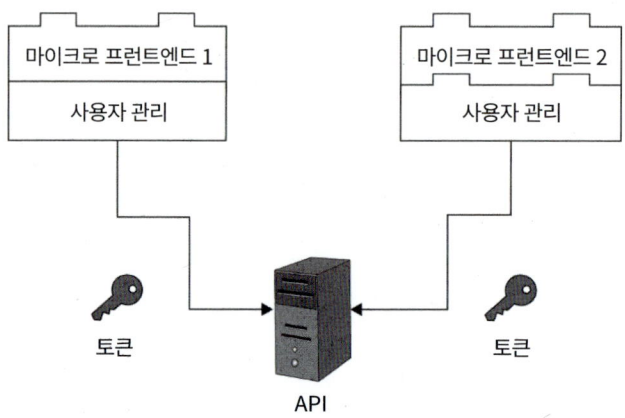

그림 2.2 잠재적으로 직접적인 API 호출을 허락하는 개인 사용자 관리

개별적인 사용자 관리의 가장 큰 장점은 마이크로 프런트엔드 각각의 독립성을 보장한다는 것이다. 여기에는 어느 하나의 모듈도 망가뜨릴 만한 변화가 없다.

스크립트 실행

마이크로 프런트엔드를 클라이언트에서 운영하든, 서버에서 운영하든, 아니면 양쪽 모두에서 운영하든 상관없이 코드는 다른 마이크로 프런트엔드와 전체 애플리케이션에 영향을 주며 실행될 수 있음을 알아야 한다. 따라서 누가 마이크로 프런트엔드에 기여할 수 있는지부터 명확히 하는 것이 중요하다. 그것이 '누구나'라면 매우 강력한 격리가 필요하다. '내부 팀'에만 국한된다면 특별히 구현할 것은 없다. 그렇더라도 시스템의 신뢰성을 확보하는 것은 여전히 중요하다.

완벽한 격리를 달성하기 위해서 다양한 노력이 필요하다. 예를 들어, 브라우저 안에서 스크립트를 <iframe> 안에 두거나 새로운 워커(Worker)에 둘 수 있다.

```
// 워커를 생성한다
const myWorker = new Worker('./my-worker.js');


// 워커로부터 메시지를 받는다
myWorker.onmessage = e => {
    console.log('Received new data', e.data);
};


// 복제가 가능한 객체를 이용해서 워커에게 메시지를 보낸다
myWorker.postMessage({ type: 'hello', text: 'Hi World!' });
```

Node.js에서는 새로운 vm.Script를 생성하도록 폴백(fall back)할 수 있다.

```
// vm 모듈을 가져온다
const vm = require('vm');

// require와 console을 제외하고 전역 변수 없이 콘텍스트를 생성한다
const context = vm.createContext({ require, console });
```

```
// 새로운 스크립트 생성 환경을 만들고 돌린다
const script = new vm.Script('require("./script.js")');
script.runInContext(context);
```

어떤 경우에도 호스트와 사용 가능한 API 간의 통신은 강력하게 규제해야 한다. 또한 유연성과 보안 사이의 균형도 필요하다.

예를 들어, 브라우저에서 중앙 사용자 관리를 하는 방법이 두 가지 있다. 백엔드에서 내부적인 쿠키를 경유하는 방법과 토큰을 저장하는 방법이다. 전자는 **BFF(Backend for Frontend)** 가 필요하고, 후자는 서명된 **JWT(JavaScript Web Token)** 등을 사용하는 안전한 토큰 포맷이 필요하다. 이것을 어떻게 얻는지, 그리고 보안 속성이 무엇을 포함하고 있는지(예를 들어, 만료 시간)에 따라 실용적인 목적을 위한 보안으로 볼 수 있다.

쿠키는 특별한 설정 없이 작동하고 브라우저에 의해 내부적으로 보호되기 때문에 항상 사용한다. 쿠키에 대해 브라우저의 보안이 보장할 수 있는 것 중 하나는 `HttpOnly` 쿠키를 스크립트로 절대 읽을 수 없다는 것이다. 따라서 스크립트의 실행은 외부에서 작성된 스크립트라고 하더라도 이런 점에서 충분히 안전하다고 볼 수 있다.

외부에서 들여온 스크립트는 최대한 샌드박싱해야 한다. 정적인 코드 분석 또는 수동적인 리뷰를 거치지 않은 스크립트는 실행 환경에 포함되지 않도록 해야 한다. 그렇게 하지 않으면, 가령 의심스러운 소스로 리포트를 하는 키로거(keylogger) 같은 것을 손쉽게 들여올 수 있게 된다.

해결해야 할 또 다른 과제는 일반적으로 분산 애플리케이션에서 숨겨져 있는 내부 지식 공유다.

지식 공유

각 마이크로 프런트엔드는 격리된 모듈을 나타내며, 의존성을 띠지 않고 다른 마이크로 프런트엔드에 관한 어떠한 지식도 없이 작동하는 것이 이상적이다. 그러나 현실에서 마이크로 프런트엔드는 의존성을 띠며, 다른 마이크로 프런트엔드에 대한 지식을 얼마간 필요로 한다.

참조(reference)는 크게 두 종류가 있다.

- 강한 결합(strong coupling)을 유발하는 직접 참조 (혹은 강한 참조)
- 느슨한 결합(loose coupling)을 유발하는 간접 참조 (또는 약한 참조)

모듈을 느슨하게 결합하면 규모 변경이 쉽다. 하지만 느슨한 결합에 있어서도 지켜야 할 관례(convention)와 계약(contract)이 있다. 예를 들어 어떤 이름으로 이벤트를 발송(emit)하면, 그 이벤트를 수신하는 리스너(listener)는 이벤트의 이름이 바뀌지 않으리라고 기대할 것이다. 이벤트의 이름을 바꿔버리면 리스너가 이벤트를 수신하지 못한다.

식별자에 대한 합의를 **지식 공유(knowledge sharing)**라고 부른다. 지식 공유 활동을 수행하는 방식은 여러 가지다.

- 둘 이상의 팀이 특정 이름에 대해 합의
- 한 팀에서 이름 정하기

식별자뿐만 아니라 특정한 작동(behavior), 흐름(flow), 공유 의존성(shared dependencies), 버전 등의 기술 결정에 관한 합의가 형성될 수 있다.

이벤트를 생산하는 팀은 이벤트를 소비하여 변경을 겪는 모든 팀과 소통해야 한다(그림 2.3).

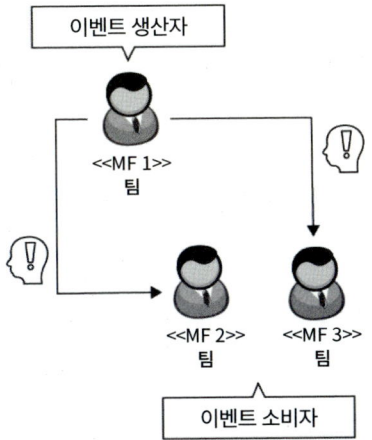

그림 2.3 이벤트 구조의 모든 변화는 관심 있는 이해 당사자와의 소통이 필요하다.

마이크로 프런트엔드에서 사용하는 모든 합의는 그들 사이의 내부적인 계약을 형성하는 효과가 있다. 이 합의는 일부 도구(예를 들어, 컴파일러)에 의해 강요되지 않기 때문에 잠재적인 오류의 시작 지점이 된다. 그러면 어떻게 강제할 수 있을까?

데브옵스(DevOps)의 모범 사례(best practice)를 이때 적용할 수 있는데, 무엇보다 마이크로 프런트엔드가 애플리케이션에 무단으로 적용되지 않게 해야 한다. 반드시 승인이 필요하고 미리 정의된 빌드 파이프라인을 거쳐야 한다. 어떤 경우에든 무엇이 들어오는지 통제하는 관문이 있어야 한다. 그 관문은 기술적으로 관례를 강조하고 관계를 확인하며 통합 테스트를 수행하는 데 사용될 수 있다.

단절적 변경(breaking change)[2]이 필요할 때는 변경 관리 원칙이 도움이 된다. 이 원칙은 내부 마이크로 프런트엔드뿐 아니라 외부 마이크로 프런트엔드에도 적용할 수 있다. 이때는 소통 요인이 중요하게 작용한다.

> **참고**
>
> 정렬 활동을 줄이는 것은 마이크로 프런트엔드의 목표 중 하나이지만, 이를 완전히 제거할 수는 없다. 소통과 지식 공유의 필요성은 항상 존재한다. 원칙과 효율적인 개발자 소통에 대한 보편적 아이디어를 마이크로 프런트엔드에도 적용할 수 있다. API 변경에 관한 소통 전략에 관해서는 매닝(Manning) 출판사의 웹사이트에 실린 "Designing APIs: communicating with your developers(API 설계: 개발자와 소통하기)"[3]라는 글을 참고하자.

유예 기간(grace period)을 두지 않고 단절적 변경을 일으키는 것은 최대한 피해야 한다. 사용 중단, 스텁, 관련 부분 제거의 순서를 밟는 것이 바람직하다. 이를 변경 관리 프로세스에 포함해도 좋다.

- 사용 중단(deprecation)은 컴파일 시 개발자에게 경고를 출력해야 한다.
- 스텁(stub)은 런타임에 오너에게 보고할 수 있다.
- 제거(removal)된 피처는 최종 사용자가 사용하지 못한다.

---

[2] (엮은이) 시스템의 다른 부분에 오작동을 일으킬 가능성이 있는 큰 변화를 뜻한다.
[3] https://freecontent.manning.com/designing-apis-communicating-with-your-developers/

통합 환경은 최종 사용자의 가시성을 통해 프로덕션에 도달하기 전에 유용한 통찰력을 얻음으로써 이 프로세스를 훨씬 덜 두렵게 만든다. 애플리케이션의 안정성을 확인하기에도 좋다.

신뢰성

마이크로 프런트엔드는 다양한 소스에서 수십 개의 작은 모듈을 가져온다. 모든 요청에는 실패할 가능성이 있다. 결과적으로 일부 모듈의 로딩에 실패할 가능성이 상대적으로 높으므로 간과해서는 안 된다.

특정 애플리케이션이 아키텍처 측면에서 견고하게 설계되어 있는지 확인하는 좋은 방법은 모듈 중 하나를 비활성화하는 것이다. 그것이 장애를 일으키는가? 예상한 장애인가? 오류가 보고되는가? 그러면 이 모든 질문에 답할 수 있다. 실제로 로그인 기능을 비활성화하면 애플리케이션을 거의 사용할 수 없게 되지만, 애플리케이션 자체는 계속 작동해야 한다. 그렇지 않으면 아키텍처가 너무 많이 결합되어 있다는 것을 의미한다.

규모 변경성과 마찬가지로 신뢰성(reliability)이라는 주제에 접근하는 가장 좋은 방법은 느슨한 결합을 도입하는 것이다. 또한 HTTP 요청을 더 견고하게 하는 표준 기술도 사용할 수 있다.

- (매우) 작은 타임아웃을 지정한다.
- 중요한 요청에 대한 재시도를 한다.
- 연결 끊김을 감지해 적절히(gracefully) 처리한다.

그래도 단일 마이크로 프런트엔드는 충돌한다. 이런 상황에서 가장 중요한 점은 마이크로 프런트엔드가 시작된 정확한 위치에 오류 경계를 배치하는 것이다. 어떤 대가를 치르더라도 다른 모든 모듈을 포함한 메인 애플리케이션은 죽지 않아야 한다.

신뢰성 있는 애플리케이션은 훌륭한 사용자 경험의 기본이다. 그러나 마이크로 프런트엔드의 경우 일관된 사용자 경험을 얻기 위해 조금 더 노력해야 한다.

사용자 경험

마이크로서비스와 마이크로 프런트엔드의 주요 차이점은 마이크로 프런트엔드의 경우 최종 사용자에게 단일한 단위로 보여야 한다는 것이다. 이것은 시각적 디자인에 영향을 끼칠 뿐만 아니라, 작동 방식과 워딩도 포함한다. 프런트엔드의 모든 부분이 독립적으로 개발되고 유지 관리하면서 어떻게 일관된 단일 애플리케이션을 사용자에게 제공하도록 보장할 수 있을까?

워딩

마이크로 프런트엔드를 여러 원자로 구성된 분자로 생각하면, 사용 가능한 원자들을 정렬해 상황을 조화롭게 만들 수 있다. 여기에서 원자는 폼(form), 카드 또는 텍스트 필드와 같은 컴포넌트를 의미한다. 그러한 컴포넌트들을 표준화하면 분명 도움이 되지만, 디자인 비전이나 특정 워딩(wording)을 빠뜨릴 수 있다.

여기에는 만능 열쇠가 없으며, 중앙화와 독립성 사이의 절충이 필요하다. 애플리케이션의 중점을 어디에 둘지는 정하기 나름이다. 워딩에 관해서는 다음과 같이 하는 것도 한 가지 방법이 될 수 있다.

- 공유 워딩 프래그먼트를 중앙 워딩 컨테이너에 넣는다.
- 워딩 전담 팀이 나중에 프래그먼트를 다듬고 덮어쓸 수 있게 한다.
- 전문화와 세부 사항은 각 마이크로 프런트엔드에 남겨둔다.

이는 많은 애플리케이션에 맞는 적절한 타협을 보여준다. 개발자가 피처를 빠르게 제공할 수 있도록 속박을 풀어주는 동시에, 중앙 팀이 나중에 워딩을 정렬하고 조정할 수 있게 한다.

디자인 비전의 경우 스타일 가이드가 적합하다. 일반적으로 스타일 가이드는 패턴 라이브러리를 중심으로 한다.

패턴 라이브러리

전체 애플리케이션에서 사용되는 컴포넌트의 집합을 정의하는 것을 패턴 라이브러리라고 한다. '라이브러리'는 우리 애플리케이션에 대한 기술적 의존성으로 가장 자주 언급되지만 '사용 가능한 CSS 스타일'을 의미할 수도 있다. '종이에 지정된 스타일'도 패턴 라이브러리의 해석이다.

특정 해석과는 별개로 디자인과 작동을 포함하여 컴포넌트들을 이동시키는 단일 표준이 있다.

마이크로 프런트엔드에서 사용하기에 충분히 유연한 컴포넌트를 설계하는 문제는 14장에서 자세히 설명한다.

요약

이 장에서는 마이크로 프런트엔드를 다룰 때 어떤 핵심 과제가 존재하는지 배웠다. 그리고 작은 트릭이 성능을 얼마나 크게 향상시킬 수 있는지 확인했다. 보안 부분을 함께 고려하여 쉽게 공격할 수 없는 강력한 솔루션을 구축할 수 있다.

개발팀 내에서 효율적으로 지식을 공유하는 것은 일관된 사용자 경험을 갖는 것만큼 중요하다. 두 영역 모두 규율과 엄격한 지침이 필요하다. 중앙화됐지만 분산된 접근 방식을 사용하는 것은 서로 다른 모듈에 너무 많은 제약을 가하지 않고 충분한 콘텍스트를 생성하기 위한 좋은 절충안인 경우가 많다.

다음 장에서는 특정 문제를 해결하기 위해 맞춤화된 마이크로 프런트엔드를 구성하고 구현하는 방법에 접근하기 위해 다양한 배포 시나리오를 다룰 것이다.

03

배포 시나리오

마이크로 프런트엔드를 적용할 때 일반적으로 겪는 문제와 함정을 2장에서 살펴봤다. 이러한 이슈는 우리 삶을 좀 더 복잡하게 만들지만, 개발팀 관점에서 보면 규모 변경성을 높인다는 이점을 취하기 위한 필요악일 때가 많다. 이런 이점은 수명 주기(life cycle) 중 배포(deployment)에서 두드러진다.

모놀리스의 배포는 전체 비즈니스 로직에 대해 한 번에 이뤄져야 한다. 모놀리식 아키텍처가 마이크로 프런트엔드보다 개발에서 규모 변경이 잘되지 않는 것은 이와 같이 릴리스 규모가 크기 때문이다. 릴리스 규모가 클수록 릴리스 주기가 길어지는 경우가 많다. 테스팅과 검증도 필요하다.

마이크로 프런트엔드는 배포 파이프라인을 여러 형태로 구축할 수 있다. 심지어 파이프라인을 단 하나만 활용할 수도 있고, 그와 반대로 다수의 독립적인 파이프라인을 활용하는 분산 배포 방식을 따를 수도 있다. 중앙 집중적 배포와 분산 배포 스키마의 장점을 취하는 솔루션을 목표로 하는 것도 가능하다.

이 장에서는 이와 같은 세 가지 시나리오를 다룬다. 설명을 위해, 아이디어가 대부분의 **지속적 통합**(CI: continous integration) 시스템으로 이동함에도 불구하고 Azure DevOps와

CircleCI에서 찾은 것처럼 **야믈(YAML: Ain't Markup Language)** 파일을 사용할 것이다. 특정한 마이크로 프런트엔드 아키텍처를 가정하지는 않을 것이다.

이 장에서는 다음 주제에 관해 이야기한다.

- 중앙 집중식 배포
- 분산 배포
- 하이브리드 솔루션

중앙 집중식 배포

하나의 큰 릴리스는 종종 모놀리식 아키텍처의 단점이라고 여겨지지만, 한편으로는 솔루션이 될 수 있다. 무엇보다도 함께 작동하는 하나의 유닛이라고 확신할 수 있는 하나의 방법으로 볼 수 있다. 이 솔루션에서는 애플리케이션이 업데이트될 때 다루기가 아주 쉽다. 마지막으로 마이크로 프런트엔드에 대해 중앙 집중적인 배포를 사용하는 것의 가장 궁극적인 이점은 이미 만들어진 마이크로 프런트엔드와 합칠 수 있다는 것이다. 이를 통해 최적화와 강화를 할 수 있다.

중앙 집중적인 CI 파이프라인은 다음 두 가지로 생각할 수 있다.

- 단일 저장소(모노리포)를 사용
- 여러 개의 저장소를 결합

전자가 조금 더 세팅하기 쉽지만 후자는 대부분의 사용자가 의도하는 것에 가깝다. 둘 다 살펴보자.

모노리포를 사용

모노리포(monorepo)는 배포를 기다리지 않고 다양한 패키지를 한곳에 둘 수 있어 꽤 인기를 얻었다. 모노리포를 이용하면 많은 배포 주기를 거치지 않고도 다양한 패키지를 작동하게 할 수 있다.

모노리포는 마이크로 프런트엔드 구축에 적합하지만 한편으로는 의문이 들기도 한다. 한곳에 모든 정보가 있다면 굳이 소비를 위해 분산시킬 필요가 있을까? 결국 배포 독립성을 필요로 하지 않는 개발을 위한 또 다른 지표로 마이크로 프런트엔드를 생각하면 의문이 풀린다.

그림 3.1은 하나의 중앙 집중적 CI 파이프라인과 모노리포를 어떻게 사용하는지 보여준다. 모노리포에서 모든 마이크로 프런트엔드는 같은 파이프라인에서 만들어져 게시된다.

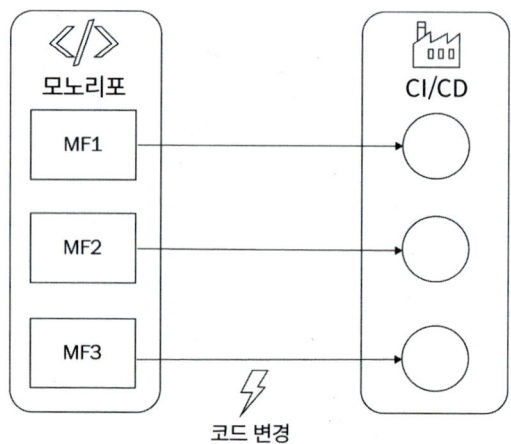

그림 3.1 모노리포에서는 어떤 코드가 변경되든 모든 마이크로 프런트엔드가 함께 빌드된다.

프런트엔드 프로젝트에서는 보통 Lerna 같은 도구를 이용해 모노리포를 다룬다.

> **참고**
>
> Lerna는 모노리포를 쉽게 사용할 수 있게 해주는 태스크 러너다. Yarn 같은 효율적인 패키지 매니저와 함께 사용하면, 포함된 패키지를 올바르게 참조하면서 의존성 문제도 해결할 수 있다. 가장 중요한 명령어는 `lerna bootstrap`, `lerna run` 그리고 `lerna publish`다. 이것은 통합된 버저닝(모든 포함된 패키지는 같은 버전을 가진다)이나 독립적인 버저닝(모든 포함된 패키지는 개별적인 버전을 갖는다) 기능을 가질 수 있다. 더 많은 정보는 https://lerna.js.org/에서 찾을 수 있다.

일단 `npm init -y`를 사용해서 새로운 Node.js 프로젝트를 시작하면 `lerna init`을 사용해서 Lerna를 적절하게 통합할 수 있다. 이것은 독립적인 마이크로 프런트엔드나 다른 라이브러리를 개발할 수 있는 packages 폴더를 셋업할 수 있게 해준다.

Azure DevOps를 사용해서 CI 파이프라인을 모노리포에 더하는 것은 package.json 파일 옆에 있는 저장소의 루트에 azure-pipelines.yml 파일을 더하는 것처럼 쉽다. 그리고 콘텐츠는 다음처럼 간단하다.

```yaml
trigger:
- release

steps:
- task: NodeTool@0
  inputs:
    versionSpec: '10.x'
  displayName: 'Install Node.js 10'
- bash: |
    npx lerna run test
  displayName: Run rests in all packages
- bash: |
    npx lerna run build
  displayName: Run build in all packages
```

CircleCI의 경우에도 셋업은 비슷한데, 유일한 차이점은 .circleci 디렉터리에 위치한 config.yml 파일을 이용한다는 것이다. 이 파일은 다음 코드를 포함한다.

```yaml
version: 2

workflows:
    version: 2
    default:
        jobs:
            - build:
                filters:
                    branches:
                        only: release

jobs:
    build:
        docker:
```

```
        - image: circleci/node:10

working_directory: ~/repo

    steps:
      - checkout
      - run:
          command: npx lerna bootstrap
          name: Bootstrap repository
      - run:
          command: npx lerna run test
          name: Run rests in all packages
      - run:
          command: npx lerna run build
          name: Run build in all packages
```

이것은 저장소를 적절하게 셋업하고, 테스트 및 빌드하기에 충분하다. 검증을 목적으로 할 때 (예를 들어, 풀 리퀘스트)도 이것은 훌륭하지만 실제로 배포에 대해서는 충분하지 않다. 여기서 빌드 단계와 릴리스 단계를 적절히 구분하는 서로 다른 단계를 생성할 수 있다.

여러 저장소를 결합

모노리포는 유지에 신경 쓸 필요 없이 다수의 산출물을 배포할 수 있는 가장 좋은 방법이다. 그러나 개발 규모 변경성을 높이려면 저장소(repository)가 여러 개 필요할 수 있다. 그러나 각 저장소마다 전용 파이프라인을 셋업할 필요는 없다. 독립적인 저장소는 중앙 집중적인 파이프라인을 트리거(trigger)[1]하여, 코드가 하나의 솔루션으로 합쳐친다.

개발과 유지의 독립성을 확보할 수 있다는 것이 이 솔루션의 장점이지만, CI 파이프라인에 의해 통일성 있는 단일 솔루션도 여전히 구축할 수 있다. 향후에 마이크로 프런트엔드를 독립적으로 사용한다고 하더라도, 중앙 집중적인 파이프라인을 사용해서 중요한 정보를 얻을 수 있고 솔루션 전체를 확인할 수 있다.

---

[1] (엮은이) 총의 '방아쇠'에서 유래한 단어로, 특정 작동에 반응해 자동으로 필요한 작동을 실행하는 것을 뜻한다.

그림 3.2는 각각의 분리된 저장소로부터 마이크로 프런트엔드가 하나의 파이프라인에 함께 들어갈 수 있는 방법을 보여준다. 어느 한 곳에서라도 코드가 변경되면 결국 같은 파이프라인이 트리거되어 모든 저장소가 하나의 빌드로 합쳐진다.

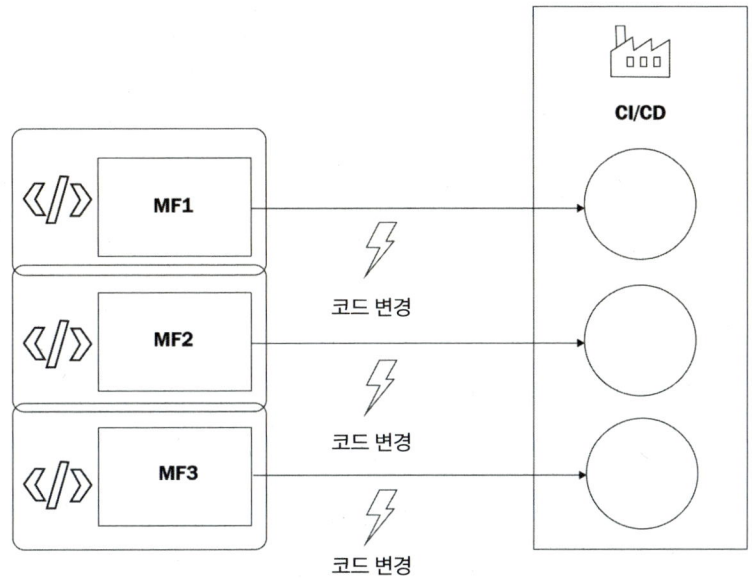

그림 3.2 어디에서 변화가 발생하든 관계없이 하나의 파이프라인 안에서 여러 개의 마이크로 프런트엔드가 합쳐진다.

이 방식의 단점은 파이프라인이 중앙 집중적이라는 것이며, 이는 모든 정보가 한곳에 저장됨을 의미한다. 만약 새로운 저장소가 솔루션에 합쳐지면 파이프라인은 저장소를 인지하기 위해 업데이트가 필요하다.

Azure DevOps에서 작동하는 파이프라인을 다음과 같이 정의할 수 있다.

```
resources:
  repositories:
  - repository: Microfrontend1
    type: github
    endpoint: GitHubServiceConnection
    name: ArtOfMicrofrontends/Microfrontend1
    trigger:
      - release
```

```
    - repository: Microfrontend2
        type: github
        endpoint: GitHubServiceConnection
        name: ArtOfMicrofrontends/Microfrontend2
        trigger:
            - release
    - repository: Microfrontend3
        type: github
        endpoint: GitHubServiceConnection
        name: ArtOfMicrofrontends/Microfrontend3
        trigger:
            - release

steps:
- checkout: self
- checkout: Microfrontend1
- checkout: Microfrontend2
- checkout: Microfrontend3

- script: dir $(Build.SourcesDirectory)
```

여기서 파이프라인은 CI가 작동하게 하는 유틸리티나 스크립트를 포함한다. 그리고 다른 브랜치나 조건을 트리거하기 위해서 서로 다른 저장소를 개별적으로 조정한다. 그러나 이러한 조정은 중앙 집중적으로 처리돼야 하기 때문에 개별 팀에 파이프라인에 대한 완전한 권한을 부여하지 않는다.

CircleCI와 많은 저장소들

이 피처가 기본으로 제공되는 것은 아니다. 해결 방법은 `git clone`으로 추가 저장소를 명시적으로 복제하고 중앙 파이프라인에서 해당 소스를 작업하는 것이다. 중앙 파이프라인을 트리거하려면 CircleCI에서 프로세스를 작동해야 하고 HTTP API를 사용하는 개별적인 파이프라인이 필요하다.

개별 팀에 권한을 부여하기 위해서는 분산 배포가 유용하다.

분산 배포

앞서 살펴본 중앙 집중식 배포 시나리오의 반대쪽 끝에는 완전히 분산된 배포 시스템을 구축하는 시나리오가 있다. 이때 각 마이크로 프런트엔드마다 자체 CI 파이프라인이 필요하고, 외부의 아무 공급자나 활용할 수 있다. 어떤 마이크로 프런트엔드를 이용할 수 있는지에 관한 정보는 중앙 집중적인 서비스 또는 분산된 접근에 의해 집계되며, 개별 마이크로 프런트엔드 미러들은 레지스트리 안에서 인지된다. 이 레지스트리조차도 분산시킬 수 있지만, 실용적인 시나리오에서는 그러한 레지스트리를 중앙화한다.

분산 배포의 큰 장점은 개별적인 마이크로 프런트엔드의 독립성에 있으며, 각 팀은 그들의 산출물을 온전히 책임진다. 이 점은 문서로 기록될 뿐만 아니라 애플리케이션 자체의 기본 설정으로서 실재할 수 있다. 만약 팀이 적절한 릴리스 파이프라인을 구축하지 못하면 어떠한 일도 일어나지 않고 그들의 기여는 전혀 드러나지 않는다.

중앙 배포와 마찬가지로 분산 배포에 있어서도 두 가지 시나리오가 있다. 코드 베이스로서 모노리포를 사용하거나 전용 파이프라인을 구축하기 위해 개별적인 저장소에서 시작하는 것이다.

모노리포 사용하기

모노리포를 활용한 분산 배포는 중앙 집중적인 배포 시나리오와 비슷하게 시작한다. 즉, 관련 마이크로 프런트엔드를 하나의 코드 베이스에 집어넣는다. 여기서 차이점은, 각 팀은 모노리포에 있는 팀별 마이크로 프런트엔드에 대해 별도의 CI 파이프라인을 호스트한다는 점이다. 따라서 세 개의 마이크로 프런트엔드에 대한 세 개의 각기 다른 파이프라인이 모노리포에서 개발될 수 있다.

그림 3.3은 개별 파이프라인과 모노리포 사이의 관계를 보여준다. 모노리포에서 코드가 하나만 변경되더라도 모든 파이프라인이 트리거된다. 종종 파이프라인이 트리거되면 비교를 통해 가장 먼저 관련 코드 섹션에서 어떠한 변화가 있는지 감지한다.

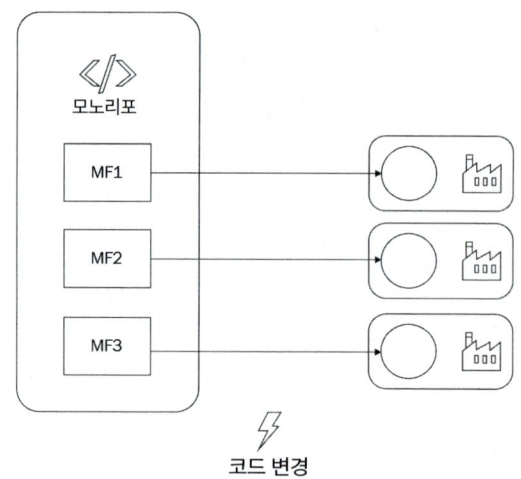

그림 3.3 코드 변경은 에러가 발생할 수 있는 여러 파이프라인을 작동시킨다.

변경 감지(change detection)가 되지 않으면 새롭게 릴리스할 것이 전혀 없을 때조차 전체 파이프라인이 릴리스를 트리거하게 된다. 이는 대수롭지 않아 보일 수도 있지만, 실은 그렇지가 않다. 경제성을 떨어뜨리고(필요한 것보다 더 긴 CI 파이프라인을 돌리는 건 불필요한 비용을 의미한다), 사용자 경험을 나쁘게 하며(잠재적인 캐시를 무효화하여 사용자 애플리케이션이 시작되기까지 더 오래 기다려야 한다), 보안 측면에서도 문제가 된다(모든 배포는 비록 이러한 취약점이 매우 드물고 발생 확률이 낮다고는 해도 공격자로부터 코드를 사이드 로드할 수 있는 빌미가 된다).

변경을 감지하는 가장 간단한 방법은 Lerna에서 개별적인 버저닝을 도입하는 것이다. lerna init --independent를 사용해서 모노리포를 초기화할 수 있다. 또는 다음의 코드 스니핏처럼 lerna.json 파일에서 version 프로퍼티를 independent로 설정해도 된다.

```
{
    "lerna": "2.11.0",
    "packages": [
        "packages/*"
    ],
    "version": "independent"
}
```

독립적인 버저닝을 활성화하여 최신 배포 버전과 마이크로 프런트엔드의 버전을 비교할 수 있다.

또 다른 방법은 소스를 해시하거나 빌드 산출물의 해시값을 비교하는 것이다. 전자는 조금 더 신뢰성이 떨어지고 후자는 매우 비싼 편이다. 빌드해야 하기 때문이다.

이에 대한 잠재적인 방법은 모노리포를 여러 저장소로 분할하는 것이다.

전용 파이프라인 사용하기

마이크로 프런트엔드는 하나의 마이크로 프런트엔드당 하나의 저장소를 사용할 때 빛을 보기 시작한다. 전용 파이프라인을 통해 많은 자유를 얻을 수 있다. 그러나 어떤 테스팅 프레임워크를 사용할지, 어떤 사례를 따를지, 어떤 명명 관례(naming convention)를 고려할지와 같은 여러 요소를 결정해야 한다. 일반적으로 완전한 유연성과 자유가 갖는 단점이 그럴 것이다.

그림 3.4는 이 시나리오에서 코드 저장소와 CI 파이프라인의 관계를 보여준다. 여기서 각각의 마이크로 프런트엔드 저장소 안의 코드 변화만이 파이프라인을 작동하게 만든다.

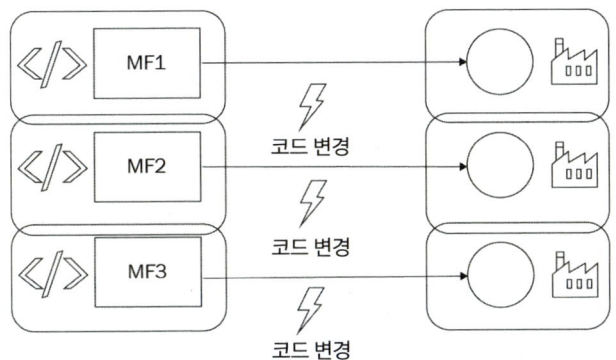

그림 3.4 개별 저장소는 각자의 파이프라인을 갖고 독립된 상태를 유지한다.

서로 다른 마이크로 프런트엔드를 배포하기 위해 독립적인 파이프라인을 사용하면 솔루션을 최적화하거나 재결합하는 빌드 단계를 잃는다. 물론 어떤 서버에 통합되기는 하겠지만, 추가적인 로직이 필요하다. 그러므로 이 시나리오에서는 마이크로 프런트엔드가 렌더링 시 동적으로 결합되고 이것이 대부분 사람들이 실제로 마이크로 프런트엔드의 기본적인 정의라고 생각한다.

빌드 시점에 최적화를 원한다면 분산된 솔루션과 중앙 집중적인 배포를 결합하도록 접근해야 한다. 즉, 하이브리드 접근 방법이 된다.

하이브리드 솔루션

마이크로 프런트엔드를 도입하는 주된 이유는 개발팀의 규모 변경성을 높이기 위함일 때가 많다. 그러므로 설명한 바와 같이 분산 배포로 가는 것이 자연스러워 보이며 규모 변경에 가장 유리하다. 그럼에도 불구하고 단일 저장소에 배포돼야(적어도 개발돼야) 하는 집합적인 마이크로 프런트엔드가 있을 수 있다. 이제 하이브리드 솔루션이라고 이름 붙인 마이크로 프런트엔드를 이용하여 배포하는 세 번째 방법에 대해 이야기해보자.

하이브리드 솔루션은 중앙 집중적인 배포 솔루션과 분산 배포 시스템의 장점만 취하려고 한다. 결과적으로 하이브리드 솔루션의 도전 과제는 보통 두 솔루션에 관계된 문제의 조합에서 온다.

보통 하이브리드 솔루션으로 가는 이유는 마이크로 프런트엔드의 집합에 대해 예약된 릴리스를 할 수 있기 때문이다. 대안은 어떤 마이크로 프런트엔드든 변화가 있을 때 릴리스를 트리거하는 것이다. 두 가지 방법을 모두 살펴보고 잠재적으로 사용할 수 있는 영역에 대해 살펴보자.

예약된 릴리스

이론적으로 모노리포를 일반 저장소와 결합할 수 있고 중앙 집중적인 배포는 독립적인 배포와 합칠 수 있다. 일단 그렇게 하면 많은 새로운 가능성이 생기는데, 예약된 릴리스(scheduled release)에 대한 기회도 그중 하나로 볼 수 있다.

서로 다른 조각을 완벽하게 맞추고 싶다면 예약된 릴리스가 괜찮을 수 있다. 또한 이용 가능한 마이크로 프런트엔드의 부분집합에 대한 예약된 릴리스를 거는 것도 좋다.

예약된 릴리스의 가장 쉬운 방법은 수작업으로 실행해야 작동하게 파이프라인을 셋업하는 것이다. 이 방법으로 릴리스 날짜와 특정 파이프라인을 작동시키는 날짜를 결정할 수 있다.

대안으로는 '매주 월요일 아침'처럼 자주, 자동으로 릴리스하는 것이다. 예를 들어 릴리스 브랜치처럼 특정한 브랜치가 기본으로 사용할 브랜치 셋업과 시간 트리거를 함께 결합할 수 있다. 그렇게 함으로써 자주 릴리스하되, 다음 릴리스를 위해 적절하게 선택된 코드 부분만 릴리스한다.

다른 대안은 변경사항에 따라 릴리스하는 것이다.

변경사항에 대한 트리거

변경이 있을 때 결합된 릴리스 파이프라인을 작동시키는 것은 매력적인 방법이다. 특히 릴리스를 표시하기 위해 전용 브랜치를 사용하면 더 유용할 수 있다. 보통은 여기서 여러 개의 저장소를 하나의 큰 파이프라인에 합치는 것을 고려하지 않을 것이고, 그것은 곧 모노리포에 있는 마이크로 프런트엔드의 부분집합이 대규모의 릴리스 안에서만 고려돼야 한다는 의미다.

그림 3.5에서 볼 수 있듯이 모노리포에서 오는 코어 마이크로 프런트엔드와 다른 저장소에서 오는 보조 마이크로 프런트엔드 사이의 분할도 CI 셋업에 반영된다. 여기서 분산된 개발 형태를 활용할 수 있고, 동시에 잘 패키징된 하나의 일관된 저장소 안에서 여러 저장소에서 발생할 수 있는 횡단 관심사를 단일 뷰로 유지할 수 있다.

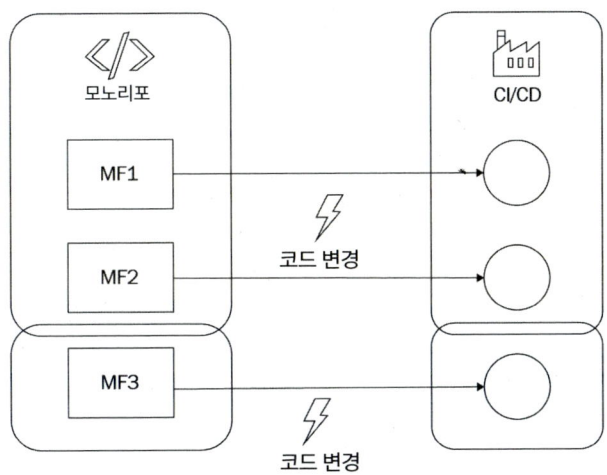

그림 3.5 어떤 마이크로 프런트엔드는 독립적으로 릴리스되지만 어떤 것은 결합해서 릴리스한다.

분산된 배포와 중앙 집중적 배포의 혼합 방식을 적용하기에 좋은 한 가지 예는 사용된 의존성들에 관해 최적화를 수행하는 것이다. 빌드 타임에서 어떤 마이크로 프런트엔드를 사용할 수 있게 하는 것은 우리가 의존성 분석을 도입할 수 있게 하고 새로운(또는 사용되지 않은) 공유된 의존성을 활용하게 해준다.

요약

이번 장에서는 마이크로 프런트엔드로 가능한 다른 배포 전략들에 대해 배웠다. 어떻게 모놀리식한 릴리스 주기가 마이크로 프런트엔드에 적용되는지 설명하기 위해 중앙 집중적인 계획에 대해 배웠다. 분산 배포를 사용하면 모든 팀을 독립적으로 만들 수 있다.

많은 경우 모놀리식과 마이크로 프런트엔드 방식을 같이 사용한다. 그것에 대한 예시로 하이브리드 솔루션을 다루었다. 여기서 각 팀에 필요한 독립성을 유지하면서 모든 횡단 관심사와 가장 중요한 마이크로 프런트엔드를 제어할 수 있다.

다음 단원에서는 어떤 마이크로 프런트엔드가 있어야 하는지를 정립하는 데 큰 역할을 하는 도메인 분해에 관해 다룰 것이다. 도메인 분해는 본질적으로 팀을 적절히 분리하는 데 도움이 된다.

04

도메인 분해

3장에서는 마이크로 프런트엔드를 다양한 방식으로 배포할 수 있음을 배웠다. '어떤 모델을 사용할지 어떻게 결정할까?'와 같은 질문에 대한 답은 프로젝트의 기술적인 요구 사항과 팀 구성 사이 어딘가에서 찾을 수 있다. 팀 구성을 최대한 활용하려면 개별 마이크로 프런트엔드의 범위를 식별하기 위한 적절한 전략이 필요하다. 도메인 분해는 전략적으로 개별 마이크로 프런트엔드의 범위를 나눌 수 있게 도와준다.

도메인 분해는 관심 도메인을 독립적으로 개발 및 배포할 수 있게 더 작은 조각으로 나누는 통일된 방법을 제시한다. 간단한 것처럼 보이지만, 사실 상당히 복잡하다. 그래서 이 장의 핵심 내용이 기술적(혹은 실용적)이지는 않지만, 실제 수행 전에 주의 깊게 공부하고 적용해야 한다. 최종적으로 도메인 분해 전략은 솔루션의 아키텍처를 토대로 한다.

이 개념을 완전히 이해하려면 먼저 **도메인 주도 설계**(DDD: Domain-driven-design) 원칙부터 짚어야 한다. 이 책에서는 《도메인 주도 설계(원제: Domain-Driven Design: Tackling Complexity in the Heart of Software)》를 쓴 에릭 에반스(Eric Evans)의 생각을 따른다. 그 후 **관심사 분리**(SoC: Separation of Concerns)를 논하고 두 가지 필수 분해 전략인 기술 전략과 비즈니스 중심 전략을 살펴본다. 마지막으로 어떤 작업보다도 선행적으로 정의해야 하는 아키텍처 경계를 알아본다. 살펴볼 주요 주제는 다음과 같다.

- 도메인 주도 설계의 원칙
- 관심사 분리
- 아키텍처 경계

도메인 주도 설계의 원칙

DDD는 에릭 에반스가 처음 대중화했다. 그는 자신의 책에서 그의 비전에 따라 도메인 주도 설계를 구성하는 기본 원칙을 설명했다. 이 책은 많은 진실을 담고 있지만, 아이디어의 대부분은 실제 프로젝트에 적용되지 않았다. 이 중 마이크로 프론트엔드에서 사용할 만한 가장 중요한 개념만 살펴본다.

마이크로 프론트엔드 관점에서 도메인 주도 설계를 언급할 때는 값 객체나 유비쿼터스 언어의 필요성을 고려하지 않는다. 대신 도메인 주도 설계를 다음 두 가지에 대한 청사진으로 사용한다.

- 명확한 경계를 가진 마이크로 프론트엔드 정의
- 경계를 설정하기 위한 전략 수립

도메인 주도 설계에서는 '모듈(module)'이라는 용어를 썼는데, 이것은 과거의 '패키지(package)'와 같은 말이었다. 우리는 앞으로 이 단위를 '마이크로 프론트엔드(micro frontend)'라고 부르겠다. 도메인 주도 설계에서는 바운디드 콘텍스트(bounded context)라는 것도 소개했다. 결국 도메인 주도 설계는 바운디드 콘텍스트를 이해하기 위한 콘텍스트 맵(context map)을 정의한다. 이제 각 영역을 개별적으로 살펴보자.

모듈

모듈은 애플리케이션에서 특정 기능 모음을 위한 컨테이너 역할을 한다.

앞서 말했듯이 도메인 주도 설계에서 '모듈'은 일반적으로 마이크로 프론트엔드 형태를 띤다. 그러나 여기서는 일반적인 의미로 봐도 무방하다. 결국 좋은 아키텍처는 특정 구현과 거의 관련이 없으며 실제로 여러 변이 속에서 작동한다는 것을 알 수 있다. 마이크로 프론트엔드에서 기능은 대부분 컴포넌트를 중심으로 설계된다.

그러나 모듈은 특정 영역(혹은 서브도메인)이며 문제 도메인 전체의 일부에 불과하다. 모듈의 일반적인 설계 원칙은 낮은 결합도(low coupling)와 높은 응집력(high cohesion)이다. 그래서 마이크로 프런트엔드는 다른 마이크로 프런트엔드에 직접 의존하지 않고 하나의 문제를 해결하기 위한 단일 유닛을 나타낸다.

도메인 주도 설계는 어떤 것이 모듈이 될 수 있는지 찾기 위해 바운디드 콘텍스트 개념을 도입했다.

바운디드 콘텍스트

바운디드 콘텍스트(bounded context)는 하위 도메인 기능의 경계를 정의하기 위해 사용한다. 이는 특정 도메인의 기능만 유효한 영역이다.

이는 모듈과 비슷해 보이지만 실제로는 상당히 다르다. 여러 모듈이 동일한 바운디드 콘텍스트에 포함된다. 바운디드 콘텍스트는 이것들을 연결해주는 우산 역할을 하며 런타임 고려사항과 관련이 없다.

다음 그림은 예제 관심 도메인 내에서 두 개의 바운디드 콘텍스트의 관계를 보여준다.

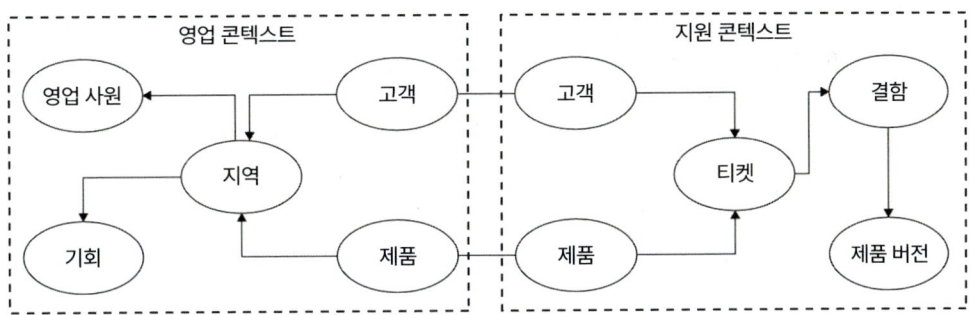

그림 4.1 예제 관심 도메인에서 두 개의 바운디드 콘텍스트의 관계

바운디드 콘텍스트를 모듈로 분할하는 방법은 사람에게 달렸다. 결국에는 '관심 도메인에서 바운디드 콘텍스트가 무엇일까?'라는 질문이 중요하다. 여기에는 청사진이 없지만 콘텍스트 맵 형태로 시각화하고 파악하는 게 좋은 방법이다.

콘텍스트 맵

콘텍스트 맵(context map)은 시스템과 관련된 콘텍스트와 그 사이의 연결을 설명하기에 유용한 도구다. 다른 콘텍스트의 객체를 재사용하는 대신 항상 콘텍스트 맵에 정의된 변환을 사용하여 도메인별 객체를 생성해야 한다.

콘텍스트 맵은 설계 결정을 위해 어디서 공유가 일어나는지, 그리고 격리된 마이크로 프런트엔드를 어떻게 생성하는지 알려준다. 이를 위해 먼저 자기완비적(self-contained)[1] 도메인을 식별해야 한다. 여기에는 전략적 도메인 설계와 전술적 설계라는 두 가지 방법이 있다. 두 가지 다 살펴보자.

전략적 도메인 설계 대 전술적 설계

관심 도메인에 대한 지식을 확장하고 의미 있는 기준을 떠올릴 때는 전략적 도메인 설계를, 시스템을 구성하는 설계 패턴과 구성 요소를 고려할 때는 전술적 설계를 한다. 전략적 도메인 설계에서는 도메인들을 식별하고 서로 간의 소통에 관심을 갖는 반면, 전술적 설계는 이 도메인들을 구조화하는 데만 초점을 맞춘다.

우리의 마이크로 프런트엔드 공간에서는 전술적인 설계를 마이크로 프런트엔드 구현자에게 맡기고 그들에게 어떤 지침을 줄지, 아니면 따라야 할 구조를 미리 정의할지를 선택할 수 있다. 뒤에서 이러한 아키텍처 경계가 실제로 어떻게 결정되는지 살펴볼 것이다.

반대로 전략적 도메인 설계는 전체 관심 도메인을 더 작은 하위 도메인으로 세분화할 때 유용하다. 전체 관심 도메인에서 개별 하위 도메인을 구분하고 바운디드 콘텍스트를 도출한다. 그런 다음 콘텍스트 간의 관계를 콘텍스트 맵에 기록한다. 다음 그림은 이러한 과정을 이론적으로 보여준다.

---

[1] (엮은이) '자기완비적 시스템(SCS: self-contained system)'은 기능을 여러 독립 시스템으로 분리하는 데 중점을 두어 여러 소규모 소프트웨어 시스템이 협동해 완전한 논리적 시스템을 만드는 소프트웨어 아키텍처 접근 방식이다. https://en.wikipedia.org/wiki/Self-contained_system_(software)

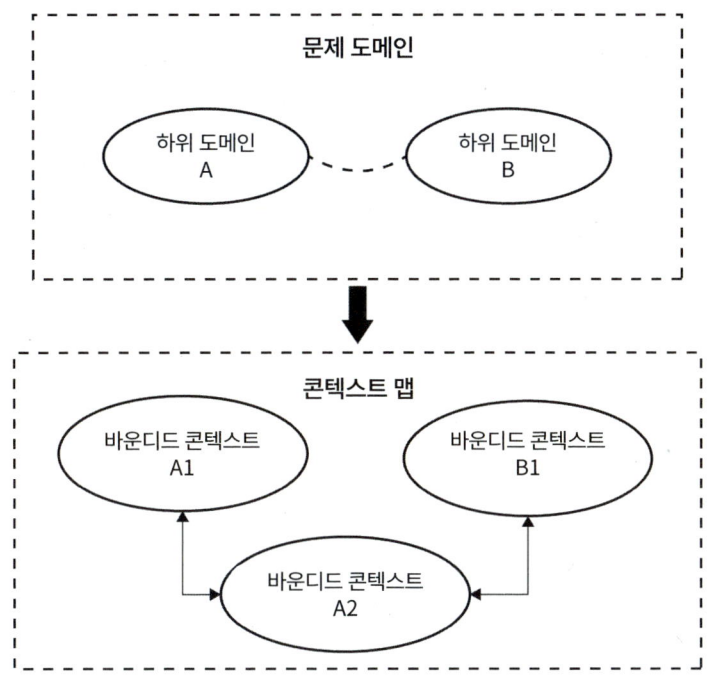

그림 4.2 콘텍스트 맵을 이용해서 전체 도메인 분해를 유도하는 이상적인 과정

다음과 같은 예제 과정을 이해해보자. 온라인으로 전환하려는 도서관이 있다. 대출자가 자신의 상태를 확인하고 방문자가 카탈로그를 검색할 수 있게 만들고자 한다.

여기서 하위 도메인은 다음과 같다.

- 대출자 정보
- 대출 과정
- 책 세부 정보
- 책 카탈로그

이것이 전부다. 여기서 사용자 관리(또는 인증 및 권한 부여) 같은 보다 일반적인 도메인을 추가할 수 있다. 그러나 초기에는 핵심 문제에 초점을 맞추는 것이 좋다.

네 가지 하위 도메인에서 다음과 같은 바운디드 콘텍스트를 찾아낼 수 있다.

- 대출 사용자 정보
- 대출자 책 보유 정보
- 대출 과정
- 공공 도서 세부 정보
- 대출 도서 세부 정보
- 공공 도서 카탈로그
- 대출 도서 카탈로그

대출 도서 세부 정보는 대출 정보를 도서 세부 정보와 연결하여 인증된 사용자에게 도서 대여 기간을 알려준다. 마찬가지로 대출 도서 카탈로그는 이 정보를 카탈로그 수준에서 이용할 수 있게 해준다.

모든 바운디드 콘텍스트가 마이크로 프런트엔드가 될 필요는 없지만, 합당한 이유 없이 콘텍스트를 넘어서는 것은 좋지 못하다. 관심 도메인을 너무 과감하게 분할하는 건 좋지 않다.

이제 어떤 종류의 분할이 실제로 의미가 있는지 확인해보자.

관심사 분리(SoC)

분할을 논의할 때 분할할 도메인보다 분할의 종류에 집중하는 상황에 놓이게 될 것이다. 흥미롭게도 마이크로 프런트엔드의 초창기에는 대부분 사람들이 기술적인 분할에 열광했다. 그러나 마이크로 프런트엔드의 진정한 이점은 비즈니스 중심의 분할 결정에서 나타난다.

두 가지 옵션의 공통점과 장점을 살펴보자.

기술적 분할

기술적 분할(technical split)은 일반적으로 화면을 보고 웹 페이지에 선을 그리는 것으로 시작한다. 다음 스크린숏에 표시한 것과 비슷하다.

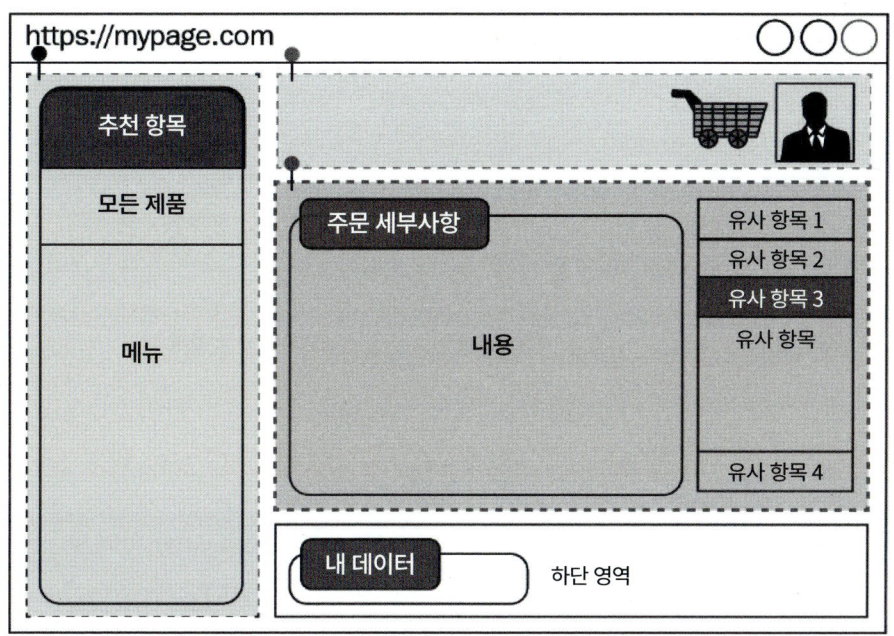

그림 4.3 가능한 기술적 분할. 화면의 구성 요소는 그룹화하여 서로 다른 마이크로 프런트엔드에 배치한다.

기술적 분할의 문제는 각 마이크로 프런트엔드가 서로 다른 도메인의 일부를 포함한다는 것이다. 예를 들어 내비게이션 마이크로 프런트엔드는 주문 기능을 비롯한 사용자 관리에 대한 링크를 포함한다. 처음에는 괜찮아 보이지만, 장기적으로 보면 문제가 된다. 내비게이션 마이크로 프런트엔드는 이렇게 다른 모든 부분을 어떻게 알 수 있을까?

이런 아키텍처 결정에서 문제를 찾기 위한 좋은 방법은 특정 변경 사항을 추적하는 것이다. 예를 들어 마이크로 프런트엔드(예를 들어 결제 마이크로 프런트엔드)를 도입하면 다른 마이크로 프런트엔드를 건드릴 필요가 있을까? 그렇다면 몇 개를 손봐야 하는가? 새로운 마이크로 프런트엔드 도입이 다른 모든 마이크로 프런트엔드 변경에 영향을 준다면 분명히 뭔가 잘못된 것이다. 이것은 아키텍처가 제대로 작동하지 않는다는 분명한 지표다.

이상적으로 보면 새로운 마이크로 프런트엔드는 완전히 자체 격리된다. 따라서 다른 마이크로 프런트엔드를 변경할 필요가 없다. 이것이 기능적 분할(functional split)을 사용할 경우 얻을 수 있는 장점이다.

기능적 분할

애플리케이션을 기능적인 부분으로 나누면 하나의 화면은 어떤 단일 마이크로 프런트엔드에도 포함될 수 없다. 이런 식이면 한 데이터 소스에서 다른 데이터 소스로 연결도 불가능하다. 뿐만 아니라 모든 상호 작용은 상대적으로 정적이고 효율적이지도 않다.

기능적 분할의 문제는 매우 추상적이고 구현하기 어렵다는 점이다. 그 이유는 모든 것이 어느 시점까지 확장 가능해야 하기 때문이다.

이 어려움은 실제 다음과 같은 모든 구현 단계에서 마주칠 수 있다.

- 디자인 작업은 모든 것이 확장될 수 있다는 점을 고려한다.
- 구현은 확장을 위한 공간을 마련해야 한다.
- 문서는 확장 지점을 언급해야 한다.
- 테스팅은 테스트하고 확정하기 위해 이 부분을 인지해야 한다.
- 배포 시스템은 올바르게 이를 연결하기 위해 이 부분을 이해해야 한다.

이런 어려움에도 결과는 납득할 만하다. 그림 4.4에서 볼 수 있듯이, 분할은 이제 본질적으로 기능적이다. 화면에 보이는 대로 그룹화하는 대신, 동일한 마이크로 프런트엔드 내의 관련된 항목끼리 그룹화됐다.

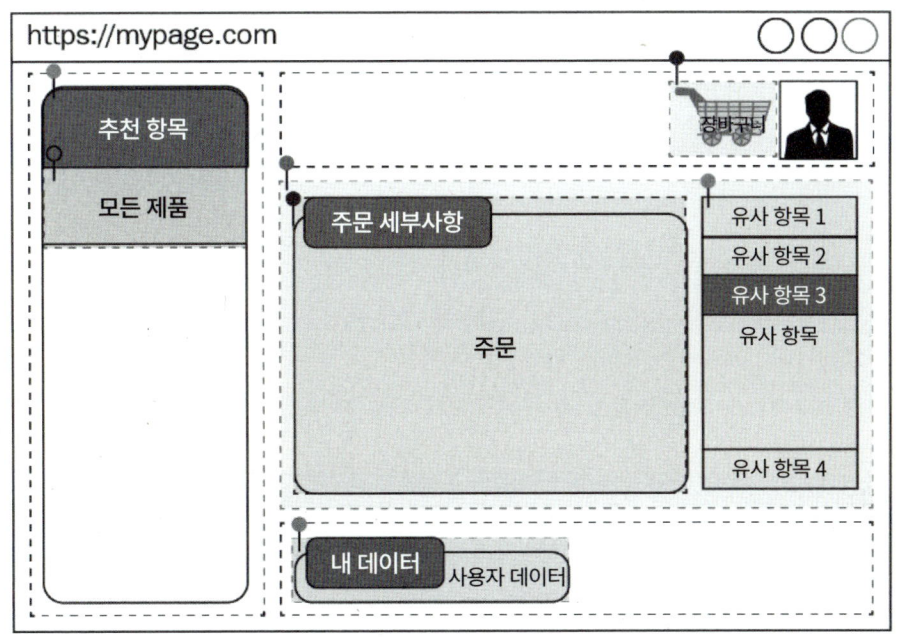

그림 4.4 가능한 기능적 분할의 예시. 화면상 요소는 확장 가능하고 서로 다른 마이크로 프런트엔드로 구성된다.

기능적 분할의 가장 좋은 점은 그것이 자체 격리를 위한 요구 사항을 충족한다는 사실이다. 하나의 마이크로 프런트엔드를 없애도 나머지는 직접 영향을 받지 않는다.

현재 주문 장바구니 컴포넌트와 주문 버튼이 포함된 주문 마이크로 프런트엔드 예를 보자. 이 기능을 끄면 이 기능만 제거되고 다른 곳에 영향을 주지 않는다. 제품 페이지, 상품 추천, 그리고 다른 부분은 모두 정상이다. 기술적 분할로는 동일한 종류의 암묵적 유연성을 달성하기가 거의 불가능하다.

따라서 하위 도메인으로 그룹화하는 것은 기능적 분할을 통해 가능할 뿐만 아니라, 실제로 유익하기도 하다. 도메인 주도 설계는 이런 부분에서 유용한 도구가 된다. 이제 주문 바구니와 제품 추천이 같은 마이크로 프런트엔드에 있어서는 안 된다는 것을 알고 있지만, 문제는 주문 장바구니와 주문 버튼이 같은 마이크로 프런트엔드에 있어야 하는지의 여부다.

마이크로 프런트엔드가 얼마나 작아야 하는가에 대한 질문은 마이크로서비스에서조차 활발히 논의 중이다. 확실한 건 크기를 측정하기 위한 일종의 지표(예를 들어 코드의 라인, 컴포넌트

등)를 떠올리기보다는 분할을 구성하는 전략을 찾으려고 노력해야 한다는 것이다. 이를 위해 다음과 같은 질문을 해야 한다.

- 모든 마이크로 프런트엔드의 컴포넌트를 동일한 팀이 개발하고 유지하는가?
- 모든 마이크로 프런트엔드의 컴포넌트는 모두 동일한 사용자(user)가 소비(consumed)하는가?
- 마이크로 프런트엔드의 컴포넌트를 조건부로 숨기거나 비활성화하는가?
- 마이크로 프런트엔드의 컴포넌트가 다른 조합에 더 적합한가?

이러한 질문을 통해 마이크로 프런트엔드를 구성하기로 한 결정이 적절한지 확인한다. 예를 들어 한 컴포넌트는 관리자만 사용해야 하고 다른 나머지 컴포넌트에는 일반 사용자가 접근하는 경우 관리자만 접근 가능한 컴포넌트를 자체 마이크로 프런트엔드에서 제외하는 것이 합리적이다. 마찬가지로 사용자 테스트 측면에서 생각할 때(예를 들어 특정 스타일의 컴포넌트가 다른 컴포넌트보다 선호되는지 판단하기 위해 A/B 테스트를 실행할 때) 테스트의 일부가 돼야 하는 컴포넌트를 제거하는 것이 적절할 수 있다.

좀 더 구체적으로 설명하기 위해 예제를 살펴보자.

분할 예제

온라인 쇼핑 애플리케이션을 예로 들어보자. 요구 사항으로서 다음 기능을 제공해야 한다.

- 사용자 로그인 페이지
- 사용자 로그인 버튼
- 사용자 로그아웃 버튼
- 장바구니 페이지
- 제품 상세 페이지
- 제품 개요 페이지
- 특별 행사 페이지
- 제품 추천 칸

- 장바구니 정보/링크
- 제품 주문 버튼
- 유사 제품 칸
- 제품 비교 칸
- 내 계정 링크
- 내 계정 페이지
- 현재 사용자 정보 패널
- 중요 알림 패널
- 고객센터 페이지
- 고객 피드백 모달 대화 상자
- 고객 피드백 버튼

DDD의 기법을 활용해 이러한 항목을 다른 바운디드 콘텍스트로 정리할 수 있다. 예를 들어 다음 항목으로 구성된 사용자 콘텍스트를 도입할 수 있다.

- 사용자 로그인 페이지
- 사용자 로그인 버튼
- 사용자 로그아웃 버튼
- 내 계정 링크
- 내 계정 페이지
- 현재 사용자 정보 패널

이 바운디드 콘텍스트에서 다음과 같이 최소한 두 개의 모듈을 추출할 수 있다.

- 사용자 로그인
- 사용자 계정

사용자 로그인 모듈에는 로그인 페이지와 로그인 버튼이 포함되며 익명 사용자에게 노출돼야 한다. 사용자 계정 모듈에는 로그아웃 버튼을 포함한 나머지가 포함되며 인증된 사용자에게 나타나야 한다.

그러나 이 바운디드 콘텍스트에 관한 또 다른 관점이 있다. 로그인/로그아웃 기능을 특정 도메인이 아니라 기술적인 것으로 간주하면 이 모든 것을 횡단 관심사의 범주에 넣을 수 있다. 이렇게 하면 다음 항목으로 바운디드 콘텍스트를 구성할 수 있다.

- 내 계정 링크
- 내 계정 페이지
- 현재 사용자 정보 패널

이 바운디드 콘텍스트는 단일 모듈 내에서 구현할 수 있다. 나머지 기능은 일부 모듈에서 구현되지 않고 애플리케이션 자체에서 구현되는 기술 도메인의 일부다.

마이크로 프런트엔드에 있어 횡단 관심사의 장점은 모든 마이크로 프런트엔드가 횡단 관심사에 접근할 수 있다는 점이다. 예를 들어 사용자 인증(authentication)을 횡단 관심사로 다루면 모든 마이크로 프런트엔드는 현재 사용자의 이름, 이메일 주소, 계정 상태 등의 정보를 얻을 수 있다.

횡단 관심사의 단점은 횡단 관심사가 나타내는 공유 계층의 유지 관리와 변경에도 신중을 기해야 한다는 점이다. 단절적 변경으로 인한 결과는 API 내의 직접적 변경인지 혹은 작동(behavior)의 변경인지와는 무관하게, 전체 애플리케이션을 철저히 테스트해야만 드러난다.

예제로 돌아가 다음과 같이 횡단 관심사로 간주될 수 있는 요구 사항이 네 가지 더 있다.

- 중요한 알림 패널
- 고객센터 페이지
- 고객 피드백 모달 대화 상자
- 고객 피드백 버튼

이제부터 다음과 같이 두 가지 바운디드 콘텍스트로 나눌 수 있다.

- 사용자 알림
- 고객 상호 작용

알림 패널은 사용자 알림 콘텍스트에 있지만 고객 상호 작용은 두 개의 모듈로 구성할 수 있다. 하나는 고객센터 페이지(와 잠재적인 링크)를 포함하는 것이고 다른 하나는 고객 피드백과 관련된 모든 것이다.

나머지 항목은 빠르게 구성된다. 제품 주문(장바구니 페이지, 장바구니 정보, 제품 주문 버튼), 제품(제품 세부 정보 페이지, 제품 개요 페이지, 유사 제품 페이지, 제품 비교 칸) 및 판매(특별 행사 페이지, 추천 제품 칸)에 대한 바운디드 콘텍스트를 정의한다. 그러면 이러한 콘텍스트를 마이크로 프런트엔드로 어떻게 분해할까?

시작할 제품의 바운디드 콘텍스트를 선택하자. 네 개의 항목을 다음 두 모듈 안에 둘 수 있다.

- 제품 정보(제품 상세 페이지, 제품 개요 페이지)
- 제품 관계(유사 제품 페이지, 제품 비교 패널)

한 가지 가능한 분해는 두 마이크로 프런트엔드에서 두 모듈을 갖는 것이다. 이 방법은 매우 간단하지만 고려할 점이 아직 남았다.

인증된 사용자에게만 제품 비교 페이지를 보여줘야 한다고 가정하자. 이 경우 실제로 제품 관계 모듈을 두 개의 마이크로 프런트엔드로 분리하는 것이 합리적일 수 있다. 하나는 모든 사용자가 볼 수 있고 다른 하나는 인증된 사용자만 볼 수 있다.

마찬가지로 제품 개요 페이지는 A/B 테스트의 훌륭한 대상일 수 있다. 이 페이지는 확실히 많은 반복을 경험할 것이고 사용자 클릭 수와 잠재적으로 주문할 확률이 높은 것에 직접 영향을 미칠 것이다. 이러한 경우 제품 개요 페이지를 마이크로 프런트엔드에 넣는 것이 이득이다. 이렇게 하면 A/B 테스트를 위해 요청당 제품 개요 마이크로 프런트엔드 버전 A 또는 버전 B를 보여줄 수 있다.

보다시피 상당수의 결정은 주로 애플리케이션에 대한 기대를 기반으로 한다. 이러한 기대치를 기술적으로 확실하게 하려면 먼저 명확한 아키텍처 경계를 도입해야 한다.

아키텍처 경계

아키텍처 경계를 이야기한다는 것은 이미 코드 수준으로 들어간 상태임을 나타낸다. 이제 도메인 모델을 넘어 다음 내용을 살펴보자.

- 마이크로 프런트엔드에는 어떤 기능이 있는가?
- 마이크로 프런트엔드의 구조와 디자인에 대해 얼마나 많은 자유를 제공하는가?
- 마이크로 프런트엔드가 사용할 수 있는 애플리케이션 인터페이스(예: DOM)는 무엇인가?
- 마이크로 프런트엔드가 애플리케이션에서 분리된 위치는 어디이며 주변 시스템과 밀접하게 연결되어 있는 위치는 어디인가?

일반적인 경우 위 문제에 대한 답은 상황에 따라 다르다. 하지만 훌륭한 해결책에 일반적으로 적용되는 고려사항과 명심할 것이 있다.

적절한 수준의 자유도를 선택하기 위해 필요한 것을 결정하기 전에 공유된 기능을 이야기해 보자. 문서 객체 모델(DOM)에 접근하는 예를 살펴보고 마이크로 프런트엔드의 범용성에 대해 논의해보자.

공유된 기능

마이크로 프런트엔드를 생성할 때 다음과 같은 두 선택지 사이에서 고민이 발생한다.

- **a.** 모든 공유 기능과 코드를 공통 라이브러리 또는 마이크로 프런트엔드에 넣기
- **b.** 아무것도 공유하지 않기 – 모든 마이크로 프런트엔드에 복사하거나 자체 솔루션을 마련해야 한다.

이 두 관점은 다양한 의사 결정에서 나타나지만 여기서는 기능 결정에 중점을 두자.

a의 장점은 모든 마이크로 프런트엔드가 문제 영역에만 집중할 수 있다는 것이다. 그러나 공유된 기능과 마이크로 프런트엔드 간의 느슨한 결합을 고려할 때 대규모 공유 코드 베이스의 변경이 자주 발생하고 고장을 유발한다.

a가 올바른 접근법이 아니라는 것을 알면 b를 선택할 수 있다. 그러나 모든 것이 무작정 복제되는 상황에서 결국에는 비슷한 위치에 놓이게 된다. 일부 공유된 기능에 오류가 있다는 것을 알게 되면 잠재적으로 모든 곳에서 수정해야 하므로 막대한 부담이 발생한다.

이를 벗어날 수 있는 두 가지 방법이 있다. 공유할 수 있는 모든 것을 공유하지 않고 몇 가지 정말 안정적인 핵심 기능만 공유하여 a와 b 사이 절충안을 택하거나, a를 채택하되 각 마이크로 프런트엔드에서 공유 기능을 재정의할 수 있게 하는 것이다. 이렇게 하면 오류가 발견된 곳에서 수정이 가능하다. 또한 모든 곳에 동일한 해결책을 적용해야 한다면 공유 기능을 활용해 모든 곳에 적용할 수 있다.

그러면 공유 기능은 무엇일까? 다음과 같이 정의할 수 있다.

- 인증(authentication)과 인가(authorization)
- 권한(permission)과 권리(rights)
- 피처 플래그(feature flags)
- 기본 사용자 정보(basic user information)
- 내비게이션(navigation)
- 로깅(logging)

물론 더 많은 공유 기능을 생각할 여지가 있지만, 앞의 목록은 단순히 공유 기능으로 간주될 수 있는 항목을 보여준다.

이 시점에서 적절한 수준의 자유도를 선택하는 것이 중요하다. 하지만 어느 정도가 적절한 수준인지 어떻게 결정할까? 다음 부분에서 살펴보자.

적절한 자유도 선택하기

적절한 자유도는 주로 다음 세 요소에 의해 결정된다.

- **보안**: 마이크로 프런트엔드를 얼마나 신뢰하는가?
- **성능**: 얼마나 재사용해야 하는가?
- **팀 구성**: 개발자/팀은 어떻게 구성되어 있는가?

여기에 엄격한 우선순위는 없지만 상황에 따라 다른 요소가 중요한 역할을 한다. 이런 것은 모두 프로젝트의 요구 사항에 따라 결정된다.

보안 영역에서는 마이크로 프런트엔드를 모든 프런트엔드 코드처럼 실행할 수 있는지 혹은 특별히 샌드박스 처리해야 하는지를 결정해야 한다. 선택한 마이크로 프런트엔드 아키텍처에 따라 샌드박싱이 다소 문제가 될 수 있다. 여기서 가장 간단한 해결책 중 하나는 마이크로 프런트엔드를 `<iframe>`에 넣는 것이다. 마이크로 프런트엔드 개발자에게 샌드박싱은 DOM API 사용이 제한된다는 것을 의미한다. 따라서 가능한 한 빨리 샌드박싱 설정을 명확하게 전달하는 것이 중요하다.

보안은 신뢰에 관한 것이다. 구성상의 이점 때문에 마이크로 프런트엔드를 도입했으나 동일한 팀 또는 관련 팀 내에서 모든 것을 개발하는 경우 보안이 주된 관심사가 아닐 수도 있다. 그러나 타사 개발자가 우리 페이지에 콘텐츠를 배치할 수 있게 허용해야 한다면 보안은 매우 중요해진다.

성능 영역은 정말 빠르고 신속하게 로딩되는 애플리케이션을 갖고자 하는 열망에 관한 것이다. 예를 들어 전자 상거래 웹사이트의 경우 성능이 가장 높은 우선순위 중 하나가 될 수 있지만, 포털과 같은 도구의 경우 상대적으로 그 순위가 낮다. 우선순위와 상관없이 뛰어난 성능을 얻으려면 렌더링을 최대한 간소화해야 한다. 여기에는 가능한 한 가장 적은 수의 프런트엔드 프레임워크를 선택하고 초기 렌더링에 필요한 가장 적은 수의 애셋을 선택하는 것이 포함된다.

좋은 렌더링 성능을 달성하는 가장 쉬운 방법은 마이크로 프런트엔드당 성능 범위를 가진 마이크로 프런트엔드로 구성된 서버 사이드 방식을 사용하는 것이다. 각 마이크로 프런트엔드는 사전 할당된 범위 내에서 테스트되며 설정된 임곗값을 초과하면 이를 사용할 수 없다. 다른 유형의 마이크로 프런트엔드의 경우 상황이 조금 더 복잡하지만 나중에 더 자세히 알아보자.

팀 구성 영역에서 어떤 종류의 개발자가 마이크로 프런트엔드를 작성할 것인지 알아야 한다. 주니어 개발자가 적합할까 아니면 정말 실력 있는 개발자가 좋을까? 전자의 경우 자유도가 적은 환경에서 필요할 때 가이드를 줄 수 있으면 좋지만 후자에게는 많은 자유도가 주어진 환경이 좋다. 어떤 개발자인지 모르는 경우라면 주니어 개발자라는 가정을 지향하면서 중간 지점을 유지하는 것이 좋다. 이렇게 하면 한시름 덜 수 있다.

자유도의 한 가지 예로 마이크로 프런트엔드에서 DOM에 접근하는 것이 있다.

DOM 접근하기

마이크로 프런트엔드에 일부 자바스크립트가 포함되어 있다고 가정하자. 다음 장에서 배우겠지만, 클라이언트 측에서 구성된 마이크로 프런트엔드의 경우 항상 자바스크립트가 포함되어 있지만 서버 사이드에 구성된 마이크로 프런트조차 일부 자바스크립트로 구성될 수 있다. 자바스크립트이기 때문에 다음을 포함하는 모든 작업을 수행할 수 있다.

- 웹사이트에 키로거를 설치하여 각 입력을 (악의적인) 서버로 보내기
- 사이트의 모든 링크를 잠재적인 피싱 웹사이트로 바꿔치기
- 로그인을 포함한 양식 제출 가로채기

아주 끔찍하지 않은가? 이를 방지하려면 DOM 접근을 제한해야 한다. 이미 설명했듯이 가장 간단한 솔루션은 실제 다음과 같은 샌드박싱 속성을 설정하는 `<iframe>`이다.

```
<iframe
    sandbox="allow-same-origin allow-scripts allow-popups allow-forms"
    src="/some-microfrontend.html"></iframe>
```

sandbox 속성을 사용하면 모든 기능이 허용되지 않는다. 다시 말해 피처를 사용하려면 명시적으로 사용할 내용을 표기해야 한다. 이 경우 마이크로 프런트엔드는 상위 프레임으로서 동일한 원본과 통신하고 자바스크립트를 가져오며 팝업을 사용하고 폼 데이터 제출을 허용할 수 있다.

보안을 향상시킬 수 있는 다른 두 가지 방법이 있다. 사용자 쪽에서 **중간자 공격(MITM: man-in-the-middle 공격)**이 들어온다는 의심이 든다면, 이를 막기 위해 **SRI(Subresource Integrity)**를 사용할 수 있다.

> **참고**
>
> SRI는 자원이 할당된 뒤 다시 합쳐지는 것을 막는 보안 수단이다. 선언하는 구성 요소(예를 들어 <script> 태그)의 무결성 속성에 암호화 보안 해시를 지정하는 방식으로 작동한다. 그런 다음 브라우저는 다운로드한 내용의 해시를 지정된 값과 비교한다. 자세한 내용은 다음 주소의 문서에서 확인할 수 있다. https://developer.mozilla.org/en-US/docs/Web/Security/Subresource_Integrity

접근을 제한하는 또 다른 일반적인 방법은 콘텐츠 보안 정책을 의미하는 **CSP(Content Security Policy)**를 사용하는 것이다. 여기서 HTTP 헤더는 실제로 허용되는 항목과 허용되지 않는 항목을 정의한다. 콘텐츠 보안 정책은 콘텐츠에 관한 것이므로 DOM API를 실제로 제한할 수는 없다. 그러나 다양한 종류의 리소스(예: 사진, 스타일 시트, 문서 등)의 출처를 제한할 수 있다. 또한 eval과 같이 불안전한 API의 사용을 포함하는 인라인 스크립트를 적극적으로 방지할 수 있다.

마지막으로 우리가 할 수 있는 또 다른 일은 웹 워커에 한해서만 스크립팅을 허용하는 것이다. HTML을 전송하기 전에 HTML을 수정하고 작은 인라인 스크립트로 교체한다. 새로운 스크립트는 웹 워커를 만들고 허용된 상호 작용을 수행한다. 이 방법은 HTML에 액세스할 수 있으며 마이크로 프런트엔드가 다른 곳에서 서비스되는 경우에는 작동하지 않는다고 가정한다.

인라인 스크립트 코드는 다음 예제와 같이 간단하다.

```
if ('Worker' in window) {
    var worker = new Worker('/previous_script_url_here.js');
    worker.onmessage = function (e) {
        try {
            var msg = JSON.parse(e.data);
            switch (msg.type) {
                case 'change_text';
                    document.querySelector(msg.selector).textContent
                        = msg.text;
```

```
                    break;
                // 더 많은 API는 여기에 쏜다.
                default:
                    console.warn('Unrecognized message type.', msg);
                    break;
            }
        } catch (ex) {
            console.warn('Unrecognized message format.', ex);
        }
    };
}
```

예제에서는 API 검사와 함께 **ES5(ECMAScript 5)**를 사용하여 구형 브라우저에서의 오류를 방지했다. 이 기술을 사용한다면 대체(replacement) 및 API와 적절히 통신해야 한다.

자유도는 마이크로 프런트엔드를 한 시스템에서 다른 시스템으로 얼마나 쉽게 전송할 수 있는지, 즉 재사용성에도 영향을 미친다.

마이크로 프런트엔드의 범용성

마이크로 프런트엔드의 재사용성을 '범용성(universality)'이라는 범주에 넣을 수 있다. 마이크로 프런트엔드를 정말 범용적으로(경계 조건이 비슷하다는 점 외에는 공통점이 없는 또 다른 시스템에 의해) 사용할 수 있다면 운이 좋은 상황이다. 이 상황에서는 다른 콘텍스트에서 사용할 수 있는 뛰어난 빌딩 블록을 만든다. 이러한 빌딩 블록을 여러 개 생각하면 새로운 웹 애플리케이션을 즉시 조립할 수 있다.

그러나 이러한 범용성을 취하려면 마이크로 프런트엔드를 실행하기 위한 요구 사항과 관련된 적절한 균형을 찾아야 한다(예를 들어 주변 시스템이 필요로 하는 공유 기능은 최소화해야 한다). 공유 기능은 모든 범용 마이크로 프런트엔드(universal micro frontends)를 실행하는 시스템의 요구 사항을 설정한다.

마찬가지로 보안 측면에서도 주변 시스템을 매우 엄격하게 고려해야 한다. 범용 마이크로 프런트엔드를 다루기 때문에 잠재적인 대상 시스템을 알지 못하므로 가능한 한 엄격하게 만든다. 보편성을 포기하고 잘 알려진 몇 가지 시스템을 목표로 삼으면 모든 요구 사항을 완화할 수 있다.

범용 마이크로 프런트엔드는 순수한 마이크로 프런트엔드에 매우 가깝다. 일부 기본 요구 사항 외에도 모든 기능을 제공한다. 따라서 범용 마이크로 프런트엔드는 프런트엔드 기반의 SaaS(Software-as-a-Service) 제품을 보여줄 수 있는 훌륭한 대안이 된다. 그 예로는 챗봇, 빠른 사용자 피드백 또는 쿠키 동의 대화 상자가 있다. 모두 범용 마이크로 프런트엔드로 구현되며 대부분 로더 스크립트를 통해 구현되어 프런트엔드가 호스팅되는 iframe을 생성한다.

요약

이 장에서는 마이크로 프런트엔드의 실제 구현만큼이나 개념적 정렬과 구성이 중요하다는 것을 배웠다. 결국 도메인 분해는 팀을 구성하고 API를 정의하며 여러 모듈에 기능을 할당하는 데 필요한 경계를 제공한다.

도메인 주도 설계의 기본 용어와 이것이 콘텍스트 맵이 구별된 하위 도메인에서 파생된 다양한 바운디드 콘텍스트를 구성하는 데 어떻게 도움을 주는지 배웠다. 도메인 주도 설계는 기술에 국한되지 않는 언어를 사용하여 모든 것을 작은 조각으로 만들어 구현 방식을 독립적으로 선택할 수 있게 만들어 준다.

또한 명확한 관심사 분리와 엄격한 아키텍처 경계가 명확한 팀 책임과 보다 세분화된 모듈로 이어진다는 사실도 배웠다.

다음 장에서는 사용 가능한 마이크로 프런트엔드의 유형과 존재하는 유형, 그것을 사용해야 하는 시기에 대해 알아본다.

2부

마이크로 프런트엔드 아키텍처 구현

2부에서는 사용 가능한 아키텍처 패턴, 구현, 변형, 애플리케이션, 유지보수, 장점, 단점 및 일반적인 도전 과제에 대한 깊이 있는 지식을 얻을 것이다.

2부에서 다룰 내용은 다음과 같다.

- 5장. 마이크로 프런트엔드 아키텍처의 종류
- 6장. 웹 접근 방식
- 7장. 서버 측 구성
- 8장. 에지 측 구성
- 9장. 클라이언트 측 구성
- 10장. SPA 구성
- 11장. 사이트리스 UI

05

마이크로 프런트엔드 아키텍처의 종류

마이크로 프런트엔드가 프로젝트에 도움이 될 수 있다는 사실에 이제 확신이 들 것이다. 그러나 실제로 마이크로 프런트엔드를 구현하기 전에 미리 수행해야 하는 단계가 있다. 4장에서 살펴봤듯이 도메인을 적절히 분해하는 것이 가장 중요하다.

이미 기초는 다뤘으니 구현 옵션을 살펴보자. 때에 따라 애플리케이션을 구현하는 방법은 꽤 명백하다. 그러나 대부분의 경우 개발하기 전에 가이드나 모범 사례를 확인하는 것이 좋다.

마이크로 프런트엔드에는 다양한 종류가 있다. 마이크로서비스에서 마이크로 프런트엔드에 대한 상황이 훨씬 더 세분화된 것처럼 느껴지는데, 그 이유 중 하나는 프런트엔드가 제어할 수 있는 많은 옵션을 주기 때문이다. 예를 들어, 모든 것을 서버 측에서 렌더링하거나 클라이언트 측에서 렌더링할 수 있고, 둘을 혼합한 접근 방식을 취할 수도 있다.

이 장에서는 먼저 마이크로 프런트엔드 구현의 현재 환경을 설명한다. 그리고 나서 구체적으로 세 가지의 중요한 구현 프로퍼티를 다룰 예정이다. 이 단원에서 다룰 주제는 다음과 같다.

- 마이크로 프런트엔드의 환경
- 정적 vs. 동적

- 수평적 구성 vs. 수직적 구성
- 백엔드 중심 vs. 프런트엔드 중심

이것들은 의사 결정 트리로 사용할 수 있다. 여기서는 세 가지 핵심 결정을 다루고 일곱 가지 고유한 솔루션을 배운다. 그리고 개별 솔루션의 장단점과 사용 영역, 그리고 높은 수준의 구현 디테일에 대해 논의한다.

마이크로 프런트엔드 환경에 대한 지식을 먼저 탐구해보자.

기술적인 요구 사항

이 단원에 필요한 모든 코드 파일은 이 책의 깃허브 저장소의 Chapter05 폴더에 있다.

마이크로 프런트엔드의 환경

마이크로 프런트엔드가 새로운 아이디어가 아니라는 사실을 조만간 이 책을 읽으면서 깨닫게 될 것이다. 실제로 이것은 아주 오래된 아이디어이고 심지어 마이크로서비스나 서비스 기반 아키텍처(SOA)라는 개념이 만들어진 것보다 오래 됐다. 그때에 비해 가능성과 기대치만 달라졌을 뿐이다. 오래된 아이디어에 새로운 이름을 부여하는 것은 관심을 끌기 위한 쉬운 트릭이지만 실제로 효과가 있었다.

웹을 넘어서 플러그인 아키텍처는 많은 **사용자 인터페이스(UI: user interface)** 기술에서 가장 기본적인 패턴이다. 마이크로소프트 오피스 같은 아주 유명한 애플리케이션은 이러한 기술을 아주 일찍부터 사용했다. 마이크로 프런트엔드에서도 처음에 약간의 차이가 있었지만 결국은 비슷한 목표와 도전 과제가 존재했다. 결과적으로 플러그인 아키텍처는 웹 프레임워크에서 아주 옛날부터 인기가 있었다.

오늘날에도 여전히 플러그인 아키텍처는 매우 인기가 있으며 거의 모든 대규모 애플리케이션이나 프레임워크 혹은 툴에도 중요한 시사점을 제공한다. 확장 프로그램(extension)이 없는 **비주얼 스튜디오 코드(Visual Studio Code)**가 존재할 수 있을까? 로더(loader)나 플러그인(plugin)이 없는 웹팩을 상상할 수 있는가? 바벨(Babel)의 프리셋이나 플러그인을 쓸 수 없다면 어떨까?

오늘날에는 많은 플러그인 아키텍처 구현이 런타임 메커니즘이지만 그중 일부는 애플리케이션을 재시작하거나 다시 컴파일할 필요가 있다. 그러나 마이크로 프런트엔드의 매력은 단일 소프트웨어 디자인 패턴이 아니라 사용된 구현에 대한 개방성을 통해 얻었다.

구현에 있어 마이크로 프런트엔드의 유형을 고려한다면, 적어도 세 가지 중요한 결정 사항이 있다. 마이크로 프런트엔드의 사용의 동적 유형, 팀 구성뿐만 아니라 어디에 구성을 할 것인지를 알아야 한다.

다음 그림은 마이크로 프런트엔드를 분류하는 특징을 **3차원** 공간으로 나타낸 것이다.

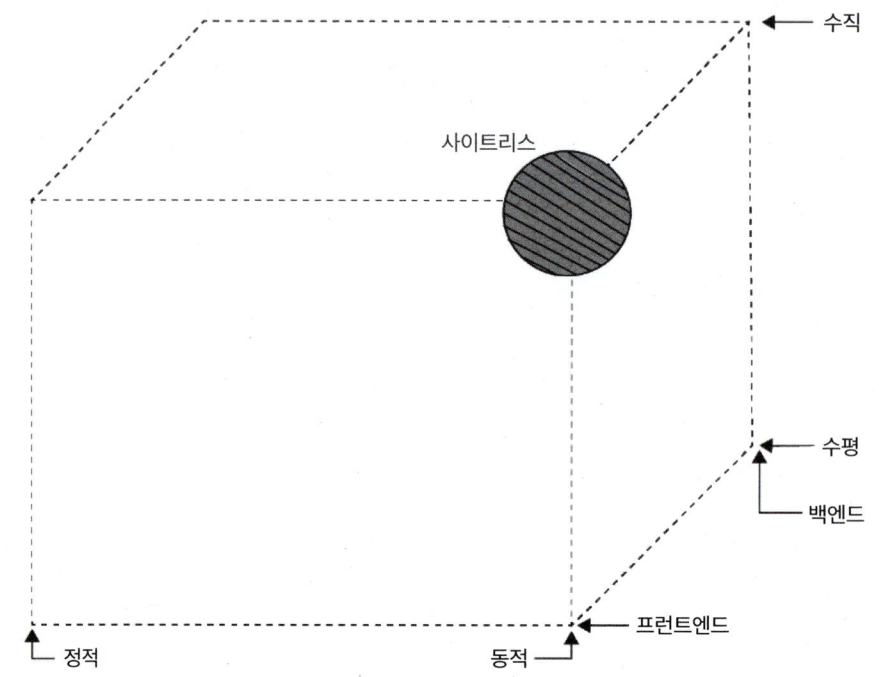

그림 5.1 마이크로 프런트엔드의 종류를 분류하는 3차원 공간. 주요 속성의 값에 따라 사이트리스(Siteless) 같은 패턴이 나타난다.

이 공간의 세 축은 이어서 설명할 패턴들을 나타낸다. 이러한 패턴의 위치가 과학적으로 정확한 것은 전혀 아니다. 실제 구현에 있어서 각 축의 값이 양극단이 아닌 중간으로 가게 항상 노력해야 한다.

예를 들어 보자. 그림에서 둥글게 표시한 **사이트리스(siteless)**는 프런트엔드에서 구성되는 동적이고 수직적인 아키텍처다. 백엔드에서 완전히 렌더링하거나 약간의 서버 측 렌더링(SSR)을 통해 성능을 향상시킨다면, 둘 중 어느 방법을 취하든 간에 백엔드 쪽으로 이동할 것이다. 마찬가지로, 표시를 아래쪽으로 약간 끌어내리기 위해 팀 구성에 변화를 줄 수 있을 것이다.

이제 첫 번째 축인 정적–동적 마이크로 프런트엔드에서 양극단의 속성을 알아보자.

정적 vs. 동적

마이크로 프런트엔드를 구현하는 가장 간단한 방법 중 하나는 여러 패키지로 나눠서 개발한 뒤 빌드 시 하나로 합치는 것이다. 이는 마이크로 프런트엔드를 완전히 정적(static)으로 사용하는 방식이다.

빌드 시점에 모든 정보를 알 수 있어, 최적화와 깊은 통합이 가능하고 검사하기도 용이하다는 것이 정적 접근의 가장 큰 이점이다. 더욱 빠르고 신뢰성 있는 애플리케이션은 이러한 접근을 기반으로 구현이 가능하다.

정적 접근의 단점은 마이크로 프런트엔드의 수정(추가 또는 삭제)이 발생할 경우 메인 애플리케이션의 변경이 필요하다는 점이다. 즉, 사소한 변경조차 전체 애플리케이션의 재빌드를 유발한다.

정적 마이크로 프런트엔드 솔루션의 주요 사용 사례는 천천히 변경되는 웹사이트나 상대적으로 작은 웹 애플리케이션이다. Bit가 하나의 프레임워크 예시다.

가장 쉬운 사례에서 정적 마이크로 프런트엔드 솔루션은 단일한 진입점을 통해 다양한 패키지를 포함한다. 이것을 설명하기 위해 Express와 Node.js를 사용한 간단한 예시를 살펴보자. 여러 마이크로 프런트엔드 패키지와 함께 제공되는 하나의 서버 솔루션을 전송(transport)하기 위해 **모노리포**를 구성하고 사용할 것이다. 이 아이디어는 모노리포 없이도 작동한다. 이 경우에는 비공개 또는 공개 **npm(Node Package Manager)** 레지스트리에 배포된 패키지를 사용한다.

> **참고**
>
> 공개(public) npm 레지스트리는 https://registry.npmjs.org에 있으며, 무료로 패키지를 게시할 수 있다. 단, 이곳에 올린 패키지는 누구나 사용할 수 있게 공개된다. Azure DevOps 같은 CI 제공자는 무료 비공개(private) npm 레지스트리를 준다. 대안으로, Verdaccio 같은 오픈 소스 솔루션을 사용해 간단한 npm 레지스트리 서버를 호스트할 수도 있다. 더 많은 정보는 https://verdaccio.org/에서 찾을 수 있다.

이 솔루션을 생성하기 위해서는 다음 명령어들을 실행해야 한다.

```
# Node 프로젝트를 생성한다
npm init -y

# 프로젝트를 Lerna 모노리포로 만든다
npx lerna init

# 애플리케이션 자체를 추가한다
npx lerna create @aom/app --yes

# 마이크로 프런트엔드를 추가한다
npx lerna create @aom/mife-1 --yes
npx lerna create @aom/mife-2 --yes

# 의존성을 등록한다
npx lerna add @aom/mife-1 --scope @aom/app
npx lerna add @aom/mife-2 --scope @aom/app
npx lerna add express pug
```

이제, 메인 애플리케이션은 일부 경로와 애플리케이션 기본 사항을 등록할 수 있는 옵션이 있다. 요점은 다음과 같다.

```
const express = require("express");
const app = express();
const port = process.env.PORT || 1234;

app.set("view engine", "pug");

// 인덱스 페이지 "/"
```

```
app.get("/", (_, res) => {
    res.render("index", { title: "Sample", message: "Index" });
});

// 마이크로 프런트엔드 구성하기
require("@aom/mife-1")(app);
require("@aom/mife-2")(app);
app.listen(port, () => {
    console.log(`Running at ${port}.`);
});
```

다른 페이지들은 모두 마이크로 프런트엔드로부터 통합된다. 통합되는 지점은 간단한 셋업 함수다. '마이크로 프런트엔드 1'에 대해서는 다음과 같다.

```
const path = require("path");
const express = require("express");

module.exports = setupMicrofrontend1;

function setupMicrofrontend1(app) {
    app.use("/mf1", express.static(path.join(__dirname, "..", "public")));

    app.get("/mf1", (_, res) => {
        const page = require.resolve('../views/index.pug');
        res.render(page, { title: "Sample", message: "MF1" });
    });
}
```

여기에 필요한 것이 전부 있다. 통합점은 있지만, 우리 마이크로 프런트엔드에서는 꽤 자기완비적이다. 어쨌든 여기서는 완전한 URL에 대한 핸들러를 만들 수 있다. 다음 단원에서 이것을 활용한 실제 마이크로 프런트엔드 구현의 기초를 살펴본다.

이 접근 방식의 한 가지 문제는 경로(예: 뷰의 경로)에 주의할 필요가 있다는 것이다. 모놀리스에서는 상대 URL(relative URL)만 던져서 views 디렉터리에 대해 작동하게 만들 수 있었지만, 지금은 우리 패키지가 다른 애플리케이션에서 실행되므로 그렇게 할 수가 없다. 아쉽게도 콘텍스트에 따른 경로 결정(resolution)을 구현하려면 할 일이 많기 때문에 일단은 절대 경로를 사용하는 방식으로 접근한다.

정적 접근 방식의 장점은 대체적으로 보일러플레이트(boilerplate) 코드를 사용해 새로운 마이크로 프런트엔드를 생성한 후 사용할 수 있다는 것이다. 긴 인프라 구성이나 통합 미세 조정은 없다. 하지만 동적 접근 방식과 달리, 마이크로 프런트엔드를 변경하려면 전체 애플리케이션을 다시 빌드해야 한다.

> **참고**
>
> 새 프로젝트를 시작할 때 보일러플레이트 혹은 템플릿 코드 기반을 활용하는 기법이 많이 쓰인다. 이러한 기술을 스캐폴딩(scaffolding)이라고 하며, 커스텀 속성을 모범 사례를 따르는 이미 잘 알려진 솔루션으로 전환하는 것을 고려해볼 수 있다.

다른 한편으로 동적 접근 방식은 구현하기가 훨씬 더 어렵다. 왜냐하면 해결해야 할 세 가지 과제가 있기 때문이다. 그 내용은 다음과 같이 요약할 수 있다.

- 소스에 마이크로 프런트엔드를 게시하는 방법
- 소스를 업데이트하는 방법
- 애플리케이션을 소스에 연결하는 방법

동적 접근 방식은 개발자가 요청별로 마이크로 프런트엔드를 선택할 수 있기 때문에 많은 자유를 준다. 또한 마이크로 프런트엔드는 메인 애플리케이션을 방해하지 않고 계속 수정할 수 있다.

그러나 이러한 복잡성과 느슨한 결합은 애플리케이션을 취약하게 만든다. 물론 도움이 되는 추가 도구와 오류 경계가 있지만 인프라 수준에서 복잡성을 더할 뿐이다.

동적 마이크로 프런트엔드 솔루션의 주요 사용 사례는 개인화된 웹사이트 또는 더 큰 웹 애플리케이션이다. 한 가지 예제 프레임워크는 웹팩의 **모듈 페더레이션(Module Federation)**이다.

동적 또는 정적 마이크로 프런트엔드 사이의 선택은 대부분 프로젝트의 요구 사항에 따라 결정되지만, 팀의 구조도 영향을 미친다. 이에 대한 예는 수평적 접근과 수직적 접근 사이의 결정이다.

수평적 구성 vs. 수직적 구성

마이크로 프런트엔드는 뷰별로 생성할 수 있을 뿐만 아니라, 여러 팀이 동일한 뷰에 기여하는 구성 방식으로 생성할 수 있다. 전자는 수평적 접근, 후자는 수직적 접근에 해당한다. 수평적 접근 방식에서는 일반적으로 다른 도메인에서 온 사람들이 마이크로 프런트엔드를 개발한다.

다음 스크린숏은 일반적인 수평 접근 방식을 보여준다.

그림 5.2 수평적인 접근에서 여러 팀은 각각 여러 개의 피처로 구성된 다수의 페이지를 전달한다.

수평적 접근은 추론하기가 매우 쉽다. 왜냐하면 각 마이크로 프런트엔드가 격리되어 개발될 뿐 아니라, 그 자체로 격리된 웹 애플리케이션이기 때문이다.

그러나 수평 접근 방식은 규모 변경이 어렵다. 대부분 웹사이트는 일부 페이지에서 여러 도메인의 일부를 사용하지만 수평적 접근 방식은 규모 변경을 위해 마이크로 프런트엔드끼리 결합하는 것을 지향하지 않는다.

수평적 마이크로 프런트엔드 솔루션의 주요 사용 사례로는 콘텐츠가 많은 웹사이트 또는 단일 사용 사례 페이지를 들 수 있다. 한 가지 예제 프레임워크는 **포디움(Podium)**이다.

이와 대조적으로 수직적 접근 방식은 진정한 교차 기능 팀을 사용하여 단일 도메인에 대한 지식만 필요한 마이크로 프런트엔드를 개발한다. 여기서 복잡성은 대부분 디버깅 및 확장이 용이한 시스템을 제공하는 데 있다.

다음 스크린숏은 일반적인 수직 접근 방식을 보여준다.

그림 5.3 수직적인 접근에서 여러 팀은 여러 피처들을 전달하고, 각 피처는 여러 페이지에 뿌려진다.

수직적 접근 방식의 주요 이점은 문제 영역을 원하는 만큼 더 작게 분할할 수 있어 단일 마이크로 프런트엔드의 단일 하위 영역에 집중할 수 있다는 것이다. 결과적으로 일부 페이지는 여러 마이크로 프런트엔드로 구성된다.

수직적 접근 방식의 주요 단점은 기존 페이지 제공에 집중하지 않으면 개발자가 작업을 복잡하게 만들 수 있다는 것이다. 많은 화면에서 여러 마이크로 프런트엔드의 디버깅이 필요하기 때문에 이는 애플리케이션 디버깅 기능에도 영향을 미친다.

수직 마이크로 프런트엔드 솔루션의 주요 사용 사례는 대규모 웹 애플리케이션과 웹 포털이다. 여기에서 한 가지 예제 프레임워크는 **파이럴(Piral)**이다.

수평적 접근과 수직적 접근은 마이크로 프런트엔드의 유형을 선택할 때 중요한 역할을 할 수 있는 유효한 구별을 제시한다. 훨씬 더 중요한 것은 구성 영역으로서 백엔드와 프런트엔드 간의 결정이다.

백엔드 중심 vs. 프런트엔드 중심

대부분 마이크로 프런트엔드 접근 방식에 대한 논의는 거의 고전적인 '서버 측 렌더링(SSR) 대 **클라이언트 측 렌더링(CSR: client-side rendering)**' 주제로 시작한다. 일부 주장은 모놀리식에도 적용되지만 마이크로 프런트엔드에만 적용되는 다른 주장도 있다.

> **참고**
>
> SSR 대 CSR에 대한 논의는 비교적 새로운 축에 속한다. 자바스크립트 프런트엔드 프레임워크가 CSR에 사용할 수 있을 뿐만 아니라 대부분의 상황에서 적극적으로 활용해 볼 수 있는 만큼 강력해졌고, 실제로 많은 경우에 이 옵션이 단순할뿐더러 최소한의 인프라 복잡성과 뛰어난 규모 변경성을 제공한다. 그렇지만 웹사이트가 매우 빨라야 한다면 사전 렌더링 또는 SSR과 CSR의 혼합이 최적일 것이다.

마이크로 프런트엔드를 구현하는 유형 중 서버 측 마이크로 프런트엔드라고 불리는 백엔드 마이크로 프런트엔드가 있다. 백엔드 마이크로 프런트엔드를 사용하는 몇 가지 이유 중 하나는 SSR이라는 동적 웹사이트를 활성화할 수 있기 때문이다. 또 다른 이유는 필요한 기술이 마이크로 프런트엔드용으로 이미 오래전부터 있었다는 점이다. **SSI(Server Side Include)** 및 후속 **ESI(Edge Side Include)**에서도 이런 이유가 오랫동안 지속됐다.

백엔드 접근 방식의 주요 이점은 마이크로 프런트엔드의 전달이 쉽다는 것이다. 성능의 경우 모놀리식과 거의 동일하며 자바스크립트를 주 언어로 사용하지 않는 경우 핵심 정보를 이미 백엔드에 포함시켰다고 볼 수 있다.

하지만 백엔드 접근 방식의 주요 단점은 규모 변경성과 신뢰성을 유지하기 위해 상당히 복잡한 인프라가 필요하다는 것이다.

백엔드 마이크로 프런트엔드 솔루션의 주요 사용 사례는 전자 상거래 웹사이트와 포털 사이트다. 여기에서 주로 사용되는 프레임워크는 **Mosaic 9**이다.

빌드 타임이 통합된 이전 마이크로 프런트엔드 솔루션 예제를 다시 살펴보자. 뷰의 동적 라우팅을 사용하여 서버 쪽 솔루션으로 수정할 수 있다. 이 경우 애플리케이션은 일종의 마이크로 프런트엔드 뷰의 게이트웨이 역할을 하는 반면, 각 마이크로 프런트엔드는 더 이상 패키지가 아니라 전용 포트에서 실행되는 자체 애플리케이션 역할을 한다.

달리 말하면, 다음과 같이 변환한다.

- app을 1234번 포트에서 실행하는 애플리케이션 게이트웨이로
- mife-1을 2001번 포트에서 실행되는 자체 애플리케이션으로
- mife-2를 2002번 포트에서 실행되는 자체 애플리케이션으로

지금은 예시의 lookup 변수를 정적으로 지정한다. 이후 장에서는 좀 더 동적이고 강력하게 만들 것이다.

두 마이크로 프런트엔드의 정적 lookup 변수는 다음과 같이 간단하다.

```
const lookup = {
    "/mf1": `http://localhost:${process.env.MF1_PORT || 2001}`,
    /mf2": `http://localhost:${process.env.MF2_PORT || 2002}`,
};
```

http-proxy와 같은 프락시 솔루션을 사용하여 요청을 목적지로 전달할 수 있다. 다음과 같이 lookup 변수의 실제 내용을 기반으로 동적으로 수행한다.

```
const proxy = httpProxy.createProxyServer();

app.use((req, res) => {
    const [prefix] = Object.keys(lookup).filter((m) =>
        req.path.startsWith(m));

    // 아무것도 발견되지 않음. 에러 페이지 리턴
    if (!prefix) {
        return res.status(404).send("Nothing found.");
    }

    const target = lookup[prefix];

    // 요청을 프락시하자. 요청은 마이크로 프런트엔드 서버 측에서 완전히 처리돼야 한다.
    return proxy.web(req, res, { target }, e => {
        console.error(e);
        res.status(500).send('Something went wrong...');
    });
});
```

프락시 접속 오류는 적절히(gracefully) 처리해야 한다. 마이크로 프런트엔드 한 곳의 문제로 인해 전체 애플리케이션이 중단되는 일은 원치 않기 때문이다.

개선된 마이크로 프런트엔드 중 하나를 살펴보자. 이제 완전히 자기완비적이며 개별적으로 디버깅이 가능하다. 다음 코드 스니핏에서 이를 볼 수 있다.

```
const path = require("path");
const express = require("express");
const app = express();
const port = process.env.MF1_PORT || 2001;

app.set("view engine", "pug");

app.use("/mf1", express.static(path.join(__dirname, "..", "public")));

app.get("/mf1", (_, res) => {
    res.render('index', { title: "Sample", message: "MF1" });
});

app.listen(port, () => {
    console.log(`Running at ${port}.`);
});
```

현재 여전히 까다로운 두 가지 부분은 암묵적 지식 공유[1]와 모노리포로 인한 빌드 시간의 의존성이다. 그러나 후자는 첫 번째 프로토타입의 산출물로 볼 수 있어 쉽게 제거할 수 있다.

현시점에서는 서버 측 구성의 마이크로 프런트엔드 솔루션이 좀 더 효과적으로 보일 수 있다. 격리된 디버깅 경험을 제공하고 마이크로서비스 개념의 일부를 마이크로 프런트엔드 인프라에 적용할 수 있기 때문이다.

그렇지만 클라이언트 측 마이크로 프런트엔드도 점점 수요가 늘어나고 있다. 한 가지 이유는 보다 직접적인 접근 방식을 제시하기 때문이다. 마이크로 프런트엔드를 진정한 프런트엔드 게임 체인저로 본다면 백엔드 요구 사항 없이 이 아키텍처를 적용하는 것이 가능하다. 하지만 이는 일부 백엔드 기능을 혼합할 때 얻을 수 있는 최적화 또는 개선의 여지를 배제한다는 측면을 가진다. 두 방법의 장점을 최대한 활용하면 현재 마주하고 있는 대부분의 문제를 해결할 수 있다.

---

1 선택한 라우트 프리픽스(route prefix)는 애플리케이션 게이트웨이와 마이크로 프런트엔드에 모두 알려야 한다.

프런트엔드 접근 방식의 주요 이점은 모든 접근 방식 중에서 가장 유연하다는 것이다. 결국, 서버 측에서만 렌더링하든 클라이언트 측에서만 렌더링하든 상관없이 모든 UI 프레임워크를 여기에 적용할 수 있다.

프런트엔드 접근 방식의 주요 단점은 설계 및 구성에 항상 어느 정도 시간이 걸린다는 것이다. 규모 변경의 병목 현상을 피하려고 할 때 리소스를 상당히 낭비하는 것도 이상적이지 않다.

프런트엔드에 마이크로 프런트엔드 솔루션을 적용하는 주된 경우는 웹 애플리케이션 또는 전반적인 경험에 툴처럼 쓰는 것이다. 대표적인 예시는 **single-spa**다.

이론적인 부분은 여기까지 하고 위 세 가지 주요 결정을 생각하면서 마이크로 프런트엔드를 실제로 구현해보자.

요약

이 장에서는 여러 유형의 마이크로 프런트엔드가 있음을 배웠다. 프로젝트 요구 사항에 따라 이들 중 하나를 선택할 때는 매우 신중해야 한다.

잠재적인 솔루션 공간에서 정적 대 동적, 수평적 구성 대 수직적 구성, 백엔드 중심 대 프런트엔드 중심의 세 가지 영역을 정의하는 특정 주요 속성이 있다는 것을 배웠다.

각 결정이 잠재적인 구현 접근 방식으로 이어지는 것을 봤다. 정확한 구현 방식은 아직 정의되지 않았지만 이러한 각 유형의 주요 사용 영역은 현재 매우 명확해야 한다.

다음 장에서는 첫 번째 마이크로 프런트엔드 구현부터 시작한다. 고전적인 웹 접근 방식을 사용하여 여러 웹 서버를 단일 웹 애플리케이션으로 통합해 본다.

05

웹 접근 방식

5장에서 다양한 종류의 마이크로 프런트엔드를 구현하는 방법을 소개했다. 핵심은 시스템의 경계 조건이다. 잠재적 기술 솔루션을 논의할 때 핵심적인 기술 요구 사항은 중요한 역할을 한다.

이제 본격적으로 직접 구현해보자. 여기서부터는 코드를 집중적으로 살펴본다. 이제 대형 마이크로 프런트엔드 시스템을 구현하기 위한 가장 널리 알려진 아키텍처 패턴을 구현할 것이다. 가장 간단한 패턴부터 시작해서 마이크로 프런트엔드 아키텍처의 정점을 찍을 때까지 계속 진행한다.

이 장에서는 마이크로 프런트엔드를 구현하기 위한 가장 기본적인 패턴인 웹 접근 방식을 소개한다. 이전 장의 백엔드 영역에서 설명한 예제 코드가 개선되고 대폭 향상된 것을 확인할 수 있다.

먼저 아키텍처 패턴에 대한 몇 가지 기본 사항부터 살펴보자. 여기서 예제 구현도 소개한다. 예제 구현은 여전히 단일 저장소에서 작동하지만 실제로 여러 저장소에서 실험하여 결과를 확인할 수 있다.

이후 이 패턴의 장단점을 상세히 논의한다. 끝으로 웹 접근 방식 패턴을 적용할 수 있는 두 가지 향상된 기능을 살펴본다. 즉, 개별 마이크로 프런트엔드에 대한 링크를 동적으로 생성하는 방법과 iframe을 완전히 활용하는 방법에 대해 알아본다.

요약하면 이 장에서는 다음과 같은 주제를 다룬다.

- 웹 접근 방식의 기본
- 장단점
- 링크
- iframe 태그

그럼 바로 본론으로 들어가자.

기술적인 요구 사항

6장 예제 코드는 이 책의 깃허브 저장소의 Chapter06 폴더에 있다.

웹 접근 방식의 기본

마이크로 프런트엔드를 구현하는 웹 접근 방식은 URL을 통해 개별 마이크로 프런트엔드를 참조하는 방식으로 작동한다. 원리는 다음 그림과 같다.

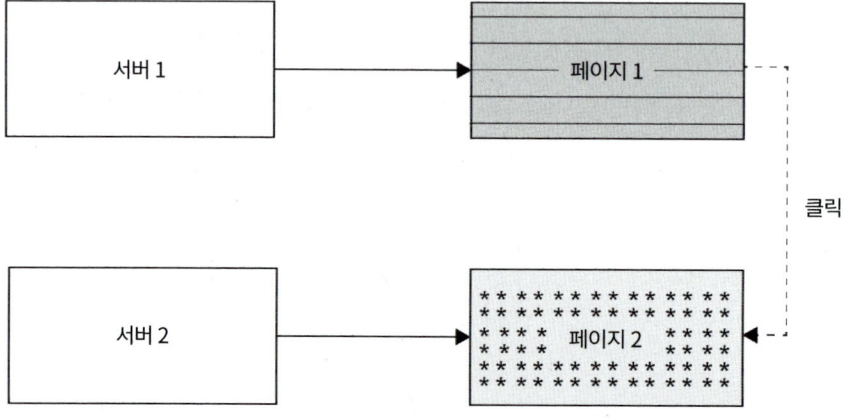

그림 6.1 웹 접근 방식 이면의 아이디어 – 애플리케이션의 다양한 부분을 제공하는 다양한 서버

이러한 패턴에서 팀은 전체 페이지를 대상으로 작업하며 중앙에서 주어진 설계 및 비즈니스 도메인에 의해서만 통제된다.

실제 적용 사례를 보면 원리에 따라 페이지 변경 중에 오리진이 변경된다. 예를 들어 www.example.com에서 시작하지만 mf1.example.com으로 이동할 수 있다.

그러나 이전 예제에서 구현된 일종의 게이트웨이 뒤에 실제 웹 서버가 숨겨져 있다. 이 경우 오리진은 동일하게 유지되지만 경로는 변경될 수 있다(예: /에서 /mf1로 이동).

예제를 구현하기 전에 웹 접근 방식의 아키텍처를 살펴보고 구현한 예제를 개선할 수 있는 몇 가지 개선점도 논의해보자.

아키텍처

기본적으로 웹 접근 방식은 마이크로서비스와 거의 동일한 아키텍처를 사용한다. 그러나 JSON과 같은 순수한 데이터 형태로 제공되는 대신 프레젠테이션은 HTML 형태로 미리 렌더링된다.

웹 접근 방식은 이 형태가 정확히 어떻게 구현되는지를 규정짓지 않는다. 예를 들어 기존 마이크로서비스 백엔드를 이용해 현재 서비스를 accept 헤더에 민감하게 만들 수 있다.

text/html과 같은 값을 최우선 순위로 보고 프레젠테이션 버전을 다시 보낸다.

```
Accept: text/html, application/xhtml+xml,
    application/xml;q=0.9, image/webp, */*;q=0.8
```

다른 방법으로는 개별 마이크로 프런트엔드를 위해 전용 웹 서버를 구성할 수 있지만, 데이터는 기존 API 서버를 이용해 읽는다. 이는 순수주의자가 선택하는 방법일 수 있지만, 가장 많은 양의 인프라를 필요하게 만들기도 한다.

고려해야 할 또 다른 사항은 API 게이트웨이와 같은 집계 계층이다. 이전 예제에서 이미 이 개선 사항을 적용했고 이번 장에서 다시 활용할 것이다. 이유는 간단하다. 이렇게 하면 큰 규모의 단일 애플리케이션 내에서 실행되는 모든 페이지가 브라우저와 통신 시 발생할 수 있는 문제를 상당히 방지할 수 있기 때문이다.

브라우저 관점에서 애플리케이션의 경계는 여러 가지로 정의되지만, 가장 중요한 것은 경로 정보 앞의 URL 부분인 웹사이트 출처다.

예제 구현에서 집계 계층도 다룰 예정이다.

예제 구현

이전에는 항상 모노리포를 이용했지만 이 예제의 경우 각 마이크로 프런트엔드가 자체 저장소에 상주하는 것을 가정한다.

이유는 간단하다. 실제 환경에서는 최소한의 마이크로 프런트엔드가 자체 저장소에서 개발될 것이기 때문이다. 마이크로 프런트엔드를 고려할 때 중요한 두 가지 요소는 선택의 자유와 외부 개발의 가능성이다. 따라서 모노리포를 사용하는 것보다 분산 저장소를 사용하는 것이 더 효과적이다.

먼저 각 마이크로 프런트엔드 전용 공간을 만들어보자. 일반적으로 전용 공간의 경우 개별 저장소가 필요하지만 이 예제에서는 별도의 디렉터리를 만드는 것으로 충분하다.

웹 접근 방식에서 모든 마이크로 프런트엔드는 완전한 웹 서버다. 그것은 PHP 또는 Node.js와 같은 패키지를 사용하는 동적 페이지이거나 일부 정적 HTML 마크업일 수 있다. 데모 목적으로 정적 HTML을 제공하는 http-server 패키지 기반의 Node.js 프로젝트를 만들 수 있다.

다음과 같이 마이크로 프런트엔드를 시작할 수 있다.

```
# 새로운 Node.js 프로젝트를 초기화한다
npm init -y
# http-server 패키지를 의존성에 추가한다
npm i http-server --save
```

package.json의 scripts 섹션은 start 스크립트로 확장해야 한다.

```
"start": "http-server ./views --port 2001"
```

해당 명령어는 http://localhost:2001의 views 디렉터리를 제공하고 npm start로 실행할 수 있다.

실제 HTML은 마이크로 프런트엔드가 적용되지 않은 HTML과 별반 다를 바가 없다. 유일한 차이점은 다른 마이크로 프런트엔드를 참조하는 링크를 사용한다는 것이다. 예를 들어 첫 번째 마이크로 프런트엔드에는 다음과 같은 링크를 포함한다.

```
<a href="/mf2">Go to MF2</a>
```

나중에 논의하겠지만 이러한 링크는 다소 취약하므로 더 견고하게 만들어야 한다.

예제의 경우 집계 계층도 추가할 것이다. 다만 현재는 마이크로 프런트엔드 프락시일 뿐이다. 여기에는 많은 기술적 선택이 가능하다. 이 경우 http-proxy-middleware 패키지와 함께 express를 활용하는 Node.js 서버를 적용할 수 있다.

게이트웨이를 구현하는 한 가지 방법은 경로 프리픽스를 기반으로 모든 요청을 프락시하는 동시에 /를 일부 마이크로 프런트엔드로 전달(forward)하는 것이다. 이 방법은 모든 마이크로 프런트엔드가 특정 프리픽스를 사용하고 유지하도록 강제한다. 알려진 프리픽스가 없는 경우 HTTP 404 상태로 응답한다.

자세한 코드는 다음과 같다.

```
const express = require("express");
const { createProxyMiddleware } = require("http-proxy-middleware");

const app = express();
const port = process.env.PORT || 1234;

const targets = {
    "/mf1": "http://localhost:2001",
    // ...
};

app.get("/", (_, res) =>
    res.redirect(Object.keys(targets)[0]));
```

```
Object.keys(targets).forEach((prefix) => {
    app.use(
        prefix,
        createProxyMiddleware({
            target: targets[prefix],
            changeOrigin: true,
        })
    );
});

app.get("*", (_, res) => res.status(404).send("Page not found."));

app.listen(port, () => {
    console.log(`Microfrontend gateway running at ${port}.`);
});
```

구현하는 샘플의 디렉터리 구조는 다음과 같다.

```
mf-1/                           # 마이크로 프런트엔드 1의 저장소
├── views/                      # 마이크로 프런트엔드에 의해 제공되는 뷰
│   ├── mf1/                    # 적절한 네임스페이스를 노출하는 현재 폴더
│   │   ├── index.html          # 마이크로 프런트엔드 1의 메인 뷰
│   │   ├── fragment/           # 추가 프래그먼트의 노출
│   │   │   ├── index.html      # 마이크로 프런트엔드 1의 프래그먼트 뷰
│   │   │   ├── packages.png    # 프래그먼트에서 사용되는 리소스
├── package.json                # 프로젝트 상세 정보

mf-2/                           # 마이크로 프런트엔드 2의 저장소
├── views/                      # 마이크로 프런트엔드에 의해 제공되는 뷰
│   ├── mf2/                    # 적절한 네임스페이스를 노출하는 현재 폴더
│   │   ├── index.html          # 마이크로 프런트엔드 2의 메인 뷰
├── package.json                # 프로젝트의 상세 정보

mf-gw/                          # 통합 계층의 저장소
├── package.json                # 프로젝트의 상세 정보
├── lib/                        # 런타임 파일
│   ├── index.js                # 서버 스타트업 파일
```

실제 운영 환경 준비를 위해 일부 중요한 피처가 누락됐다고 주장할 수 있지만 다른 잠재적 개선 사항도 고려해야 한다. 다음 섹션에서 살펴보겠다.

개선점

이미 개선점으로 게이트웨이를 도입했다. 게이트웨이를 중심점으로 도입할 경우 모든 웹 서버가 게이트웨이에 강력하게 결합되지 않도록 해야 한다. 따라서 전용 레지스트리 서비스 또는 다른 검색 메커니즘을 통한 일부 느슨한 결합이 필요하다.

기본적으로 웹 접근 방식은 이미 상당히 견고하고 느슨하게 결합되어 있기 때문에 충분하다. 그럼에도 불구하고 특정 패턴을 적용하기 위해 로깅, 오류 처리, 인증에 관한 보일러플레이트를 활용하고 싶을 수 있다. 이러한 보일러플레이트가 있으면 개별 팀에서 이를 시작점으로 사용할 수 있으며 생산성을 엄청나게 향상시킬 것이다.

고려해야 할 또 다른 사항은 사용하려는 특정 UX 패턴 또는 기타 주요 속성을 적용하는 서비스다. 예를 들어 마이크로 프런트엔드당 성능 예산[2]을 결정하는 것이 좋은 시작이지만, 이를 시행할 도구가 없으면 의미가 없다.

이 패턴을 사용할 때 어떤 다른 장단점이 있는지 다음 절에서 살펴보자.

장단점

이 접근법의 주요 장점은 마이크로서비스로부터 파생된 유사성과 순수성, 그리고 단순성이다. 실제 웹 서버 기술에서 고급 자바스크립트 기술이나 프런트엔드 프레임워크는 이 접근법과 큰 상관이 없다.

그러나 단점 또한 이 장점으로부터 비롯된다. 예를 들어 프런트엔드는 일반적인 UX 패턴을 사용하여 일관성을 유지해야 하기 때문에 마이크로서비스와 양립하기 어렵다. 정의에 비추어봐도 마이크로서비스는 일관성과는 거리가 멀기 때문이다. 따라서 웹 접근 방식은 상당히 빠르게 한계에 부딪힐 것이다.

---

[2] (옮긴이) 성능 예산(performance budget): 웹 성능에 영향을 미치는 다양한 요소를 제어하는 한곗값을 의미

이런 어려움에서 벗어나기 위해 링크(전체 페이지 전환용)와 iframe(개별 컴포넌트/프래그먼트)을 통해 서로 다른 마이크로 프런트엔드를 참조하거나 사용할 수 있다. 이 장 뒷부분에서 두 가지 모두에 대해 자세히 설명하겠다.

그렇다면 웹 접근 방식은 언제 사용해야 할까? 일관성이 필요하지 않을 때는 웹 접근 방식이 적절하다. 예를 들어 마이크로 프런트엔드의 일부분은 서드 파티의 소스로 포함되거나 타깃으로 제공될 수 있다. 따라서 서드 파티 쿠키 동의 솔루션, 채팅 봇 또는 유사한 서비스를 사용하는 대부분의 웹사이트는 이미 마이크로 프런트엔드를 활용하고 있다.

이 패턴은 또한 다른 접근법과 결합된 고전적인 패턴이다. 예를 들어 아마존 같은 대형 웹사이트에서도 그것을 이용해 개별 애플리케이션(예: 음악, 비디오, 사진, 쇼핑)을 포함시킨다. 서로 다른 애플리케이션이 완전히 일관될 필요는 없다. 대신 이렇게 사용하는 이유는 하나의 큰 제품처럼 보이기 위해서다.

모든 것이 링크에 많이 의존하고 있기 때문에 이러한 패턴의 쓰임새를 자세히 살펴봐야 한다.

링크

웹 접근 방식의 핵심 메커니즘은 하이퍼 링크를 사용하는 것이다. 하이퍼링크는 URL을 사용하여 전체 페이지 또는 스타일 시트나 자바스크립트 파일과 같은 애셋을 참조한다.

하이퍼링크는 단순해 보이지만 웹을 성공적으로 만든 마법의 재료다. 하지만 하이퍼링크는 소결합을 구성할 수는 있지만 지속적인 작동을 보장할 수는 없다.

'마이크로 프런트엔드 1'의 페이지에서 '마이크로 프런트엔드 2'의 페이지에 연결하려고 한다고 가정하자.

```
<a href="/mf2/some-page">More details</a>
```

이 코드의 문제는 다른 마이크로 프런트엔드(페이지 URL)의 정보를 가지고 사용해야 한다는 것이다. 처음 제공된 링크의 정보는 정확할 수 있지만 링크의 정보가 전체 생명주기 동안 유지될 것으로 보기 어렵다. 따라서 이러한 구조는 다소 불안정하다.

문제의 근원은 우리가 참조하는 링크의 정보는 언제든 변경될 수 있다는 것이다. 그렇다면 이것을 어떻게든 바꿀 수 있느냐가 문제다.

그에 대한 대답은 당연히 '바꿀 수 없다'이다. 링크의 정보는 항상 소유자에 의해 정해지기 때문이다. 하지만 중앙 또는 로컬 연결 디렉터리를 도입하는 것이 해결책이 될 수 있다. 이 해결책을 좀 더 살펴보면 참조하는 링크의 정보가 변경될 수 있지만, 이러한 변경은 즉시 발견되고 수정이 가능하다. 따라서 이는 일종의 신뢰성을 담당하는 계층이다. 다음에는 중앙 및 로컬 연결 디렉터리에 대해 자세히 살펴보자.

중앙 연결 디렉터리

중앙 연결 디렉터리(central linking directory)에서는 중앙 서비스 형태로 하이퍼 레퍼런스를 저장하고 검색하고 검증한다. 이는 단순한 CRUD 서비스이거나 게이트웨이 서버의 일부 기능일 수 있다.

연결 디렉터리의 개념은 각 마이크로 프런트엔드가 모든 URL을 보고해야 한다는 것이다. 즉, 새 URL, 제거된 URL 및 변경된 URL을 중앙 디렉터리에 알려야 한다는 것을 의미한다. 변경된 URL을 보고하는 것은 특히 더 유용하다. 각 마이크로 프런트엔드가 기존 URL에 별칭(또는 의존성)을 도입할 수 있는 경우 별칭을 업데이트할 수 있다.

URL `/common/mf2-some-page`를 `/mf2/some-page`에 매핑한다고 가정해보자. `/mf2/some-page`가 `/mf2/other-page`로 변경되는 경우 별칭은 그대로 유지되지만 대상은 업데이트된다. 이렇게 하면 리팩터링이나 변경에 대한 차단 없이 안정적인 URL을 얻을 수 있다.

중앙 접근 방식의 한 가지 문제는 분산된 개별 마이크로 프런트엔드가 범위를 벗어나는 서비스를 필요로 한다는 것이다. 이러한 의존성은 견고성 및 디버깅 이유로 인해 문제가 될 수 있다. 실제로 이러한 경우 로컬 연결 디렉터리가 적합한 솔루션이 될 수 있다.

로컬 연결 디렉터리

중앙 서비스를 사용하는 대신 마이크로 프런트엔드의 웹 서버에 로컬 디렉터리를 통합할 수 있다. 이것의 큰 장점은 지역적이라는 것이다. 단점은 인프라가 더 복잡하다는 것이다. 여기서는 강력한 URL을 보장하기 위한 동기화 또는 명시적인 검증 메커니즘이 필요하다.

'마이크로 프런트엔드 1'에서는 /mf1/mf2-some-page와 같은 별칭 URL을 도입하여 실제 URL(예: /mf2/some-page)로 리다이렉션할 수 있다. 이제 이 관계가 하드 코딩되면 HTML 코드가 지정된 URL을 참조하는 위치를 식별하는 대신 단일 위치만 변경하면 된다는 점을 제외하고는 아무런 이점도 얻을 수 없다. 하지만 이를 활용하는 방법도 있다.

각 마이크로 프런트엔드에 로컬 연결 디렉터리가 함께 제공되는 경우 이 디렉터리를 API로 노출할 수 있다. 이제 디렉터리는 두 부분으로 나눌 수 있다. 하나는 고유 ID를 사용하여 모든 링크를 노출하는 부분이고 다른 하나는 현재 값으로 외부 링크를 실제로 표시하는 부분이다.

/mf1/links에 대한 요청은 다음과 같은 응답을 제공한다.

```
{
    "internal": [
        {
            "id": "fb2048fb-470c-48f3-85fe-01645adfcd0f",
            "url": "/mf1/first"
        }
    ],
    "external": [
        {
            "id": "d08ee9a5-5f04-41eb-b1c7-2f1a917c1f57",
            "alias": "/mf1/mf2-some-page",
            "url": "/mf2/some-page"
        }
    ]
}
```

이렇게 하면 지정된 ID를 사용하여 해당 서비스에 대한 정기 점검을 할 수 있다. 여기서 중요한 부분은 ID가 절대 바뀌어서는 안 된다는 것이다. ID는 제거된 URL을 보여주기 위해 제거될 수 있지만 변경되지는 않는다. url 값은 변경될 수 있지만 이것이 고정 ID가 처음부터 사용되는 이유다.

링크 디렉터리가 있으면 하이퍼링크뿐만 아니라 애셋에 대한 참조에도 도움이 된다. 이것은 프레임에도 매우 편리하다. 이제 프레임에 대해 살펴보자.

iframe 태그

웹 접근 방식에는 <iframe> 태그를 사용할 수 있다. 그러기 위해서는 논리적으로 몇 가지 정보(예를 들어 프래그먼트의 URL)가 필요하다. 다른 팀이 완전히 소유한 URL을 사용하지 않으려면 글로벌 링크 디렉터리를 사용해야 한다.

다음은 '마이크로 프런트엔드 1'에서 나온 좋지 않은 참조 예시다.

```
<iframe src="/mf2/fragment"></iframe>
```

더 나은 방법은 다음과 같이 변경하는 것이다.

```
<iframe src="/mf1/mf2-fragment"></iframe>
```

여기서 서버는 일반적으로 이전에 소개한 대로 로컬 연결 디렉터리를 사용하여 /mf2/fragment로 리디렉션되는 HTTP 304 상태로 응답한다.

인라인 프레임에는 여전히 몇 가지 문제가 있다. 하나는 보안이고 다른 하나는 접근성과 레이아웃이다. 이 세 가지에 대해 살펴보자.

보안

소스 링크를 더욱 유연하고 견고하게 만드는 것 외에 올바른 보안 설정에 대해서도 생각해야 한다. 앞서 설명한 것처럼 sandbox 어트리뷰트를 사용하여 최상위 프레임을 자식 프레임의 콘텐츠로부터 적절히 보호할 수 있다.

접근성

iframe은 보안성이 높지만, 접근성 및 **검색 엔진 최적화**(SEO: search engine optimization) 피처는 상당히 부족하다(특히 고객 대상 사이트의 경우). (시각장애인용) 화면 판독기는 종종 페이지 내용을 분석하는 데 상당한 애로가 있으며, 그 밖의 도구도 활용성이 떨어진다. 마크업은 어떠한 보조적인 시맨틱(semantics)을 제공하지 않기 때문이다.

레이아웃

인라인 프레임은 다른 문서에 내장되어 있기 때문에 자체 스타일이나 위치에 영향을 줄 수 없다. 이러한 성질이 바람직할 때도 있지만, 그에 따른 대가를 치러야 할 때가 많다. 인라인 프레임은 자체의 치수(dimension)를 전달할 수 없어, 적절한 공간을 마련해둘 수 없다. 따라서 상위 프레임이 이를 미리 지정해줘야 한다.

이는 잠재적인 방해 요소다. 상위 프레임은 임베드한 콘텐츠에 대한 최소한의 지식만 가져야 하는 한편, 그 콘텐츠를 적절히 포함하려면 먼저 치수를 알아야 한다.

적절한 공간을 수용하지 못하면 원치 않은 스크롤 막대가 생기거나 너무 많은 공백이 생긴다. 그러나 CSS를 최신 상태로 유지하는 것은 쉽지 않은 작업이다.

이를 피하는 한 가지 방법은 `<iframe>` 대신 `<script>`를 사용하는 것이다. 여기서는 궁극적으로 인라인 프레임을 포함하지만 HTML에서 직접 수행하는 것이 아니라 자바스크립트 DOM을 통해서 수행된다.

이 접근 방식의 장점은 스크립트가 상위 문서에 존재하여 스타일을 조정할 수 있다는 것이다. 그러나 iframe은 자바스크립트가 실행됐을 때만 표시된다. 물론 `<noscript>` 태그를 통해서도 포함할 수 있지만 일반적인 상황에서는 프레임이 직접 접근 방식보다 느리게 로드된다.

다른 옵션은 iframe-resizer와 같은 라이브러리를 사용하여 이 문제를 해결하는 것이다. 일반적으로 맨 위 프레임에 다음과 같은 스니핏이 존재한다.

```
<style>
    iframe {
        width: 1px;
        min-width: 100%;
    }
</style>
<iframe class="component" src="/iframe.html"></iframe>
<script src="/iframeResizer.min.js"></script>
<script>
iFrameResize({ log: true }, 'iframe.component')
</script>
```

그리고 이는 실제 iframe(예: iframe.html)에서 다음 스니펫처럼 보일 것이다.

```
<style>
    html, body {
        padding: 0;
        margin: 0;
    }
</style>
<!-- Content of the iframe -->
<script src="/iframeResizer.contentWindow.min.js"></script>
```

이러한 접근 방식의 주요 장점은 레이아웃이 동적으로 최적화한다는 것이다. 해당 방법은 내용이 변경이 될 때도 작동한다. 그러나 다른 스크립트가 필요하기 때문에 웹사이트의 성능이 떨어진다.

요약

이번 장에서는 대규모 마이크로 프런트엔드 솔루션을 실현하기 위한 첫 번째 패턴을 배웠다. 이제 웹 접근 방식을 사용하여 세분화된 다른 웹 서버를 서로 융합할 수 있다.

겉으로 보기에는 하나의 웹 서버처럼 느껴질 수 있으며 사용된 기술들 또한 어색하지 않다. 따라서 표준 프락시, 링크 및 <iframe> 요소를 이용해도 꽤나 괜찮은 솔루션을 빠르게 만들 수 있다.

웹 접근 방식의 최대 장점은 동시에 가장 큰 약점이기도 하다. 시스템이 너무 간단해서 임의로 구성할 수 있기 때문에 시스템의 완전성을 보장하기 힘들다.

다음 장에서는 이번 패턴의 더 복잡하지만 개선된 방법인 서버 측 구성을 살펴볼 것이다.

07
서버 측 구성

6장에서 아주 간단한 방법으로 마이크로 프런트엔드를 구성할 수 있었다. 웹은 이미 필요한 모든 것을 제공한다. 그러나 이런 간단한 솔루션은 개발이나 런타임 시점에 규모 변경이 힘들다. 규모 변경은 마이크로 프런트엔드에서 가장 중요한 요소 중 하나다.

그렇다면 규모 변경성에 대한 제약 없이 모든 것을 가능한 한 격리 및 분리하고 독립된 상태로 유지하려면 어떻게 해야 할까? 한 가지 가능한 답은 서버 측 구성(server-side composition) 패턴에서 찾을 수 있다. 여기서 클라이언트에 도달하기 전에 웹 서버가 마이크로 프런트엔드를 연결할 수 있는 기술을 사용한다.

그러나 이 패턴은 백엔드에 추가적인 복잡성을 도입해야 한다. 서버 측 구성은 다양한 소스의 뷰를 동적으로 결합할 수 있고 공유 저장소가 전혀 필요 없는 수평적 마이크로 프런트엔드를 가능하게 한다. 이번 장에서는 이 패턴을 언제 어떻게 적용해야 하는지에 대해 자세히 설명한다.

먼저 이 아키텍처 패턴에 대한 몇 가지 기본 사항부터 시작한다. 여러 저장소가 어떻게 작동하는지 완전히 알아보기 위한 예제 구현도 소개한다.

이후 이 패턴의 장단점에 대해 논의한다. 마지막으로 이 패턴의 두 가지 특정 컴포넌트를 다룬다. 레이아웃이 무엇이고 이 패턴을 사용하여 실제로 마이크로 프런트엔드를 어떻게 개발하는지에 관한 부분이다.

이 장에서는 다음 주제를 간략하게 다룬다.

- 서버 측 구성의 기본
- 장단점
- 구성 레이아웃 만들기
- 마이크로 프런트엔드 프로젝트 설정하기

기술적인 요구 사항

이전과 마찬가지로 예제 구현을 따라하려면 Node.js와 Express에 대한 지식이 충분해야 한다. 코드는 깃허브에서 찾을 수 있으며 여러 저장소에 분산되어 있다. URL은 각 부분을 살펴보기 전에 명시된다.

서버 측 구성의 기본

마이크로 프런트엔드를 구현하는 서버 측 구성에는 마이크로 프런트엔드를 결정(resolve)하고 합치는 백엔드의 중심점이 필요하다. 기본 원리를 다음 그림에 나타냈다.

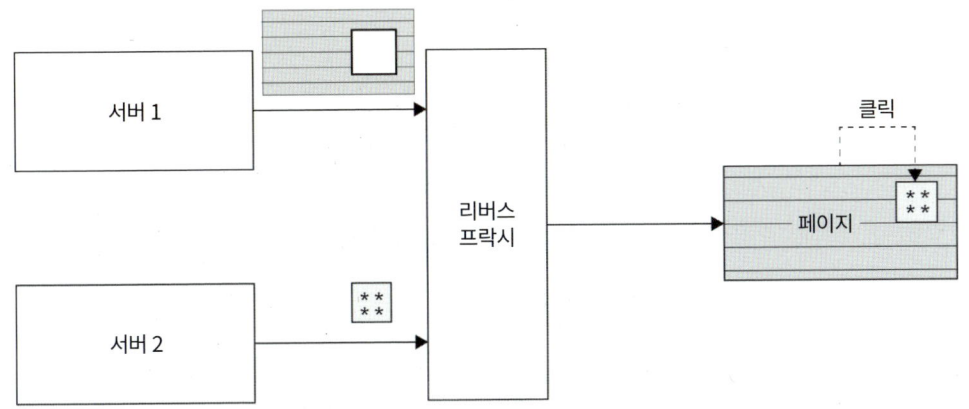

그림 7.1 서버 측 구성의 기본 아이디어 – 중앙 서버가 서로 다른 프런트엔드 프래그먼트들을 결합한다.

이 패턴에서 팀은 전체 페이지 또는 개별적인 프래그먼트(fragment)를 작업한다. 프래그먼트는 페이지의 완전히 구성된 부분만큼 클 수도 있고, 일부 도메인 로직을 가진 UI 컴포넌트만큼 작을 수도 있다.

표시된 리버스 프락시는 본질적으로 이전 장에서 소개한 집계 계층과 동일한 역할을 한다. 하지만 마이크로 프런트엔드는 프락시가 하는 것 이상의 일을 수행한다. 따라서 일반적으로 이 지점을 게이트웨이 서비스 또는 **BFF(Backend for frontend)**라고 한다.

BFF는 프런트엔드를 제공하기 위해 도입된 백엔드의 일부다. 일반적으로 BFF는 UX와 필요한 리소스 사이에 위치하는 레이어 정도로 생각할 수 있다. 앞의 다이어그램에서 각 서버는 완전히 독립적일 수 있지만, BFF는 개별 리소스를 결합하여 하나의 일관된 UX를 형성한 후 페이지를 제공할 수 있다.

아키텍처

일반적으로 웹 접근 방식으로 개발된 서버도 여기서 사용할 수 있다. 결국 이를 사용해 HTML 파일 일부를 전달하는 것이다. 실제로 새로운 부분은 완전히 렌더링된 페이지를 생성하기 위해 서로 다른 파일을 하나로 잇는 집계(aggregation) 계층이다.

링크는 여기서도 페이지 사이의 경로를 탐색하는 데 사용될 수 있어서 이러한 페이지가 반드시 격리되는 것은 아니다. 하지만 페이지들은 항상 집계 계층에서 구성된다. 우연히 하나의 마이크로 프런트엔드가 하나의 페이지를 완전히 제공했다고 하더라도, 이 페이지는 클라이언트로 가기 전에 집계 레이어를 통과하여 처리돼야 한다.

집계 레이어에서는 여러 가지 일이 일어나는데, URL로 식별되는 현재 페이지를 템플릿과 연관 짓도록 결정(resolve)하는 작업이 가장 중요하다. 그런 다음 관련 마이크로 프런트엔드에 요청을 프락시하여 템플릿을 확장해야 한다. 결국, 재귀적 레졸루션(resolution)과 리소스 경로 선정(adoption)을 고려해야 한다.

기존 예제 프로젝트에 서버 측 구성을 사용해보자.

예제 구현

이 예제에서는 단일 저장소 이상의 개념을 다룬다. 이 방식을 통해 인공적인 조건 없이 마이크로 프런트엔드가 실제 프로젝트에서 어떻게 작동하는지 알 수 있다. 아울러 여기서는 보다 정교한 예제를 사용할 것이다. 이를 위해 micro-frontends.org에서 유명한 트랙터 매장을 선택한다. 함께 구성된 페이지는 다음과 같다.

그림 7.2 공식 웹사이트에 표시된 트랙터 매장 샘플

트랙터 매장은 세 개의 마이크로 프런트엔드로 구성된 페이지를 보여준다. 빨간색 마이크로 프런트엔드는 제품을, 파란색 마이크로 프런트엔드는 상점 로직을, 녹색 마이크로 프런트엔드는 관련 제품에 대한 추천을 담당한다.

빨간색 부분을 담당하는 팀이 마이크로 프런트엔드를 어떻게 구현하는지 살펴보자.

제품 페이지(빨간색 마이크로 프런트엔드)

예제 코드: https://github.com/ArtOfMicrofrontends/07-red

이 마이크로 프런트엔드는 제품 정보 페이지를 담당한다. 예제에서 이 페이지는 유일한 페이지이자 모든 콘텐츠의 기반이다.

간단한 Node.js Express 서버를 사용하여 콘텐츠를 제공할 수 있다. ejs와 nodesi 패키지를 사용해서 템플릿 메커니즘을 합칠 수 있다. 이를 통해 다음 HTML을 사용하여 페이지를 정의할 수 있다.

```html
<link rel="stylesheet" href="./product-page.css">
<h1 id="store">The Model Store</h1>
<esi:include src="/mf-blue/basket-info?sku=<%= current.sku %>" />
<div id="image">
    <div>
        <img src="./images/<%= current.image %>" alt="<%= current.name %>" />
    </div>
</div>
<h2 id="name">
    <%= product.name %> <small><%= current.name %></small>
</h2>
<div id="options">
    <% product.variants.forEach(variant => { %>
        <a href="./product-page?sku=<%= variant.sku %>">
            <button class="<%= current.sku === variant.sku ?
                'active' : '' %>" type="button">
                <img src="./images/<%= variant.thumb %>" alt="<%= variant.name %>" />
            </button>
        </a>
    <% }); %>
</div>
<esi:include src="/mf-blue/buy-button?sku=<%= current.sku %>" />
<esi:include src="/mf-green/recommendations?sku=<%= current.sku %>" />
```

변수를 사용하는 부분은 <%= … %> 자리 표시자를 통해 표시된다. 또한 다른 마이크로 프런트엔드의 프래그먼트를 참조하기 위해 esi:include 태그를 사용한다. 추후 **ESI(Edge-Side Include)**에 대해 자세히 소개하겠다. 지금은 다른 마이크로 프런트엔드의 코드 삽입이 가능한 메커니즘이라는 것만 알면 된다. src 어트리뷰트는 원하는 부분이 검색되는 위치를 나타낸다.

앞선 문서는 유효한 HTML 프래그먼트이며 브라우저에서 잘 렌더링된다. 최종 형식은 사용된 집계 계층에 따라 약간 다르다. 우리는 완전하고 유효한 HTML 문서를 작성하는 것이 일반적으로 가장 이상적인 경우일지라도 보이는 프래그먼트들로 제한해야 한다.

마이크로 프런트엔드는 렌더링될 때 이미 나중에 예상되는 페이지에 거의 가까운 형태로 보인다. 이 시점에서 페이지의 스타일과 다른 마이크로 프런트엔드가 없기 때문에 본래의 모습을 확인할 수 있다.

그림 7.3 격리되어 실행되는 빨간색 마이크로 프런트엔드의 제품 페이지

Express 서버의 보일러플레이트는 지난 예제에서 사용했던 것과 굉장히 유사하다. 다음의 코드를 사용한다.

```
const { renderFile } = require("ejs");

const app = express();
const port = process.env.PORT || 2001;
const host = `http://localhost:${port}`;
```

```
// 뷰와 뷰 엔진을 정의한다
app.set("views", path.resolve(__dirname, "..", "views"));
app.engine("html", renderFile);
app.set("view engine", "html");

// 애셋을 위한 폴더를 정의한다
app.use(express.static("public"));

// 서버를 시작한다
app.listen(port, () => {
    console.log(`[OK] MF-Red running at ${host} ...`);
});
```

또한 트랙터 매장의 제품 정보를 위해서 몇 가지 데이터가 필요하다. 그런 다음 제품 정보 마이크로 프런트엔드를 나타내는 /product-page 경로를 정의할 수 있다.

```
app.get("/product-page", (req, res) => {
    const sku = req.query.sku || "porsche";
    const current =
        product.variants.filter((v) => v.sku === sku)[0] ||
            product.variants[0];

    res.render("product-page", {
        product,
        current,
    });
});
```

이 엔드포인트는 사용해야 할 제품에 대한 정보를 query 파라미터로 가져온다. 또는 SKU 정보를 경로의 일부로 만들 수 있다. 기본적으로 일부 데이터 포인트로 폴백한다. 마지막으로 두 개의 변수 product와 current가 있는 product-page 템플릿을 사용해 페이지를 렌더링한다.

제품 페이지 그 자체는 흥미롭지만 파란색 마이크로 프런트엔드의 도움 없이는 어떠한 상호 작용도 불가능하다. 이제 이것도 구현해보자.

상점 기능(파란색 마이크로 프런트엔드)

예제 코드: https://github.com/ArtOfMicrofrontends/07-blue

이 마이크로 프런트엔드는 완전히 다른 기술(예: PHP)을 사용하여 만들 수 있지만 이전 스택을 그대로 사용한다. 결국 우리의 목표는 최대한 많은 기술을 보여주는 것이 아니라 패턴 자체를 설명하는 것이다.

파란색 마이크로 프런트엔드는 주문 바구니의 관리를 담당한다. 트랙터 매장에서 이 부분은 두 가지 컴포넌트로 나뉜다.

- 장바구니에 있는 항목 수를 표시하는 장바구니 정보
- 추가 항목을 장바구니에 추가할 수 있는 **카트에 추가하기(Add to cart)** 버튼

여기서 까다로운 부분은 사용자별 상태도 관리 영역에 포함된다는 것이다. 백엔드에서 이러한 상태를 구현하는 방법에는 여러 가지가 있지만, 이러한 방법의 대부분은 헤더를 통해 전송되는 쿠키를 이용한다.

단순화된 세션 관리를 위해서 express-session 패키지를 사용한다. 이는 쿠키와 사용자 상태 관리에 대해 간단한 wrapper를 제공한다. 이 예에서는 사용자 상태를 관리하기 위한 간단한 메모리 내 저장소(in-memory store)로 충분하다.

세션 통합 설정에 관한 코드는 다음과 같다.

```
const session = require("express-session");

app.use(
    session({
        secret: process.env.STORE_SECRET || "foobar-blue",
        resave: false,
        saveUninitialized: true,
    })
);
```

장바구니에 항목을 추가하려면 양식 전송이 필요하므로 양식 데이터를 파싱(parsing)할 미들 웨어도 설정해야 한다. 이는 Express에서 제공하는 기능을 사용하면 쉽게 구현할 수 있다

```
app.use(
    express.urlencoded({
        extended: true,
    })
);
```

마지막으로 세션 캐시를 실제로 활용하기 위해 요청 객체의 session 프로퍼티를 사용할 수 있다. 예를 들어 다음 엔드포인트는 장바구니 정보를 렌더링한다.

```
app.get("/basket-info", (req, res) => {
    res.render("basket-info", {
        count: req.session.count || 0,
    });
});
```

count가 정의되지 않았다면 시작 값을 0으로 설정한다. basket-info 템플릿은 ejs의 템플릿 규칙을 통해 다시 정의된다.

```
<link rel="stylesheet" href="./basket-info.css">
<div class="blue-basket" id="basket">
    <div class="<%= count === 0 ? 'empty' : 'filled'
        %>">basket: <%= count %> item(s)</div>
</div>
```

다시 말하면 이것은 독립적으로 렌더링이 가능한 격리된 프래그먼트에 가깝다. 브라우저에서 다음처럼 보인다.

그림 7.4 격리되어 실행되는 파란색 마이크로 프런트엔드의 장바구니 정보

파란색 마이크로 프런트엔드의 기능을 이용하면 전반적인 애플리케이션은 완전히 기능하는 것처럼 보인다. 그러나 성공적인 비즈니스를 위해 제품 페이지에서 추천 항목을 보여주는 기능이 필요하다.

녹색 마이크로 프런트엔드는 제품 추천 기능이 있는 컴포넌트를 들여옴으로써 이러한 사업적 측면을 만족시킨다.

추천 목록(녹색 마이크로 프런트엔드)

예제 코드: https://github.com/ArtOfMicrofrontends/07-green

구현의 관점에서 보면 녹색 마이크로 프런트엔드가 확실히 가장 단순하다. 추천된 제품 목록을 보여주는 HTML 프래그먼트를 제공한다.

프래그먼트는 ejs 패키지의 템플릿 언어를 다시 사용한다. 다음 코드에서 확인할 수 있다.

```
<link rel="stylesheet" href="./recommendations.css">
<div class="green-recos" id="reco">
    <h3>Related Products</h3>
    <% recommendations.forEach(recommendation => { %>
        <img src="./images/reco_<%= recommendation %>.jpg"
            alt="Recommendation <%= recommendation %>">
    <% }); %>
</div>
```

다시 말하지만 우리는 이 화면을 위한 스타일을 전용 CSS 파일로 격리한다. 추천 상품을 돌면서 이미지 목록을 생성한다. 그리고 관례에 따라 이미지를 검색한다.

브라우저에서 녹색 마이크로 프런트엔드를 렌더링하면 다음과 같이 표시한다.

그림 7.5 격리되어 실행되는 녹색 마이크로 프런트엔드에 나타난 추천 상품들

엔드포인트도 매우 명확하고 간단하다.

```
app.get("/recommendations", (req, res) => {
    const sku = req.query.sku || "porsche";

    res.render("recommendations", {
        recommendations: allRecommendations[sku] ||
            allRecommendations.porsche,
    });
});
```

위 코드 베이스에서는 녹색 마이크로 프런트엔드에 관하여 특별히 언급할 것은 없다. 하지만 서버 측 마이크로 프런트엔드를 전달하기 위해 강력한 템플릿 언어와 리소스 로딩 기능이 필요하다는 것을 다시 한번 보여준다.

모든 부분이 준비됐으니 이제 집계 계층에서 모든 프래그먼트를 가져올 차례다.

게이트웨이

예제 코드: https://github.com/ArtOfMicrofrontends/07-gateway

끝으로, 지금까지 설명한 아키텍처에서 가장 중요한 컴포넌트인 집계 계층을 살펴보겠다. 이번에도 Express와 Node.js를 활용해 단순하면서 강력한 웹 서버를 구축한다.

얘기했던 것처럼 집계 계층은 기본적으로 사용자가 볼 수 있는 HTML 문서를 정의하기 위한 기본 템플릿인 레이아웃이다. 트랙터 매장의 경우 레이아웃을 다음과 같이 정의할 수 있다.

```
<!DOCTYPE html>
<html lang="en">
    <head>
        <meta charset="UTF-8" />
        <title>Tractor Store</title>
        <link href="/page.css" rel="stylesheet">
    </head>
    <body>
        <div id="app">
```

```
            <esi:include src="<%= page %>" />
        </div>
    </body>
</html>
```

위 코드는 전체 HTML 문서지만 주요 내용에 대한 자리 표시자를 포함한다. 백엔드는 콘텐츠의 출처를 결정한다.

이 서버의 코드를 살펴보기 전에 요구 사항을 요약해보자.

- 마이크로 프런트엔드에 요청을 프락시하기
- 자리 표시자 태그를 마이크로 프런트엔드의 콘텐츠로 교체
- 하이퍼 참조를 조정(예: 링크, 스타일 시트, 이미지, 양식 등)
- 쿠키 전달 및 집계
- 정적 콘텐츠를 제공

단순화를 위해 필요한 마이크로 프런트엔드를 정적 변수로 사용한다.

```
const targets = {
    "/mf-red": "http://localhost:2001",
    "/mf-blue": "http://localhost:2002",
    "/mf-green": "http://localhost:2003",
};
```

리버스 프락시에 대한 구성도 매우 간단하다. 기본 URL(base URL, "/mf-red")을 구성하고 정의된 마이크로 프런트엔드 대상으로 허용된 호스트(allowed Hosts, "http://localhost:2001")를 제한하기만 하면 된다. 자리 표시자 교체 최대 깊이(maximum depth)는 순환 참조로 인해 오랫동안 실행되는 요청을 제한하기 위해 설정한다.

또한 리버스 프락시 설정에서 캐싱은 생각만큼 간단하지 않다. 하지만 캐싱이 반드시 필요하다면 신중하게 구성해야 한다. 콘텐츠 일부분을 수정하면 캐싱된 데이터도 동일한 상태를 만들어야 하기 때문이다. 예를 들어 미세한 튜닝 이슈를 다루는 가장 쉬운 방법은 한꺼번에 캐싱을 불가능하게 만드는 것이다.

```
const esiConfig = {
    baseUrl: host,
    allowedHosts: Object.keys(targets).reduce(
        (prev, prefix) => [...prev, targets[prefix]],
        [host]
    ),
    maxDepth: 8,
    cache: false,
};
```

/page/ 접두사가 붙은 모든 경로는 기본 템플릿을 확인하며 경로에 표시된 마이크로 프런트엔드로부터 콘텐츠를 가져온다.

```
app.get("/page/*", (req, res) => {
    req.esiOptions = {
        headers: { cookie: req.headers.cookie },
    };

    res.render("default", {
        page: makeUrl(req.path.substr(5), req.query),
    });
});
```

예를 들어 /page/mf-red/product-page 경로를 사용하여 페이지를 요청하면 /mf-red/product-page에서 내용을 확인하고 템플릿이 렌더링된다. 이 템플릿의 요청은 빨간색 마이크로 프런트엔드로 전달된다.

프락시를 통한 요청은 복원력이 뛰어나며 애플리케이션과 충돌하지 않아야 한다. 그리고 개별 마이크로 프런트엔드를 꺼서 충돌 테스트를 할 수 있다. 빨간색 마이크로 프런트엔드를 끄면 내용이 없는 빈 템플릿만 렌더링된다.

그림 7.6 마이크로 프런트엔드 없이 격리되어 실행 중인 게이트웨이

가장 어려운 부분은 성공적으로 폼을 제출하는 것과 하이퍼 참조를 조정하는 것이다. 폼 제출의 경우 폼 전체를 마이크로 프런트엔드로 전달하고 응답은 버리는 솔루션을 마련할 수 있다.

이상적으로는 이전 HTML 코드를 재사용하고 마이크로 프런트엔드에 해당하는 부분을 교체하여 폼을 제출하는 것이 좋다. 그러나 이 접근 방식의 문제는 폼 제출이 다른 마이크로 프런트엔드 부분에도 영향을 미칠 수 있다는 것이다. 그래서 우리는 동적으로 어떤 것은 유지 가능하고 어떤 것은 교체가 필요한지 알아야 한다.

초기 캐싱 문제로 돌아와서 이전의 간단한 예제에서처럼 폼 제출의 응답은 실제로 신경 쓰지 않을 것이다. 전체 프레임워크 측면에서는 폼 제출의 응답을 처리하는 부분이 더 정교해야 하지만 지금은 기본만 알면 된다.

axios 같은 라이브러리를 사용하면 쉽게 폼을 요청할 수 있다. axios는 상태를 포함하기 때문에 현재 요청 쿠키를 삽입하고 나중에 응답과 함께 보낼 수 있도록 잠재적으로 수정된 쿠키를 검색해야 한다. 코드에서 cookie 헤더를 명시적으로 설정하여 이를 수행할 수 있다.

```
axios.request({
    method: "POST",
    data: req.body,
    url: target,
    headers: { cookie },
})
.then(({ headers }) => res.header("cookie",
    headers.cookie))
.finally (() => res.redirect(req.headers.referer));
```

최종 렌더링하는 페이지는 도착 페이지와 동일해야 한다. 그렇게 하기 위해 referer 헤더를 사용한다. 같은 페이지를 렌더링하기 위해 도착 페이지로 리다이렉팅하여 기존 인프라도 재사용한다.

또 다른 어려운 점은 하이퍼 참조 조정이다. 하이퍼 참조 조정은 HTML 구문을 잘 분석해야 한다. 그렇지 않으면 잘못된 URL 또는 컴포넌트를 얻는다. 간단한 경우에는 일부 정규 표현식(regular expression)을 통해 조회하여 참조 가능하지만, 실제 DOM 또는 주석과 같은 소스 코드 세부 정보가 중요한 역할을 하는 특수한 경우까지 처리하기는 어렵다.

이를 해결하는 가장 간단한 방법은 프락시 요청의 응답을 확인하는 것이다. 응답에 HTML이 포함되어 있으면 cheerio와 같은 파서가 전송된 HTML을 읽어서 검사한다.

조정이 필요한 하이퍼 참조를 보기 위해 <img>와 같은 관련 요소를 검토한다. 일반적인 규칙은 알려진 대상 접두사(예를 들어, /mf-red) 중 하나로 시작하지 않는 상대적인 URL만 조정하는 것이다. 마지막으로 파싱 및 변경된 DOM을 다시 HTML로 직렬화하여 클라이언트에 전달된 최종 문서에서 프래그먼트로 사용한다.

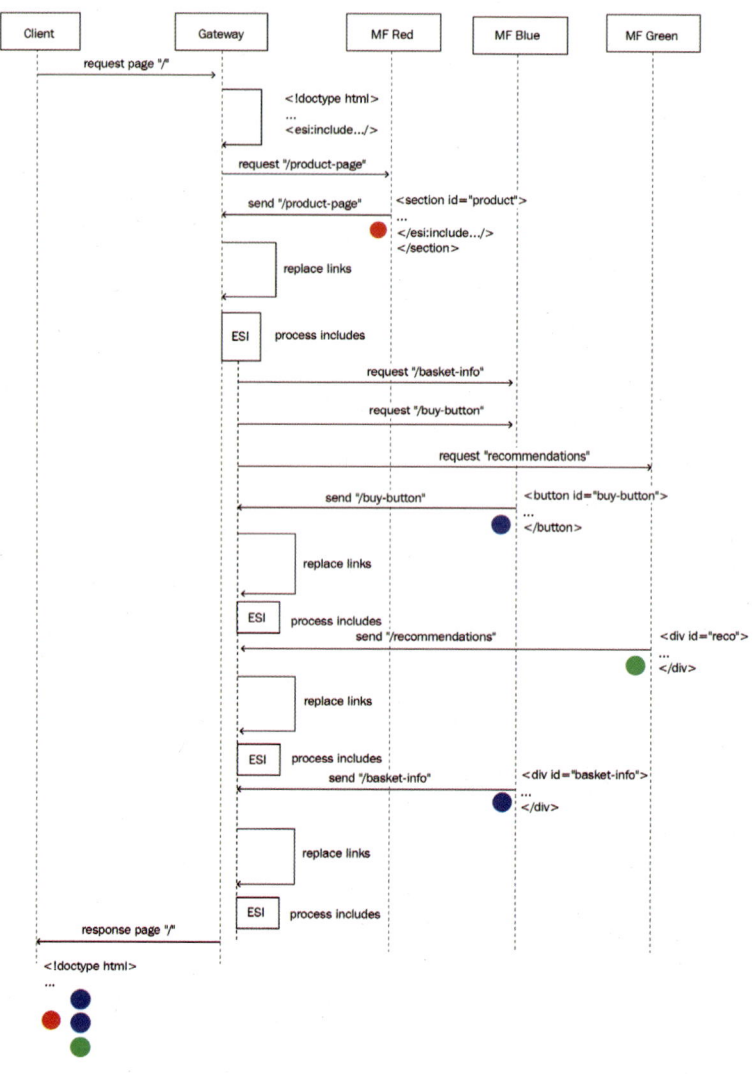

그림 7.7 게이트웨이에서 페이지를 요청할 때 여러 호출을 보여주는 시퀀스 다이어그램

전체 흐름은 위 그림처럼 시퀀스 다이어그램으로 표시된다. 이 예시는 게이트웨이에서 오는 템플릿과 빨간 마이크로 프런트엔드에서 응답을 나타내는 프래그먼트 레졸루션에서 최대 두 개의 깊이만 포함한다.

이 예제를 수행하고 나면 우리가 더 잘할 수 있는 것은 무엇인가 하는 질문이 생길 수 있다.

개선점

집계 계층(aggregation layer)에서 마이크로 프런트엔드를 분리하려면 연결 디렉터리(linking directory)를 도입해야 한다. 이를 통해 우리가 원하는 규모로 변경할 수 있다.

또 다른 고려 사항은 서로 다른 템플릿을 저장하는 메커니즘이다. 이 메커니즘은 템플릿 형식 정의와 함께 마이크로 프런트엔드 솔루션의 핵심이다. 결국 서버 측 구성은 개별 빌딩 블록의 기능이 뛰어나며 서비스에 의해 미리 렌더링되는 CMS의 일종이다. 이러한 패턴은 정보 집약적인 웹사이트에 가장 유용하다.

포함된 프래그먼트의 레졸루션도 더 정교해야 한다. 최대 응답 시간과 재시도를 적용하는 것은 고려해볼 만한 방법이다. 또한 캐싱 규칙을 설정하여 안전하게 캐싱할 수 있는 항목과 그럴 수 없는 항목을 구분한다. 마지막으로 폼 대체를 구성하여 페이지 요청 수를 줄일 수 있다.

CMS 애플리케이션과 그 유사성을 고려한다면 바로 이용 가능한 마이크로 프런트엔드의 모든 부분을 사전 렌더링할 수 있는 프래그먼트 스토어를 도입하면 된다. 프래그먼트 스토어는 마이크로 프런트엔드의 컴포넌트를 위한 개선된 키친 싱크(kitchen sink)[1]라고 여길 수 있다. 쉽게 말해 마이크로 프런트엔드의 중요한 시작점이라고 여길 수 있다. 프래그먼트 스토어를 이용하면 이미 존재하는 프래그먼트를 발견하고 새로운 페이지를 더 빠르게 구성할 수 있다.

그러나 이러한 개선 사항이 없더라도 서버 측 구성은 매우 매력적이다. 이 방법의 장단점은 명확하게 드러난다.

---

[1] (엮은이) 모든 것이 포함됐음을 과장할 때 쓰는 영어 표현으로, 여기서는 '만물상'과 같은 뜻으로 보면 된다.

장단점

서버 측 구성은 마이크로 프런트엔드 구현에 가장 많이 사용되는 패턴 중 하나다. 왜냐하면 규모 변경이 쉽고 느슨한 결합이며 높은 성능을 자랑하기 때문이다. 또한 동적 발견, 독립적인 개발 및 수준 높은 유연성을 보장한다.

하지만 단점도 있다. 서로 다른 프런트엔드가 단일 페이지로 병합되므로 적절한 격리를 보장할 수 없다. 따라서 스크립트와 스타일시트가 서로 충돌한다. 또한 적절한 디버깅 도구가 부족하여 충돌이 자주 발생할 수 있다.

개별 마이크로 프런트엔드 환경에서 디버깅은 웹 접근 방식 환경만큼 간단하지만 구성된 웹사이트에서 디버깅하는 것은 매우 어렵다. 이 패턴의 적절한 로컬 개발 흐름을 구축하는 것은 매우 복잡하다. 이 경우 Mosaic 9 또는 Podium 같은 기존 프레임워크를 고려해볼 만하다.

Mosaic 9 소개

전체 솔루션의 로컬 개발이 복잡한 이유는 일반적으로 서버 측 구성 솔루션이 여러 서비스와 기술을 결합해 작동하기 때문이다. 예를 들어 Zalando의 오픈 소스 솔루션인 **Mosaic 9**은 다음과 같은 부분으로 구성된다.

- **Tailor**: 레이아웃 서비스
- **Skipper**: 확장 가능한 HTTP 라우터
- **Shaker**: 모든 마이크로 프런트엔드에서 사용할 수 있는 프래그먼트를 제공
- **Quilt**: Tailor에서 사용하는 템플릿 저장소
- **Innkeeper**: Skipper가 사용하는 연결 디렉터리
- **Tessellate**: React 컴포넌트를 렌더링하는 서비스

앞에서 언급한 바와 같이 이러한 모든 서비스는 전체 로컬 개발을 위해 개별적으로 돌아가야 한다. 특히 Mosaic의 경우 개별 마이크로 프런트엔드의 로컬 환경 설정이 필요하다. 그렇지 않으면 전체 모습이 온라인에서만 확인 가능하다.

Mosaic 9에 대한 자세한 정보는 https://www.mosaic9.org/에서 찾을 수 있다.

Mosaic 9이 극단적인 예라고 한다면 더 작고 가벼운 Podium도 있다.

포디움(Podium) 소개

포디움(Podium)은 Node.js로 만든 재사용이 가능한 서비스에서 중요한 인프라의 역할을 많이 수행한다. 프레임워크 그 자체는 특정 기술에 구애받지 않는다고 주장하지만, Express 프레임워크로 구현된다. 또한 플러그인으로 Hapi와 Fastify도 있다.

> **참고**
>
> Node.js에는 몇 개의 HTTP 프레임워크가 있다. 간단한 프레임워크가 있는가 하면, 어떤 것은 통합된 기능과 함께 제공되어 결과적으로 더 많은 옵션을 갖는다. Express는 틀림없이 가장 많이 사용되는 프레임워크지만 가장 오래되기도 해서 현대적인 패턴과 관리 방법은 놓치고 있다. Hapi 및 Fastify와 같은 프레임워크는 더욱 현대적인 대안을 시도한다. 이 모든 것으로 전반적인 작업을 수행할 수 있다. 다른 것과 비교해 어떤 것을 선택할 때 팀과 생각이 일치하는지 확인해야 한다.

포디움에는 두 가지 개념이 존재한다.

- 마이크로 프런트엔드를 렌더링된 페이지로 합치는 레이아웃 서비스
- 마이크로 프런트엔드를 제공하는 애플리케이션인 포들릿(Podlet)

Mosaic 9에 비해 포디움은 단순성으로 인해 적용 범위가 좁다. 예를 들어 Mosaic 9에는 연결 디렉터리를 관리하거나 리액트 컴포넌트를 렌더링하는 서비스가 제공되지만, 포디움에서는 둘 다 제공하지 않는다. 프로젝트가 정적이거나 리액트를 사용하지 않는다면 문제가 되지 않겠지만 이러한 기능이 나중에 필요할 수도 있다.

그럼에도 불구하고 서버 측 구성을 시작한다면 포디움은 매우 적절한 선택지다. 왜냐하면 로컬 개발 프로세스 부분에서 다른 프레임워크보다 설정하기가 훨씬 쉽기 때문이다. 또한 요구 사항을 작게 유지할수록 필요한 인프라가 줄어들고 비용을 절감한다. 기본적으로 이 모든 것은 온라인 또는 로컬 환경에서 실행되는 포들릿에 구성할 수 있는 레이아웃 서비스로 정리할 수 있다. 포디움은 연결 디렉터리가 없기 때문에 이를 정확히 어떻게 수행할지는 사용할 팀에 달려 있다.

포디움에 대한 자세한 내용은 https://podium-lib.io/에서 확인할 수 있다.

유명한 사용 사례

Zalando는 이 패턴을 옹호한 최초의 기업 중 하나였고 바로 이 패턴을 개선하고 반복하기 시작했다. 하지만 그 사이 많은 기업이 합류했다. 이 패턴의 강점이 잘 나타나는 사업 중 하나는 전자 상거래다. 특히 독일 브랜드 오토(Otto)와 잘 알려진 글로벌 기업인 이케아(IKEA)는 마이크로 프런트엔드를 많이 신뢰한다.

온라인 쇼핑몰에서 서버 측 구성이 성공한 이유는 장점을 보면 알 수 있다. 이 패턴에서는 성능이 가장 큰 강점이다. 또한 구성에서 클라이언트에 요구 사항이 없기 때문에 가능한 가장 광범위한 사용자에게 도달할 수 있다. 결국 이 패턴은 고객 행동(매출과 직접적인 연관이 있다)에 미치는 부정적인 영향을 줄인다.

이렇게 서버 측 구성이 좋은데 무엇을 더 배워야 할까? 서버 측 구성이 이미 성공적인데 다른 패턴을 도입하는 이유가 뭘까? 그 답은 서버 측 구성에서도 잘 작동하지 않는 것이 있기 때문이다. 그중 하나는 애플리케이션을 구축하는 단일 페이지 애플리케이션 스타일이다.

구성 레이아웃 만들기

앞서 말한 것처럼 서버 측 구성은 항상 게이트웨이 서비스를 이용하여 서로 다른 마이크로 프런트엔드를 합친다. 게이트웨이는 대부분의 경우 리버스 프락시의 역할을 담당하지만 일반적으로 응답을 프락시하는 것 이상을 수행한다. 실제로 리버스 프락시는 일부이며 더 중요한 역할은 레이아웃이다.

다음 섹션에서는 SSI, ESI 및 JS 템플릿 문자열을 포함하는 프래그먼트를 가지기 위한 몇 가지 기술과 책임을 살펴보자. 먼저 책임 부분을 알아보자.

레이아웃의 이해

레이아웃은 페이지를 구조화한다. 레이아웃은 서로 다른 마이크로 프런트엔드에서 개별 프래그먼트를 어디에 배치할지를 정한다. 레이아웃에는 두 가지 종류가 있다.

- 일반 레이아웃(generic layouts)
- 특정 레이아웃(specific layouts)

일반 레이아웃은 게이트웨이 서비스에 의해 정해진다. 일반 레이아웃은 하드코딩되거나 다른 서비스 또는 데이터베이스와 같은 일부 로직을 통해 결정(resolve)할 수 있다. 반대로 특정 레이아웃은 개별 마이크로 프런트엔드에 의해 정해진다. 이 두 개념은 배타적이지 않다.

예를 들어 일반 레이아웃은 머리글, 바닥글, 탐색 모음 및 내용을 결정할 수 있다. 반면에 내용은 특정 마이크로 프런트엔드에 의해서만 리졸브될 수 있다. 그런 다음 다른 마이크로 프런트엔드에서 가져온 사이드바와 다른 마이크로 프런트엔드를 혼합하기 위해 다른 레이아웃을 사용한다.

유일한 요구 사항은 게이트웨이 서비스만이 클라이언트로 다시 보낼 수 있는 일부 HTML을 생성하기 위해 레이아웃을 적절하게 리졸브해야 하는 책임이 있다는 것이다.

이러한 이유로 게이트웨이 서비스를 레이아웃 서비스 혹은 레이아웃 엔진이라고도 한다. 물론 Mosaic 9의 경우 게이트웨이를 최대한 가볍게 유지하기 위해 다른 마이크로서비스에 넣을 수 있다.

구조화 관점을 도입하기 위해 보통 다양한 기술을 고려한다. 혹은 이미 언급한 것처럼 경우에 따라 서버 측 구성으로도 충분할 수 있다. 그러나 대부분의 경우 ESI와 같은 고급 기술이 더 낫다. 아마 가장 강력하지만 유연하지 않은 방법은 JS 템플릿 문자열을 사용하여 프로그래밍 언어로 정의된 템플릿을 사용해 레이아웃을 하드코딩하는 경우일 것이다.

SSI 사용

SSI는 등장한 지 오래되고 이미 확립된 기술이라서 거의 모든 웹 서버에서 작동한다는 장점이 있다. 기본 구성으로 지원되지 않더라도 플러그인이나 확장 프로그램이 존재할 가능성이 높다. 또한 SSI를 직접 구현하는 것도 어렵지 않다.

SSI의 또 다른 아름다운 특성은 진보적인 성격이다. SSI가 지원되지 않는 웹 서버에서 SSI를 활용한 레이아웃을 사용하더라도 아무런 피해가 없을 것이다. 대신 아무것도 렌더링되지 않는다. 그 주된 이유는 HTML 소스 코드에서 HTML 주석을 캐리어로 사용[2]했기 때문이다.

---

2 (엮은이) 지시문이 HTML 주석 내에 위치함을 뜻한다.

```
<!--#include virtual="footer" -->
```

SSI 표준에서는 include 또는 echo와 같은 몇 가지 일반적인 지시문(directives) 외에도, if와 같은 제어 지시문을 정의함으로써 조건부로 레이아웃의 일부를 렌더링하거나 숨길 수 있다.

SSI를 사용하면 이를 정의하는 데 실제 HTML 외에는 아무것도 필요하지 않다. 그리고 레이아웃은 데이터베이스에 저장될 것이다. 레이아웃을 실제로 생성하고 업데이트하는 데 CMS와 같은 기능을 제공하기 때문에 빠르게 반복하고 수정할 수 있다.

ESI 사용하기

SSI와 비교할 때 ESI 표준은 훨씬 더 현대적이다. HTML 주석 대신 XML 기반 ESI 태그를 사용한다. 이러한 태그는 다음과 같다.

```
<esi:include src="/footer" alt="/empty" onerror="continue"/>
```

훨씬 더 풍부한 명령 세트와 더 많은 스크립팅 기능 외에도 ESI는 SSI에 비해 쉬운 오류 처리를 제공한다. 오류 처리로 서버를 사용할 수 없는 경우 장애 조치를 취할 수 있다.

그러나 ESI는 구현하기가 더 복잡하다. 일반적으로 Varnish 또는 nginx와 같은 특수 리버스 프락시는 ESI를 사용할 때 고려되는 표준 웹 서버다. 이런 구성은 쉽지 않고 굉장히 제한적이다. Node.js에는 대안으로 예제 구현에서 이용했던 nodesi 패키지가 있다. 그것은 Express 프레임워크와 전체 ESI 표준의 하위 집합을 지원한다.

> **참고**
>
> Varnish는 종종 HTTP 가속기라고도 하며 특히 콘텐츠가 많은 웹사이트에서 사용한다. 동적 웹사이트 및 API에서 잘 작동하는 강력한 캐싱 시스템을 제공한다. 또한 VCL(Varnish Configuration Language)을 통한 로드밸런싱, 압축, 스트리밍, 플러그인과 스크립팅을 지원한다. VCL은 가장 빠른 실행을 보장하기 위해 C로 변환된 다음 컴파일된다. 더 많은 정보는 https://varnish-cache.org/에서 찾을 수 있다.

일반적으로 SSI의 장점은 ESI에도 유지된다. 마찬가지로 레이아웃을 데이터베이스에 간단한 HTML로 저장할 수 있다. 이렇게 하면 개발자가 아닌 사용자가 레이아웃을 만들고 업데이트할 수 있다. 팀 규모를 늘릴 뿐만 아니라 마케팅 전문가, UX 디자이너 및 기술적으로 우수한 프로덕트 오너와 긴밀한 협업이 가능하다.

그러나 때때로 이러한 마크업 익스텐션은 개발자가 익숙하지 않거나 사용해야 하는 기능이 부족하다. 이러한 경우 프로그래밍 방식으로 마이크로 프런트엔드를 합칠 수 있다.

JS 템플릿 문자열 사용하기

템플릿 문자열을 사용하면 모든 프로그래밍 언어에서 매우 유연하게 문자열을 쉽게 정의할 수 있다. 자바 스크립트에서 ES6 표준은 ${}로 묶인 표현식을 사용하여 구성을 허용하는 템플릿 문자열을 도입했다. 예를 들어 다음 코드를 보자.

```
const name = "Florian";
const age = 36;
const content = `My name is ${name} and next year I'll be ${age + 1} years old.`;
```

필요한 모든 값을 불러와 전용 변수에 저장하면 템플릿 문자열을 사용하여 프로그래밍 방식으로 결합할 수 있다. 이제 검색할 프래그먼트를 알고 실제로 이러한 개별 부분을 가져오는 것만 남았다.

예를 들어 포디움을 사용하려면 다른 부분도 수동으로 가져와야 한다. 하지만 이 프레임워크는 코드를 매우 최소한으로 유지하는 데 도움을 준다.

다음은 content와 navigation 페이지를 결합하는 레이아웃을 사용한 간단한 예다.

```
const Layout = require('@podium/layout');
const app = require('express')();

const layout = new Layout({
    name: 'homePage',
    pathname: '/home',
});

const navigationClient = layout.client.register({
    name: 'navigation',
```

```
    uri: 'http://localhost:7001/manifest.json',
});
const contentClient = layout.client.register({
    name: 'content',
    uri: 'http://localhost:7002/manifest.json',
});

app.use(layout.pathname(), layout.middleware());

app.get(layout.pathname(), async (req, res) => {
    const page = res.locals.podium;

    const [navigation, content] = await Promise.all([
        navigationClient.fetch(page),
        contentClient.fetch(page),
    ]);

    page.view.title = 'Home';

    res.podiumSend(`
        <nav>${navigation}</nav>
        <main>${content}</main>
    `);
});

app.listen(7000);
```

문자열 템플릿을 사용하는 프로그래밍 방식의 단점은 전체 서비스를 업데이트해야만 업데이트가 가능하다는 점이다. 이렇게 하면 빠른 반복과 개선을 하기 힘들다. 대신 레이아웃은 본질적으로 개발자가 배포하고 유지관리해야 하는 코드가 된다.

개발자가 관리해야 할 다른 것은 개별적인 마이크로 프런트엔드다.

마이크로 프런트엔드 프로젝트 설정하기

마이크로 프런트엔드 프로젝트는 집계 계층에서 도달할 수 있는 독립 웹 서버다. 서버 측 구성을 위한 마이크로 프런트엔드 개발을 최대한 간단하고 쉽게 만들기 위한 다양한 프레임워크와 도구가 있다.

마이크로 프런트엔드 개발을 단순화하는 세 가지 잠재적인 방법이 있다.

- 전체 런타임이 이미 제공되는 서버리스 접근 방식 사용
- 프로젝트 보일러플레이트 생성을 위한 스캐폴딩 도구 제공
- 복제 및 조정 가능한 샘플 보유

일반적으로 이 세 가지 옵션은 배타적이지 않다. 프로젝트 스캐폴딩 옵션과 함께 제공되고 개발 작동 방식을 설명하는 데 사용할 수 있는 몇 가지 예제가 있는 서버리스 접근 방식을 사용할 수 있다.

포디움의 경우 기존 Node.js 패키지 @podium/podlet을 사용하여 마이크로 프런트엔드 개발을 가속화한다. 포디움은 프레임워크에 구애받지 않고 이 패키지 없이도 사용할 수 있다.

포들릿(Podlet)

포들릿은 어떻게 생성될까? 예제 시나리오에서는 전체 Node.js 웹 서버를 나타내는 하나의 파일에 모든 것이 들어간다. 도우미 패키지와 Express를 인스턴스화하기 위해 가져오는 것부터 시작한다.

```
const Podlet = require('@podium/podlet');
const app = require('express')();
```

이제 현재 마이크로 프런트엔드 메타데이터를 정의할 수 있다. 메타데이터는 향후 패턴에서 더 중요한 역할을 한다. 그러나 지금은 최소한 마이크로 프런트엔드의 이름과 버전을 알리며 (communicating) 적절하게 노출해야 한다.

다음 예시 코드에서는 홈페이지의 콘텐츠를 보여주는 마이크로 프런트엔드를 생성한다.

```
const podlet = new Podlet({
    name: 'homeContent',
    version: '1.0.0',
    development: false,
});
```

이제서야 웹 서버의 모든 경로를 설정할 수 있다. 여기가 우리의 마이크로 프런트엔드 로직이 나타나야 하는 곳이기도 하다.

포디움에는 포들릿의 메타데이터를 제공하는 엔드포인트가 필요하다. 마지막으로 정의된 포트에서 웹 서버를 시작한다.

```
app.use(podlet.middleware());

app.get('/manifest.json', (req, res) => {
    res.json(podlet);
});

app.get('/', (req, res) => {
    res.podiumSend(`<section>Welcome!</section>`);
});
app.listen(7002);
```

위 예시 코드에서는 기존 마이크로 프런트엔드를 위한 포트를 사용하지 않는다. 생소한 포트를 사용하는 게 상당히 인위적이다. 일반적으로 동일한 포트(예: 8000)를 사용하고 컨테이너화 또는 지정된 구성을 통해 최종 설정에서 고유한 포트를 사용한다.

포들릿은 독립적으로 작동할 수 있다. 결국 이것도 표준 Express 애플리케이션이다. 여기에는 템플릿 서비스로 연결되는 통신(communication)이나 구성이 없다. 그렇다면 개발 수명 주기는 포디움을 이용해서 서버 측 구성을 어떻게 할 수 있을까? 다음 장에서 이 질문에 대한 답을 찾을 것이다.

수명 주기 검토하기

추가 서비스 없이 포디움을 사용하면 다소 정적인 설정이 된다. 모든 마이크로 프런트엔드는 템플릿 서비스에서 정적으로 알려야 하기 때문이다. 따라서 결국 세 가지 경우로 나뉜다.

- 새로운 포들릿 생성
- 기존 포들릿 업데이트
- 기존 포들릿 제거

첫 번째와 마지막의 경우 변경 사항을 적용할 때 템플릿 서비스를 업데이트해야 한다. 두 번째 경우에는 포들릿을 담당하는 팀이 실제로 독립적으로 작업할 수 있다. 프로젝트 설정에 따라 독립적인 작업 흐름은 pull 요청을 하는 것부터 수락하는 것, 서비스에 업데이트를 적용하는 것까지 모든 것을 허용한다. 그러나 일부 작업의 흐름은 제한적이며 중앙 팀의 명시적인 승인이 필요하다.

중앙 팀은 이러한 작업의 흐름을 원활히 하기 위한 방법을 모색해야 한다. 해결책은 새로운 서비스가 자동으로 검색되고 포함되는 중앙 지점에서 사용 가능한 링크 디렉터리다.

요약

이 장에서는 서버 측 구성이 백엔드에 기존의 마이크로 프런트엔드를 통합하는 데 어떤 도움이 되는지 살펴봤다. 서버 측 구성을 사용하면 많은 리디렉션 및 성능 저하 없이 웹 접근 방식의 장점을 살릴 수 있다. 서버 측 구성을 신속하게 구현할 수 있게 지원하는 툴과 프레임워크가 많을 뿐만 아니라 이러한 패턴을 처음부터 구현하기 위한 보다 완벽한 예도 있다.

서버 측 구성은 빠른 응답 시간과 자바스크립트 사용 감소가 중요한 온라인 상점 같은 정보 중심적(information-driven) 웹 애플리케이션에 가장 적합하다. 이 패턴의 구현에 투자하기 전에 설정의 복잡성과 필요한 인프라를 고려해야 한다.

이 장에 제시된 정보는 서버 측 구성 패턴 사용의 찬반을 결정하는 데 도움이 된다. 트랙터 저장소 샘플을 구현하기 위해 도출된 코드를 따라 서버 측 구성을 사용하여 대규모 마이크로 프런트엔드 애플리케이션을 만들 수 있다.

다음 장에서는 서버 측 구성보다 가벼운 에지 측 구성을 살펴본다.

08

에지 측 구성

이전 장에서는 서버 측 구성을 사용할 때 수반되는 복잡성과 잠재적인 이점을 살펴봤다. 서버 측 구성의 약간 간단한 버전이 에지 측 구성(edge-side composition) 패턴이다. 이 패턴은 서버 측 구성의 복잡성은 줄이고 성능은 높인다

에지 측 구성은 일반적으로 CDN과 같은 에지 서버에 적용하지만 이 패턴의 개선 사항을 온프레미스(on-premise)에도 적용할 수 있다. 핵심은 이 단순화의 이면에 있는 아이디어다. 구현하는 것이 CDN에 배포할 수 있을 만큼 간단하다면 이 패턴에 적합하다고 할 수 있다.

이 장에서 중요한 부분은 이전 장의 예제를 단순화하는 것이다. 따라서 에지 측 구성을 자세히 살펴보는 것이 좋다. 다시 말하지만 교육적인 목적을 위해 전체 마이크로 프런트엔드 프레임워크를 사용하지 않는다. 대신 대부분의 웹 개발자가 이미 사용하는 표준 도구로 작업한다.

이 장에서는 다음 항목을 다룬다.

- 에지 측 구성의 기초
- 장단점
- SSI와 ESI
- BFF 결합하기

전체적으로 이전 장에서 소개한 몇 가지 주제를 더 자세히 다루겠지만, 이번에는 사용성과 단순화의 관점에서 살펴본다.

기술적인 요구 사항

이 장의 예제 구현을 따라오려면 Node.js에 대한 지식이 필요하고 도커(Docker) 및 Nginx에 익숙해야 한다.

이 장의 예제 코드는 Chapter08 폴더에 있다.

에지 측 구성의 기초

웹 접근 방식을 순수하게 링크를 취하는 것으로 생각한다면 에지 측 구성은 웹 접근 방식 외에 가장 오래된 패턴일 수 있다. 이미 알고 있듯이 SSI 및 이후의 ESI와 같은 기술은 HTML 페이지에 HTML 프래그먼트를 배치하기 위해 발명됐다. 이것은 재사용 가능한 레이아웃을 만드는 간단하면서 유연한 방법이었다.

물론 SSI가 도입됐을 때 콘텐츠 전송 네트워크(CDN: Contents Delivery Networks)와 분산 개발은 아직 활용하기 이른 기술이었다. 그러나 이전 장에서 봤듯이 UI 삽입 지점을 나타내는 좋은 방법을 찾는다면 SSI 또는 그 후속 제품인 ESI를 사용하는 것이 좋다. SSI 또는 ESI는 가장 광범위하게 채택됐고 명세로 관리되는 명확한 규칙이 있기 때문이다.

예제 구현을 수행하기 전에 아키텍처를 살펴볼 것이다. 그리고 마지막에는 예제 구현에 대한 몇 가지 개선점에 대해 설명한다.

아키텍처

당연하게도 에지 측 구성 패턴의 아키텍처 다이어그램은 서버 측 구성 패턴과 크게 다르지 않다. 하지만 다이어그램에서 볼 수 있듯이 중요한 차이점은 집계 계층의 사용 여부에 있다.

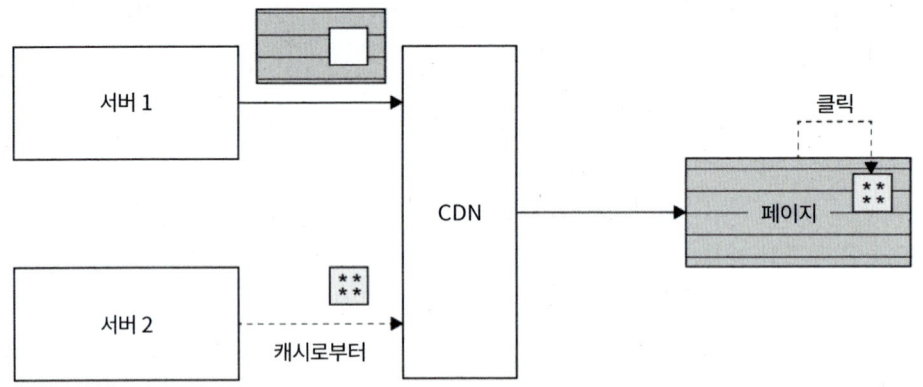

그림 8.1 에지 측 구성 이면의 아이디어. 프래그먼트들이 클라이언트에 가깝게 결합된다.

이 아키텍처의 한계는 다소 투박한 결합(stitching) 메커니즘을 이해해야 한다는 것이다.

예를 들어 폼을 제출하면 전체 페이지에 걸쳐 작동한다. 마이크로 프런트엔드는 어려운 문제를 해결하는 방법을 이미 알기 때문에 게이트웨이에서는 신경 쓰지 않게 만든다.

사용되는 에지 측 오퍼링에 따라 모든 집계 계층은 어떠한 사용자에게도 전달될 수 있도록 서로 다른 프래그먼트들을 하나의 정적이고 캐싱된 HTML 문서로 결합한다. 물론 커스텀 코드를 돌릴 수 있게 하는 다른 오퍼링도 많다. 에지에서 마이크로 프런트엔드를 통합한다면 서버리스 함수를 사용하는 것도 가능하다.

이전 예제를 기존 CDN 오퍼링에 배포하기 전에 에지에서 작동하게 조정해보겠다.

예제 구현

7장 예제에서 트랙터 저장소를 매우 강력한 집계 계층을 사용하여 분산된 방식으로 작동하도록 만들었다. 에지 측 구성 패턴의 아키텍처를 사용하려면 이 집계 계층의 책임을 줄여야 한다. 다시 말해 각 마이크로 프런트엔드가 더 많은 작업을 수행하고 구성에 대해 더 많이 알아야 함을 의미한다.

현실적으로 백엔드 주도의 트랙터 저장소 예제는 에지 측 구성 관점에서 좋은 예제는 아니다. 그래서 나중에 클라이언트에 일부 기능을 배치하여 개선할 것이다. 여기서 CDN을 사용하여 얻을 수 있는 캐싱의 이점을 누릴 순 없지만 작동하게 만들 수는 있다.

이 예제에서는 단일 저장소로 돌아갈 것이다. 이 선택은 단순성 때문이지 에지 측 구성을 위한 저장소 구조 때문은 아니다. 서버 측 구성의 예제에서 시작하여 다음의 변경만 적용하면 된다.

- 게이트웨이를 CDN 오퍼링, Varnish 또는 Nginx와 같은 좀 더 적절한 에지 층으로 교체한다.
- 전체 페이지를 전달하기 위해 빨간색 마이크로 프런트엔드의 코드를 수정한다. 이것을 에지 층의 기초로 사용할 것이다.
- 모든 마이크로 프런트엔드에서 뷰를 수정하여 올바른 파일 또는 마이크로 프런트엔드 서비스 등의 완전히 준비된 URL을 결정해 반환한다.

우리의 의도는 이전 예제를 최소한의 변경으로 에지 측 구성 패턴에 알맞게 바꾸는 것이다. 예를 들어 녹색 마이크로 프런트엔드에서는 경로만 변경하면 된다. 즉, /recommendations와 같은 마이크로 프런트엔드에 독립적인 경로에 의존하는 대신 접두사를 다시 도입해야 한다(예: /green/recommendations). 이는 뷰에도 반영돼야 한다.

```
<link rel="stylesheet" href="/green/recommendations.css">
<div class="green-recos" id="reco">
    <h3>Related Products</h3>
    <% recommendations.forEach(recommendation => { %>
        <img src="/green/images/reco_<%= recommendation %>.jpg"
            alt="Recommendation <%= recommendation %>">
    <% }); %>
</div>
```

게이트웨이에서 변환된 상대 경로를 사용하는 이전의 관례는 이제 마이크로 프런트엔드별 접두사가 포함된 절대 경로로 대체됐다. 여기서 너무 많은 변경을 도입하는 대신 ejs 문법을 유지했다.

파란색 마이크로 프런트엔드도 일반적으로 비슷한 변경 사항을 갖는다. 유일한 차이점은 이 마이크로 프런트엔드에도 POST 엔드포인트를 가진다는 점이다. 이를 변환하면 다음과 같이 변경된다.

```
app.post("/blue/buy-button", (req, res) => {
    // ... 이전과 동일

    res.redirect(`http://localhost:1234/red/product-page?sku=${sku}`);
});
```

이제 에지 층의 주소로 리다이렉션 할 수 있다. 이때 에지 층의 주소를 알고 있다고 가정한다.

마지막으로 빨간색 마이크로 프런트엔드의 경우 URL을 변경하고 이전에 게이트웨이 층에서 템플릿으로 유지됐던 레이아웃을 가져와야 한다. 또한 다른 모든 마이크로 프런트엔드를 참조할 필요가 있다. 지금 마이크로 프런트엔드를 참조하는 방식은 전적으로 에지 측에 의존한다. Nginx를 사용한다면 SSI가 직접 지원되지만 ESI는 플러그인을 통해서만 지원되므로 SSI를 사용하게 될 것이다.

이러한 변경을 수행하면 다음과 같은 새 제품 페이지 콘텐츠가 제공된다.

```
<!DOCTYPE html>
<html lang="en">
    <head>
        <meta charset="UTF-8" />
        <title>Tractor Store</title>
        <meta name="viewport" content="width=device-width, initial-scale=1.0">
        <meta http-equiv="X-UA-Compatible" content="ie=edge">
        <link href="/red/style.css" rel="stylesheet">
        <link href="/red/product-page.css" rel="stylesheet">
    </head>
    <body>
        <div id="app">
            <h1 id="store">The Model Store</h1>
            <!--# include virtual="/blue/basket-info?sku=<%= current.sku %>" -->
                ... 이전과 동일
            <!--# include virtual="/blue/buy-button?sku=<%= current.sku %>" -->
            <!--# include virtual="/green/recommendations?sku=<%= current.sku %>" -->
        </div>
    </body>
</html>
```

이는 빨간색 마이크로 프런트엔드에 대해서만 이전 템플릿을 사전 평가한 결과다. 빨간색 마이크로 프런트엔드의 경우 소스가 다른 접두사는 알아야 한다. 가능한 리다이렉션과 다른 트릭 때문에 더 느슨한 상태가 될지라도 이것은 위험 신호는 아니다.

마지막으로 에지 층에서 Nginx로 이동한다. 여기에는 여러 가지 이유가 있다.

- Nginx는 상당히 이해하기 쉬운 구성을 제공한다.
- Docker 컨테이너 내에서 문제없이 실행할 수 있다.
- 이미 많은 웹 애플리케이션의 기초다.
- 성능이 우수하여 생산에도 적합하다.

리버스 프락시를 올바르게 작동시키기 위해서 Nginx를 구성해야 한다. 그리고 접두사마다 섹션을 사용하여 올바른 서버로 리다이렉션한다.

이 예에서는 지난 번에 사용한 설정을 바탕으로 다음 구성을 만들 수 있다.

```
server {
    listen 80;
    server_name frontend;

    location /red {
        ssi on;
        proxy_pass http://host.docker.internal:2001;
    }

    location /blue {
        ssi on;
        proxy_pass http://host.docker.internal:2002;
    }

    location /green {
        ssi on;
        proxy_pass http://host.docker.internal:2003;
    }
}
```

여기에서 훨씬 더 많은 옵션을 설정할 수 있지만(예: 리버스 조회 또는 캐시 작동에서 사용을 나타내는 사용자 지정 헤더) 이전 구성만으로도 시작하기에는 충분하다.

여기에 사용한 URL은 마이크로 프런트엔드가 실행되는 실제 URL로 바꿔야 한다. 마이크로 프런트엔드가 호스트에서 직접 실행되고 에지가 도커 컨테이너에서 실행되는 로컬 구성에서 통신하려면 host.docker.internal이라는 특별한 DNS 이름이 필요하다.

이 구성을 위한 Dockerfile은 다음과 같이 간단하다.

```
FROM nginx:latest
COPY ./nginx.conf /etc/nginx/conf.d/default.conf
```

이런 사소한 변경만으로 자체 인프라 내에서 리소스를 많이 사용하는 집계 계층 대신 에지 계층에서도 완벽하게 작동할 수 있다.

하지만 여기도 데모 샘플을 개선할 수 있는 여지가 아직 있다.

개선점

서버 측 구성에서는 느슨한 결합을 위해 동적 연결 디렉터리를 도입했다. 에지 측 구성에서는 덜 강력한 집계 층을 제공하므로 이 개선 사항은 서버 측 구성에서 삭제해야 할까, 아니면 그대로 둬야 할까?

서버 측 구성 위에 에지 측 구성을 하는 경우 연결 디렉터리가 여전히 관련이 있을 수 있다. 이 시나리오에서 에지 측 구성은 서버 측 구성의 집계 계층 역할을 하는 리버스 프락시를 통해 모든 마이크로 프런트엔드를 결정(resolve)한다. 유일한 차이점은 에지 측 구성에서 집계 계층은 마이크로 프런트엔드를 결정하고 페이지 템플릿을 제공하는 역할만 한다는 것이다. 즉, 마이크로 프런트엔드를 직접 결합하지는 않는다.

또 다른 개선 사항은 모든 마이크로 프런트엔드에서 직접 캐시 무효화(cache invalidation)를 허용하는 것이다. CDN에서 자주 업데이트를 요청하는 것은 불필요한 로드를 쉽게 생성하고 사실상 바람직하지 않을 수 있다. 결국에는 폴링 메커니즘이 항상 실패하게 되어 필요 없어지거나 너무 늦게 응답하게 된다.

이러한 개선 사항 외에도 에지 측 구성을 사용하면 어떤 장단점이 있을지 알아보자.

장단점

이 패턴의 장단점을 다루기 위해서 에지 측 구성과 비슷한 서버 측 구성을 살펴볼 필요가 있다. 이 패턴이 올바르게 수행되면 에지 측 구성은 서버 측 구성보다 훨씬 더 가벼워지고 캐싱과 같은 작업을 수행할 수 있다. 이것은 더 정교한 알고리즘이나 트릭 없이도 웹사이트의 성능을 크게 향상시킨다.

캐시되지 않은 응답도 에지 측 구성에서 더 빠를 수 있는 이유 중 하나는 프래그먼트가 겹치지 않았기 때문이다. 이전 패턴에서는 중첩된 프래그먼트들을 활용할 수 있을 뿐만 아니라 실제로 그렇게 하도록 권장했다. 그러나 플랫(flat) 구조가 아닌 경우에도 간단한 트릭을 사용하여 평탄화할 수 있다. 코드를 함께 보자.

```
// index.html (원본)
<esi:include src="http://example.com/fragment1.html" />

// fragment1.html
<esi:include src="http://example.com/fragment2.html" />

// fragment2.html
<div>...
```

CDN에서 사전 평가된 fragment1.html 버전을 배치하여 플랫 구조로 변환할 수 있다.

```
// index.html
<esi:include src="./fragment1.html" />

// fragment1.html (원본)
<esi:include src="http://example.com/fragment2.html" />

// fragment1.html (원본)
<div>...
```

절대 URL(absolute URL)을 통해 fragment1.html에 직접 요청하는 대신에 동일한 CDN에서 요청한다. 이로 인해 ESI 지시문이 포함되지 않은 사전 평가된 버전이 생긴다.

그럼에도 불구하고 에지 측 구성에서는 트릭을 수행할 필요 없이 가능한 한 평탄한 구조를 유지하는 것을 권장한다. 그러면 디버깅과 캐싱도 간단하게 적용할 수 있다.

예제를 구현할 때 이전 장에서 본 수행 원리를 떠올려 보자. 집계 계층에서 페이지를 요청하면 몇 가지 추가 요청이 발생했다.

다음 다이어그램은 응답을 기다리는 데 소요된 시간을 보여준다.

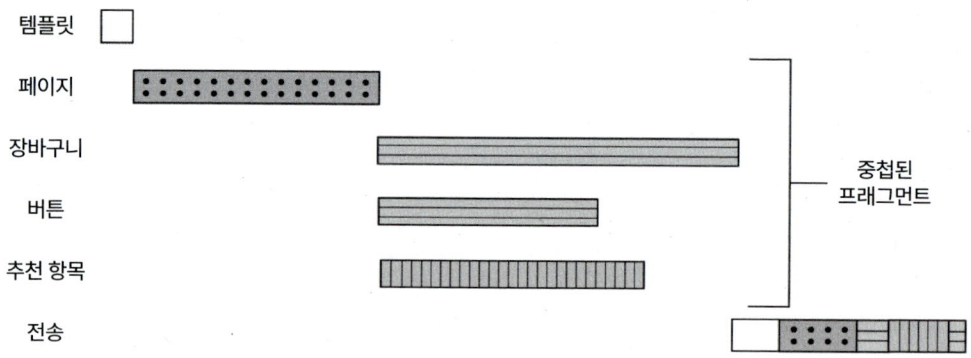

그림 8.2 서버 측 구성의 예. 템플릿에서 시작해 이어지는 중첩된 프래그먼트들

에지 측 구성에 따라 이를 평탄한 구조로 만들어야 한다. 응답 시간이 가장 느린 프래그먼트가 페이지 생성 시간을 결정하므로 전체 응답 시간이 지연된다. 그러나 전송 시간은 그대로 유지된다.

반면에 여러 명백한 단점을 비교해봐도 평탄화 작업은 훨씬 더 나은 성능을 얻게 해준다. 다음 다이어그램은 이를 보여준다.

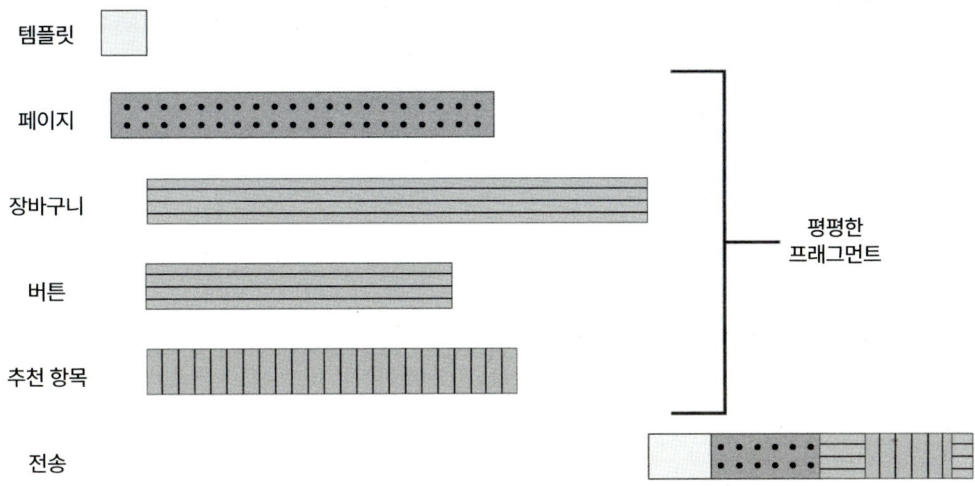

그림 8.3 프래그먼트의 포함관계를 평탄화하면 훨씬 더 나은 성능을 얻을 수 있다.

에지 측 구성을 사용하면 템플릿을 삭제하고 빨간색 마이크로 프런트엔드의 페이지 결과로 교체한다. 이 예에서 이것이 구조를 평평하게 한다.

그러나 이러한 변경 외에도 가능하면 다른 소스를 캐싱할 수 있게 구성해야 한다. 장바구니의 경우 잠재적으로 좀 더 정교한 검색이 필요할 수 있지만, 나머지 두 프래그먼트의 경우 캐시의 수명을 늘려도 되고 로직도 많이 필요하지 않을 수 있다.

다음 다이어그램은 에지 측 구성의 마지막 단계다. 전송에 필요한 대역폭을 줄일 수 없지만, 응답 시간을 감소시킬 수 있다.

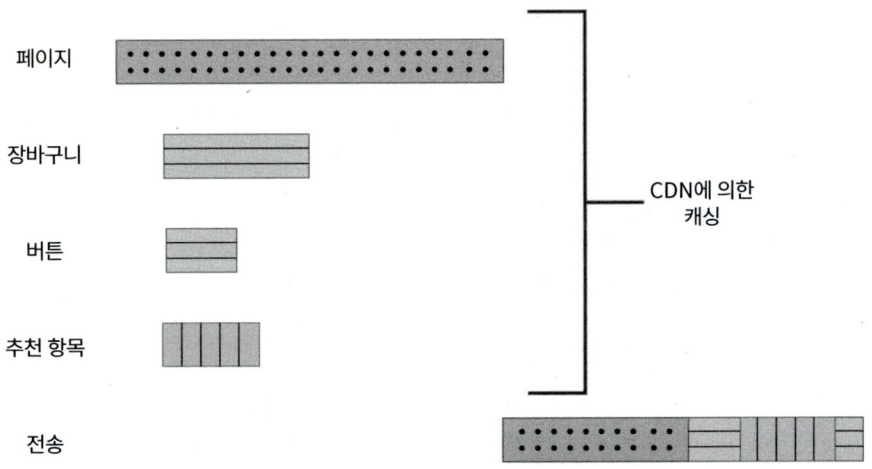

그림 8.4 템플릿을 메인 프래그먼트로 교체한다. 모든 부분에 캐시를 적용하면 최고의 성능을 얻을 수 있다.

에지 측 구성은 몇 가지 경우에만 사용할 수 있다는 큰 단점이 있다. 예제의 경우에는 단순한 버전이기 때문에 쉽게 적용이 가능했다. 또한 마이크로 프런트엔드의 URL에 직접 폼을 보내야 했는데, 이는 일반적으로 기피하는 사항이다. 따라서 에지 측 구성의 거의 모든 구현은 다소 단순하거나 서버 측 구성과 같은 다른 패턴 위에서만 사용한다.

에지 측 구성은 몇몇 회사에서 사용한다. 대부분의 경우 이러한 솔루션은 에지 측 구성만 사용하는 게 아니라 일부 다른 패턴도 함께 활용한다. 에지 측 구성을 많이 활용하는 대표적인 회사는 IKEA이다. 그러나 IKEA의 웹사이트는 예제와 다른 웹 스토어이기 때문에 이런 경우 백엔드 기반의 마이크로 프런트엔드가 매우 타당하다는 의견이 있다.

에지 측 구성의 특징 중 하나는 표준 SSI 및 ESI에 대한 의존도가 높다는 것이다. 이에 대해서는 다음 절에서 더 자세히 살펴본다.

SSI와 ESI

개요 페이지에서 알 수 있듯이 SSI와 그 후속 제품인 ESI는 클라이언트 측 메커니즘 프레임셋을 서버 측 프레임셋으로 대체하기 위해 발명됐다. 여기에는 여러 가지 이유가 있다.

- 프레임셋은 더 많은 요청이 필요했다.
- 프레임셋은 부모의 기본 스타일이나 구조를 이용할 수 없었다.
- 프레임셋은 일반적으로 웹사이트를 일관성 없게 만든다.

당연히 가장 먼저 변경된 것은 `<frameset>` 컴포넌트다. 무엇보다도 백엔드가 제대로 처리하지 못할 경우에 대비하여 클라이언트에 이런 추가 사항을 숨겨 두는 것이기 때문에 다른 메커니즘이 필요했다.

다음과 같은 새로운 주석이 추가된 것을 확인할 수 있다.

```
<!--#include virtual="../quote.txt" -->
```

일부 웹 서버에는 정적 파일에 대해 특별한 종류의 파일 확장자가 필요하고, 어떤 웹 서버에는 SSI가 활성화되도록 구성할 필요가 있다.

SSI

거의 모든 웹 서버(최소한 아파치, LiteSpeed, Nginx 및 IIS)에서 지원하는 일반적인 SSI 지시문은 다음과 같다.

- include는 virtual 또는 file 어트리뷰트로 지정된 파일의 내용을 포함한다.
- exec는 cmd 또는 cgi 어트리뷰트에 있는 프로그램 또는 스크립트 실행의 결과를 배치한다.
- echo는 var 어트리뷰트에 정의된 환경 변수를 표시한다.
- config는 해당 어트리뷰트에 의해 주어진 날짜, 시간 또는 파일 크기에 대한 표시 형식을 구성한다(예: 시간의 경우 timefmt).
- flastmod는 virtual 또는 file 어트리뷰트로 지정된 파일이 마지막으로 수정된 날짜를 표시한다.
- fsize는 virtual 또는 file 어트리뷰트로 지정된 파일의 크기를 표시한다.

여기에는 훨씬 적은 수의 웹 서버에서만 지원되는 제어 지시문이 포함된다. 이 모든 것을 지원하는 서버 중 하나는 아파치다. 이는 다음과 같다.

- if는 expr 어트리뷰트에 지정된 조건을 평가한다.
- elif는 이전 if 지시문이 실패했을 때 expr 어트리뷰트에 지정된 다른 조건을 평가한다.
- else는 if 지시문이 실패한 경우 대체 콘텐츠 프래그먼트를 사용한다.
- 조건부 콘텐츠를 중지하려면 endif를 지정해야 한다.
- set은 var 어트리뷰트에 명명된 변수에 value 어트리뷰트에 지정된 새 값을 제공하는 데 사용할 수 있다.
- printenv는 사용 가능한 모든 변수를 출력한다.

웹 서버에 대한 지원은 훌륭하지만 CDN 공급자에 대한 지원은 상당히 평이하다. 이때는 보다 현대적인 대안인 ESI가 더 일반적이다.

ESI

많은 CDN 공급자는 ESI를 지원한다. 그중 인기 있는 옵션은 CloudFlare, Akamai 또는 Fastly이다. 이들을 많이 사용하는 이유 중 하나는 ESI가 이미 이러한 CDN 인프라의 일부인 Varnish에서 사용할 수 있기 때문이다.

다음 코드 스니핏으로 Varnish에서 ESI를 활성화할 수 있다.

```
sub vcl_fetch {
    if (req.url ~ "/*\.html") {
        set beresp.do_esi = true; /* ESI 처리 */
    }
}
```

이렇게 하면 모든 정적 HTML 페이지에서 에지 측 포함을 활성화한다.

현대적인 것 외에도 ESI를 사용하는 핵심 이유 중 하나는 공식 W3C 사양[1]을 기반으로 하기 때문이다.

SSI는 모든 기능을 특정 주석 노드에 배치하지만, ESI는 esi:include와 같은 esi 접두사를 가진 표준 컴포넌트를 사용한다. 이러한 태그를 사용하는 한 가지 장점은 트리 피처를 사용할 수 있다는 것이다. 예를 들어 esi:try 태그는 자체 닫힘(self-closed)이 되지 않으며 esi:attempt 및 esi:except 태그를 사용하는 동안 필요한 구조를 포함시킨다.

```
<esi:try>
    여기 마크업은 무시된다...
    <esi:attempt>
        <esi:include … />
        이 라인은 유효하고 처리될 것이다
    </esi:attempt>
    여기 마크업은 무시된다...
    <esi:except>
        이 HTML 라인은 유효하고 처리될 것이다
    </esi:except>
```

---

[1] https://www.w3.org/TR/esi-lang/

```
    여기 마크업은 무시된다...
</esi:try>
```

이러한 구조적 이점을 바탕으로 ESI는 SSI보다 훨씬 더 많은 경우에 사용한다. ESI의 장점을 보여주는 한 가지 예는 조건부 요소다. esi:choose를 사용하여 esi:when으로 작성된 자식 노드의 다양한 경우를 반복하여 사용할 수 있다. 기본적인 경우는 esi:otherwise로 표시된다. SSI의 if 조건과 매우 유사해 보이지만 esi:when의 테스트 어트리뷰트에 사용되는 표현식은 훨씬 더 유연하다.

공식 명세의 예를 살펴보자.

```
<esi:choose>
    <esi:when test="$(HTTP_COOKIE{group})=='Advanced'">
        <esi:include src="http://www.example.com/advanced.html"/>
    </esi:when>
    <esi:when test="$(HTTP_COOKIE{group})=='Basic User'">
        <esi:include src="http://www.example.com/basic.html"/>
    </esi:when>
    <esi:otherwise>
        <esi:include src="http://www.example.com/new_user.html"/>
    </esi:otherwise>
</esi:choose>
```

여기에서 사용한 식은 QUERY_STRING, HTTP_COOKIE, HTTP_HOST, HTTP_USER_AGENT와 같은 ESI 변수다. 해당 식을 조합해서 사용하면 다양한 종류의 결과물을 낼 수 있다. 특히 HTML에서 변수 자체로 사용할 때 효과적이다.

예를 들어 esi:vars 블록을 입력하면 다음과 같이 HTML 코드를 작성할 수 있다.

```
<esi:vars>
    <img src="/$(HTTP_COOKIE{type})/hello.gif">
</esi:vars>
```

이러한 특수한 구조를 바꾸는 것은 esi:vars를 통해서만 가능하다. 그렇지 않으면 이전 예제의 최종 결과는 문자 그대로 /$(HTTP_COOKIE{type})/hello.gif를 이미지 소스로 포함한다.

마지막으로 ESI를 사용할 수 없는 경우 ESI 장식이 표준 렌더링을 방해할 수 있다고 우려된다면 특정 주석 부분으로 돌아갈 수 있다. HTML의 일부를 <!--esi … -->로 감싸고 이 부분이 ESI 호환 웹 서버에서 처리될 때만 표시되게 할 수 있다. 이 경우 특정 주석 부분이 제거되고 … 내용만 남는다.

이제 마침내 집계 계층이 작동하여 여러 소스로부터 하나의 웹사이트를 구성할 수 있다.

BFF 결합하기

전용 집계 계층의 개념은 서버 측 구성과 에지 측 구성의 중요한 부분이다. 그러나 이 두 가지 패턴에 적용되는 것 이상으로 BFF는 HTML을 렌더링하기 위한 집계 계층뿐만 아니라 프런트엔드에만 관련된 정보를 제공하는 등 모든 종류의 작업에 사용이 가능하다.

일반적으로 클라이언트 측 구성과 브라우저에서 결합이 흔하지 않은 건 아니지만, 중앙 소스에서 모든 것을 제공함으로써 얻을 수 있는 잠재적인 성능 향상(캐시까지 가능)을 과소평가해서는 안 된다.

정적 리소스를 더 빠르게 제공하기 위해 CDN을 가져오는 것은 확실히 성능을 높이기 위한 좋은 방법이다. 서버 측 구성과 에지 측 구성을 적절히 조합하면 서버에서 레이아웃과 고급 HTML 조작(예: 폼)을 사용하고 최종 프래그먼트를 플랫 결합 방식으로 구성할 수 있다.

플랫 결합은 최대 깊이가 1인 ESI 또는 SSI 레졸루션을 나타낸다. 즉, ESI 또는 SSI를 통해 프래그먼트를 합쳐도 일부 레졸루션이 필요한 다른 HTML 프래그먼트가 생성되지는 않는다.

요약

이 장에서는 에지 측 구성이 고객에게 마이크로 프런트엔드를 더 가까이 제공하는 데 어떻게 도움을 주는지 배웠다. 에지 측 구성을 사용하면 서버 측 구성을 더욱 단순하면서도 빠르게 대체할 수 있다. 하지만 기본적인 성능 향상 외에도 패턴을 뒷받침하기 위해 마이크로 프런트엔드에 신경 써야 한다. 서버 측 구성에 사용되는 많은 툴과 프레임워크를 에지 측 구성에 부분적으로라도 활용할 수 있다.

이 패턴을 정보 중심적인 웹사이트에도 활용할 수 있다. 단, 마이크로 프런트엔드가 서버 측 구성의 마이크로 프런트엔드보다는 덜 복잡해야 한다.

다음 장에서는 클라이언트에서 마이크로 프런트엔드를 완전히 구성함으로써 한 단계 더 나아간다. 새로운 도전과 기회를 탐구해보자.

09

클라이언트 측 구성

이전 장에서는 백엔드에 매우 잘 적용되는 마이크로 프런트엔드를 배웠다. 마이크로 프런트엔드는 개별적인 서버에 의해 렌더링되고 프레임 또는 특정 집계 계층에 의해 구성된다. 이제 잠시 주제를 옮겨서 어떻게 클라이언트에 마이크로 프런트엔드를 함께 붙일 수 있는지 확인해보자. 보통 이것은 브라우저 단을 의미한다.

앞에서 이야기했던 트랙터 매장의 예와 같이 서버 측 구성은 대화형 페이지에 몇 가지 문제를 야기한다. 양식 처리와 관련된 문제를 기억한다면 완전히 클라이언트에서 이 문제를 훨씬 더 쉽게 해결할 수 있었을 것이다.

이 장에서는 클라이언트 측 구성(client-side composition)의 패턴을 다루고 마이크로 프런트엔드를 셋업하고 구현하는 또 다른 가능성을 제공한다.

이 장에서는 다음의 주제들을 다룰 예정이다.

- 클라이언트 측 구성의 기본
- 장단점
- 웹 컴포넌트 살펴보기
- 동적으로 마이크로 프런트엔드 구성

이 장을 학습하면 언제 클라이언트 측 구성을 하면 되는지, 실제로 어떻게 구현할 수 있는지 이해하게 된다.

기술적인 요구 사항

이 장의 예제 구현을 따라하기 위해서는 Node.js와 웹팩, DOM에 대한 지식이 필요하다. 코드는 Chapter09 폴더에 있다.

클라이언트 측 구성의 기본

클라이언트 측 구성의 아름다움은 단순함과 직접성에 있다. 어떤 복잡한 백엔드 인프라 없이도 클라이언트 측 구성에는 많은 현대 웹 철학이 녹아 있다. 이러한 철학에는 여러 메커니즘을 사용했겠지만, 주요 컴포넌트는 일반적으로 웹 컴포넌트(Web Components)를 사용하는 프레임워크에 구애 받지 않는 전송 메커니즘이다.

예제 구현을 위한 필수 단계를 수행하기 전에 클라이언트 측 구성의 아키텍처를 살펴보는 것으로 시작한다. 마지막으로 예제의 개선점을 살펴본다.

아키텍처

이전 장에서는 완전히 구성된 HTML 문서를 브라우저에서 돌리기 위해 항상 백엔드 컴포넌트에 의존했다. 백엔드에서 문서를 구성할 필요가 없다면 어떨까? 만약 브라우저가 집계 계층의 일을 맡는다면 어떨까? 예상했겠지만, 그에 대한 답은 클라이언트 측 구성의 구조에 있다.

그림 9.1에서 볼 수 있는 것처럼, 클라이언트 측 구성은 집계 계층이 필요하지 않다. 그 대신 스크립트 참조를 포함하는 주요한 HTML 문서의 위치를 알 필요가 있다. 이 주요한 HTML 문서는 종종 애플리케이션 셸 또는 **앱 셸(app shell)**이라고 불린다. 앱 셸은 개별적인 마이크로 프런트엔드를 표현하는 스크립트 같은 가장 중요한 자원의 참조를 갖고 있다.

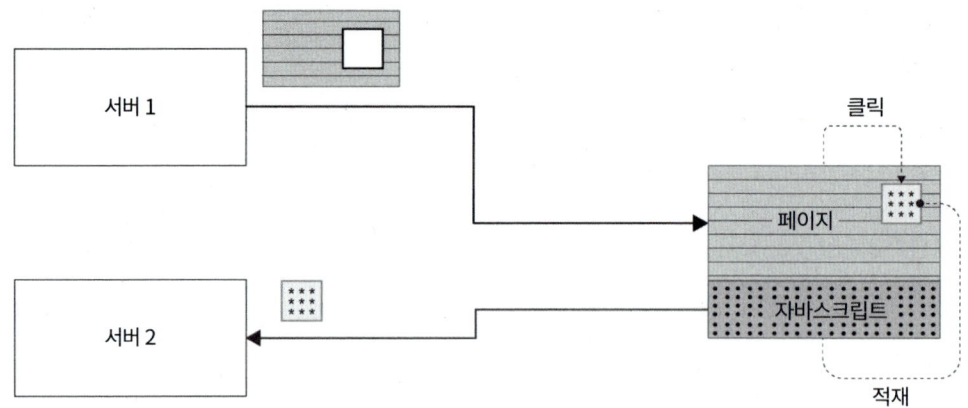

그림 9.1 클라이언트 측 구성은 자바스크립트를 사용하여 나머지 프래그먼트를 로드하고 표시한다.

이 스크립트들은 가능한 한 자기완비적이 되게 하는 것이 이상적이다. 이러한 스크립트들을 전용 서버나 중앙 집중적인 콘텐츠 제공자에서 제공할 수 있을 것이다. 스크립트들을 npm 패키지로 묶어서 간편하게 게시(publish)하고, UNPKG 또는 jsDelivr과 같은 **CDN(Contents Delivery Network)** 미러에서 소비(consumed)되게 할 수 있다.

> **참고**
>
> npm 패키지는 압축된 타르볼일 뿐이다. npm 패키지에는 메타데이터에 대한 `package.json` 파일과 원래 디렉터리의 무시되지 않은 모든 파일이 포함되어 있다. npm 패키지는 `npm pack` 명령으로 생성된다. 패키지 게시는 `npm publish`를 사용하여 수행할 수 있다.

스크립트의 실제 내용은 다소 임의적일 수 있지만 클라이언트 측 구성은 일반적으로 확립된 메커니즘과 고정 패턴에 의존한다. 가장 편리한 방법 중 하나는 웹 컴포넌트를 사용하는 것이다.

웹 컴포넌트를 사용하는 것은 많은 유연성과 자유를 준다. 그것은 어떤 애플리케이션 내에서도 특정한 마이크로 프런트엔드를 도입할 수 있게 한다. 마찬가지로 웹 컴포넌트에서도 문제를 동반하기 때문에 이를 해결하고 관리할 수 있어야 한다. 이 장에서 이것을 조금 더 구체적으로 살펴볼 것이다.

아키텍처 관점에서 다음 두 가지 방법 중 하나를 선택해야 한다.

- 웹 컴포넌트마다 하나의 스크립트를 갖는 것
- 마이크로 프런트엔드마다 하나의 스크립트를 갖는 것

전자가 일반적으로 좋은 생각이지만 후자는 훨씬 간단하고 더 좋은 성능을 제공한다. 웹 컴포넌트마다 하나의 스크립트를 갖는 것은 같은 도메인에 속하는 컴포넌트들의 오케스트레이션을 결국 더 복잡하게 만든다.

단일 웹 컴포넌트가 필요한 애플리케이션에 대해서 하나의 마이크로 프런트엔드마다 단일한 스크립트를 갖는 것은 부담스럽다. 그래서 4장에서 얘기했던 도메인 분해의 원리를 생각해봐야 한다.

브라우저에서 구성되도록 트랙터 저장소를 변환하는 예제 구현을 살펴보자.

예제 구현

클라이언트 측 구성(client-side composition) 패턴의 적절한 구현을 위해서 이전 코드 베이스를 시작 지점으로 한다.

각 마이크로 프런트엔드에서 각각의 프래그먼트에 대해 하나의 스크립트를 생성할 것이다. 파란색 마이크로 프런트엔드는 두 개의 스크립트로 끝나는 반면, 다른 마이크로 프런트엔드는 단일 스크립트만 생성한다. 이렇게 스크립트는 여러 가지 방법으로 생성할 수 있다. 직접 작성해도 되지만, 이미지나 스타일시트와 같은 애셋을 참조하는 데 문제가 발생할 수 있다. 번들러와 같은 도구를 사용하여 스크립트를 만들 수도 있다.

현재 가장 널리 사용되는 번들러는 웹팩(webpack)이다. 웹팩은 일부 자바스크립트 파일을 진입점으로 사용하고 가져오기(import)를 수행하여 최적화된 방식에서 확인한 입력을 보여주는 몇몇 출력 파일을 생성한다. 예를 들어 자바스크립트 파일들을 최소화하고 하나의 애셋으로 합친다. 또한, 향상된 디버깅을 위해 소스 맵을 쓰거나 추가적인 리소스를 지연(lazy) 로드하는 것도 가능하다.

웹팩(webpack.config.js)의 구성 파일 예제는 다음과 같다.

```
module.exports = {
    entry: {
        "product-page": "./src/product-page.js",
    },
    output: {
        filename: "[name].js",
        path: __dirname + "/dist",
        publicPath: "http://localhost:2001/",
    },
    devtool: "source-map",
    module: {
        rules: [
            {
                test: /\.(png|svg|jpg|gif)$/i,
                use: ["file-loader"],
            },
            {
                test: /\.css$/i,
                use: [
                    { loader: "style-loader", options: { injectType:
                        "linkTag" } },
                    { loader: "file-loader" },
                ],
            },
        ],
    },
};
```

위 예제는 file-loader를 사용해서 파일 레퍼런스를 만들 수 있는 가장 기본적인 웹팩 파일이다. style-loader는 임포트된 CSS 파일에 대한 참조를 사용하여 자동으로 <link> 태그를 가져올 수 있다.

CSS 파일 import는 ES 모듈의 명세를 통해 쓸 수 있다.

```
import "./style/basket-info.css";
```

BasketInfo와 같은 개별 웹 컴포넌트는 sku 어트리뷰트의 변경 사항을 수신 대기하는 HTML 요소일 뿐이다.

sku 어트리뷰트의 값을 변경할 때 웹 컴포넌트를 다시 렌더링하거나 콘텐츠의 일부를 변경해야 할 수 있다. 가장 쉬운 방법 중 하나는 가장 파괴적이고 성능이 가장 낮은 방법 중 하나로 커스텀 요소의 innerHTML 프로퍼티를 설정하는 것이다. 이것은 요소에서 모든 자식 노드를 제거하고 주어진 HTML 내용을 다음과 같이 구문 분석한다. 프래그먼트를 만들고 결과 프래그먼트의 노드를 요소에 추가한다. BasketInfo의 경우 구현은 다음과 같다.

```
class BasketInfo extends HTMLElement {
    constructor() {
        super();
        this.render();
    }

    static get observedAttributes() {
        return ["sku"];
    }

    render() {
        const count = items.length;

        this.innerHTML = `
            <div class="${count === 0 ? "empty" : "filled"}">
            basket: ${count} item(s)</div>
        `;
    }

    attributeChangedCallback(name, oldValue, newValue) {
        if (name === "sku" && oldValue !== newValue) {
            this.render();
        }
    }
}
```

커스텀 요소를 실제로 사용하기 전에 이름을 지정해야 한다. 관례에 따라, 이름은 케밥 스타일을 따라야 한다. 케밥식의 경우 식별자는 모두 다른 세그먼트를 연결하는 빼기 기호(-)와 소문자로 표시한다. BasketInfo 클래스의 경우 결과는 다음과 같다.

```
customElements.define("basket-info", BasketInfo);
```

특히 basket-info와 buy-button 컴포넌트의 상호 작용을 위해서는 공통의 메커니즘이 필요하다. 운 좋게도 두 컴포넌트는 동일한 마이크로 프런트엔드에서 제공되지만 독립적으로 배포 및 탑재되기 때문에 여기에서 상태 변경 사항을 전달(communicating)하는 방법이 여전히 필요하다.

이전에는 페이지 새로 고침과 함께 세션을 사용하여 바구니를 업데이트했다. 현재는 DOM 이벤트를 사용하여 변경 사항을 전달할 수 있다. 버튼을 누르면 add-item이라는 커스텀 이벤트가 발생한다. 바구니는 이 이벤트를 수신하고 상태를 변경한다. 새로운 상태 변경에 대해 잠재적으로 연관된 UI 프래그먼트에 알리기 위해 또 다른 커스텀 이벤트인 added-item이 전달된다.

코드에서 바구니 모듈의 상태 로직은 다음과 같이 작성할 수 있다.

```
const items = [];

window.addEventListener("add-item", () => {
    items.push("...");
    window.dispatchEvent(new CustomEvent("added-item", {
        detail: items }));
});
```

마지막으로 클라이언트 측 구성을 위한 앱 셸을 정의할 필요가 있다. 애플리케이션에서 product-page가 있기 때문에 앱 셸을 body에 넣어야 한다. 그 외에도 모든 컴포넌트를 위한 스크립트들을 포함해야 한다.

스크립트는 개별적인 웹 서버에 배포되고 개별적인 팀에 의해 관리된다. 예제 구현에서 각 스크립트별로 각기 다른 localhost 포트를 참조한다.

```
<body>
    <product-page id="app"></product-page>
    <script src="http://localhost:2001/product-page.js"></script>
    <script src="http://localhost:2002/basket-info.js"></script>
    <script src="http://localhost:2002/buy-button.js"></script>
    <script src="http://localhost:2003/product-recommendations.js"></script>
</body>
```

이를 브라우저에서 렌더링하면 그림 9.2와 같은 DOM이 생성된다. 개별 프래그먼트에 대한 `<div>` 래퍼가 커스텀 요소로 대체됐으며 전체 구조는 그대로다.

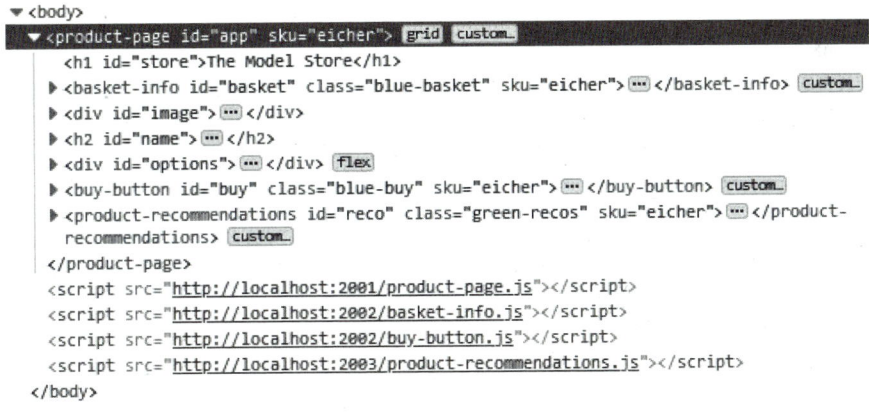

그림 9.2 앱 셸에 의해 생성된 DOM

따라서 앱 셸은 위와 같은 요소로 완전히 구성된다. 그림 9.3에서 product-page를 시작으로 basket-info, buy-button, 그리고 product-recommendations와 같은 컴포넌트로 이루어져 있고 전체 구성이 매우 자연스럽게 작동한다. 스크립트에서 위 컴포넌트가 먼저 불리도록 구성됐다.

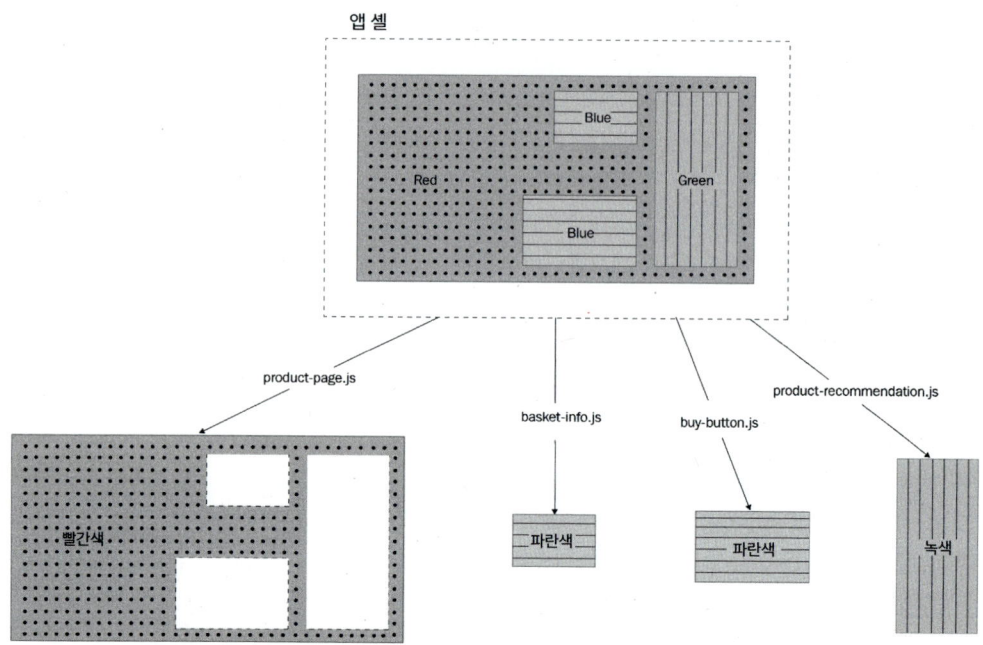

그림 9.3 앱 셸은 개별적인 웹 컴포넌트를 이용해서 프런트엔드를 구성한다.

웹사이트는 직접적으로 다운(fail)되지 않으므로 웹사이트에 의한 웹 컴포넌트도 충돌(crash)하지 않는다. 예를 들어 product-recommendations를 제공하는 서버가 다운(down)되면 product-recommendations은 공백의 자리 표시자로 남게 된다. 한편 폴백(fallback)을 이용해서 이 문제를 찾는 것은 꽤나 어렵다.

> **참고**
>
> 클라이언트 측 구성은 서버 측 렌더링 페이지를 개선하기 위해 자주 사용된다. 전체 렌더링이 클라이언트에서 수행되는 단일 페이지 애플리케이션의 경우 라우팅 엔진도 사용해야 한다. 프레임워크 자체 솔루션이 존재하지만 프레임워크에 독립적인 접근 방식을 선택해야 한다. 한 가지 해결책은 범용 라우터를 사용하는 것이다. 자세한 내용은 https://kriasoft.com/universal-router/에서 확인할 수 있다.

앱 셸이 매우 간단하기 때문에 개선점이 많이 있을 것이다. 과연 그런지 같이 한 번 살펴보자.

개선점

개선점을 살펴보면 이상하게 여길 만한 몇 가지 사항을 직접 확인할 수 있다. 예를 들어 앱 셸은 모든 스크립트를 참조한다. 이상적으로 앱 셸은 웹 컴포넌트 디렉터리의 위치만 알면 되며 이 디렉터리는 활발하게 사용되는 웹 컴포넌트를 자동으로 로드한다. 이런 식으로 마이크로 프런트엔드는 필요할 때 각각의 스크립트를 로드하는 앱 셸과 함께 원하는 웹 컴포넌트를 사용할 수 있다.

고려해야 할 또 다른 사항은 앱 셸의 책임을 강화하는 것이다. 간단한 예시로 앱 셸은 기본 HTML 구조, 핵심 스타일 및 스크립트만 참조한다. 인증, 로깅 또는 오류 처리와 같은 항목은 포함되지 않지만 실행 가능한 추가 항목이 있을 수 있다.

마지막으로 마이크로 프런트엔드당 단일 서버를 요구하면 안 된다. 정적 파일을 염두에 두고 대부분의 마이크로 프런트엔드는 정적 파일을 제공하는 방법을 알아야 한다. 이 경우 간단한 CDN과 같은 메커니즘이면 충분하다. 역설적이게도 이 방식의 아름다운 부작용으로 더 적은 DNS 조회가 필요하고 최신 전송 메커니즘을 활용할 수 있다.

이 접근 방식은 어떤 장단점을 제공하는지 함께 알아보자.

장단점

가장 명백한 장점이자 단점은 클라이언트 측 구성이 자바스크립트에 의존한다는 것이다. 이로 인해 성능 문제와 접근성 문제가 발생한다. 여기에는 개선할 수 없는 것은 없으며, 현명하게 고려하면 된다.

웹 컴포넌트 표준 자체는 화려한 추상화보다는 기본에 중점을 둔 널리 구현된 표준이다. 그래서 변경 사항이 기존 구현을 엉망으로 만들지 않을 것이다. 그러나 이는 다른 프레임워크가 웹 컴포넌트 위에서 돌아갈 수 있다는 것을 의미한다. 또한 이러한 프레임워크가 웹 컴포넌트를 직접 사용하는 것보다 개발에는 더 생산적인 기반 기술이 될 수 있다.

웹 컴포넌트의 주요 피처 중 하나인 **섀도 DOM**을 실제로 활용하려면 크롬(53 이상), 파이어폭스(63 이상), 또는 에지(79 이상)같은 최신의 브라우저가 필요하다. 물론 이 기능만으로도 크게 문제는 없다. 그러나 웹 컴포넌트가 서버에서 렌더링되는 표준화된 방법을 제공하지 않기 때문에 브라우저를 업데이트를 하는 것이 좋다.

클라이언트 측 구성은 이전 장의 다른 패턴과 마찬가지로 널리 사용되는 기존 아키텍처에 추가하는 패턴이다. 사실, 웹 컴포넌트와 함께 사용하면 웹 컴포넌트의 채택이 마이크로 프런트엔드의 부상과 어느 정도 관련이 있음을 확인할 수 있다.

일반적으로 클라이언트 측 구성은 도구처럼 사용하는 웹 애플리케이션에서 주로 볼 수 있는 패턴이다. 주로 정보 제공에 중점을 둔 웹사이트와 달리 웹 앱은 매우 상호적이다.

웹 컴포넌트가 클라이언트 측 구성을 달성하는 유일한 방법은 아니지만, 지금까지 가장 널리 사용되는 기술이다. 이번 기회를 통해 웹 컴포넌트에 대한 내용을 배워보자.

웹 컴포넌트 살펴보기

자바스크립트 프레임워크의 부상과 클라이언트 측 렌더링의 중요성이 커짐에 따라 웹 컴포넌트가 제안되고 표준화됐다. 웹 컴포넌트라는 용어는 웹에 대한 표준 컴포넌트 모델을 제공하려는 피처 집합에 대한 포괄적인 표현이다.

다음 절에서는 실제로 웹 컴포넌트를 형성하는 가장 중요한 피처와 웹 컴포넌트가 스타일을 격리하는 데 어떻게 도움이 되는지 다룰 것이다.

웹 컴포넌트의 이해

이미 알고 있듯이 웹 컴포넌트는 HTML 문서에서 커스텀 요소를 사용할 수 있는 기능을 제공한다. 이는 다음 스니핏처럼 간단하다.

```
<product-page id="app"></product-page>
```

커스텀 요소는 HTML 구문 분석(parsing) 관점에서 변경할 수 없지만, 행동(behavior) 및 외형(appearance) 측면에서는 완전히 구성할 수 있다. 예를 들어, 커스텀 요소는 `<img>`나 `<meta>` 태그처럼 자체 닫기(self-closing)를 할 수 없다. 커스텀 외형을 추가하려면 섀도 DOM을 사용할 수 있다.

커스텀 요소 외에도 '웹 컴포넌트'라는 용어는 다른 많은 피처를 의미한다. 가장 중요한 피처는 다음과 같다.

- DOM 트리를 캡슐화하는 **섀도 DOM**
- 재사용 가능한 DOM 트리를 제공하는 HTML **템플릿**
- 새로운 요소를 정의하는 **커스텀 요소**

이전 예제에서는 HTML 템플릿도 사용할 수 있었지만 커스텀 요소만 사용했다. HTML 템플릿 사용의 주요 이점은 DOM에 실제로 HTML 프래그먼트를 복사하고 재사용하는 기본 방법을 제공한다는 것이다. HTML 템플릿 없이도 프래그먼트를 사용할 수 있지만 문서의 HTML 소스 내에서 선언하는 것이 아니라 자바스크립트에서 프로그래밍 방식으로만 사용할 수 있다.

> **참고**
> 웹 컴포넌트에 대한 브라우저 지원은 상당히 좋은 편이다. 커스텀 요소 명세는 인터넷 익스플로러를 제외한 모든 주요 브라우저에서 지원된다. 지원되지 않는 브라우저에서 처리해야 하는 경우 폴리필(polyfill)이 커스텀 요소가 모든 브라우저에서 작동하도록 한다.

커스텀 요소는 HTML 프래그먼트의 수명 주기를 알려준다. 마운트 및 언마운트 이벤트에 연결하고 어트리뷰트가 변경될 때 알림을 받을 수 있다. 이러한 수명 주기 이벤트가 없으면 `MutationObserver`를 사용하도록 대체해야 한다.

웹 컴포넌트는 종종 직접 사용되지 않고 다른 애플리케이션의 전송 메커니즘으로써 간접적으로 사용된다. 예제의 `product-page` 요소가 자체 미니 애플리케이션으로 간주될 수 있음을 확인했다. 앞으로 웹 컴포넌트 내부에서 리액트 같은 다른 프레임워크를 사용한 것을 확인할 수도 있다. 이를 위해 그림 9.4와 같이 웹 컴포넌트의 수명 주기 방법을 사용한다.

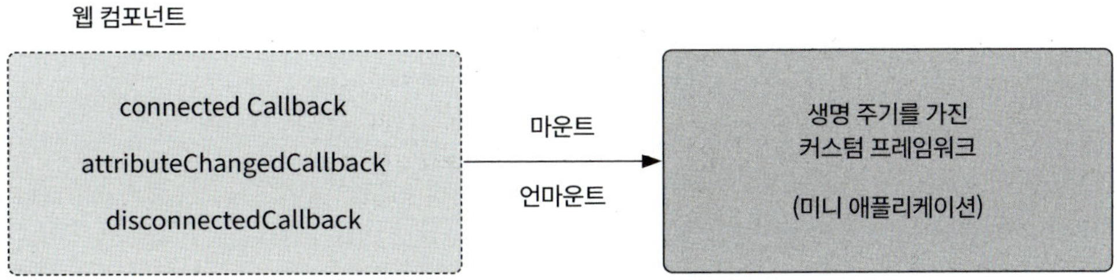

그림 9.4 임의의 프레임워크를 사용하는 미니 애플리케이션은 웹 컴포넌트에서 관리할 수 있다.

attributeChangedCallback을 사용할 때 커스텀 요소의 클래스에서 ObservedAttributes 프로퍼티를 통해 감시할 어트리뷰트를 전달(communicate)해야 한다.

마지막으로 살펴볼 섀도 DOM은 웹 컴포넌트에서 가장 흥미로운 것 중 하나다. 이것은 웹 컴포넌트를 이용한 마이크로 프런트엔드의 독자적 개발을 가능하게 하는 마법적인 요소다.

섀도 DOM으로 스타일 격리하기

웹 컴포넌트가 가져오는 이점 중 하나는 섀도 DOM에 직접 접근할 수 있다는 것이다. 섀도 DOM에는 open과 closed의 두 가지 모드가 있다.

- open은 shadowRoot 아래 트리가 변경이 자유롭고 요소의 shadowRoot 참조를 통해 액세스할 수 있음을 의미한다.
- closed는 shadowRoot 아래 트리가 변경에 자유롭지 않아 생성자가 참조를 저장하지 않는 한 액세스할 수 없음을 나타낸다.

closed를 사용하여 얻는 추가적인 캡슐화는 크게 의미가 없는 경우가 많다. 모드를 열면 이미 섀도 DOM의 아주 좋은 피처인 스타일 격리(style isolation)를 활용할 수 있다.

스타일 격리는 마이크로 프런트엔드 간의 스타일 충돌을 방지하는 데 중요하다. 섀도 DOM이 없다면 한 마이크로 프런트엔드의 레이아웃이 다른 마이크로 프런트엔드의 스타일에 영향을 받지 않도록 CSS 네임스페이스와 같은 기술이 필요하다. 또한 섀도 DOM을 사용하면 전역 스타일이 유출되는 것을 방지하여 신뢰성도 향상된다.

그러나 섀도 DOM은 구형 브라우저에서 지원이 매우 약하고 실제로 폴리필(polyfill)할 수 없다. 섀도 DOM을 사용하려면 자바스크립트가 필요하다. 이는 클라이언트 측 구성만으로는 문제가 되지 않지만 일부 서버 측 렌더링과 함께 사용할 수 없을 수 있다.

> **참고**
>
> 폴리필(polyfill)은 최신 웹 피처를 구형 브라우저에 가져오는 데 중심적인 역할을 한다. 종종 인터넷 익스플로러 11과 같은 브라우저에 대한 추가적인 지원이 필요하다. 이러한 브라우저는 최신 웹 애플리케이션에서 요구되는 많은 피처를 제한적으로 지원한다. 폴리필은 특정 피처를 지원하지 않는 브라우저에서도 그것을 제공할 수 있게 하는 코드다. 많은 피처를 폴리필할 수 있지만, 일부는 적절한 폴백(fallback)으로 사용하기에는 너무 저수준이다.

스타일 격리 자체에도 몇 가지 단점이 있다. 전역 스타일을 무시하기 때문에 다른 마이크로 프런트엔드의 스타일뿐만 아니라 실제로 애플리케이션에 일관된 모양과 느낌을 주는 스타일도 무시한다. 그래서 일부 일반적인 스타일을 재사용하기 위해서는 상당히 번거롭고 명시적으로 다시 가져와야 한다.

이제 섀도 DOM의 장단점을 넘어서서 실제로 마이크로 프런트엔드를 동적으로 사용하는 방법에 대해 논의해야 한다. 즉, 앱 셸에 미리 정의된 스크립트 목록이 없어야 한다. 다음 섹션에서 이에 대해 논의할 것이다.

동적으로 마이크로 프런트엔드 구성

웹 컴포넌트가 작동하게 하는 데 필요한 다양한 스크립트의 지연된(lazily) 로딩을 위해 중앙 웹 컴포넌트 레지스트리를 사용하는 아이디어를 간략하게 소개했다. 이것은 동적이기도 하지만 지연된 방식이기 때문에 실제로 궁극적인 솔루션이 될 것이다. 그러나 이를 완벽하게 운영하기란 쉽지 않다. 더 간단한 방법은 마이크로 프런트엔드 레지스트리로 시작하는 것이다.

마이크로 프런트엔드 레지스트리를 사용

마이크로 프런트엔드 레지스트리는 6장에서 소개된 링크 딕셔너리와 유사하다. 단, 서버 레졸루션 대신에 사용 가능한 모든 스크립트에 대한 경로만 반환한다.

예를 들어 트랙터 매장 예제에 대해 다음 응답이 트리거될 수 있다.

```
{
    "scripts": [
        "http://localhost:2001/product-page.js",
        "http://localhost:2002/basket-info.js",
        "http://localhost:2002/buy-button.js",
        "http://localhost:2003/product-recommendations.js"
    ]
}
```

이 응답의 가장 큰 장점은 각 사용자 또는 사용 사례에 맞게 조정할 수 있다는 것이다. 익명 사용자를 위해 앱 셸이 전달되는 경우 product-page 컴포넌트를 전달하는 다른 스크립트가 제공될 수 있다.

이러한 동적 백엔드 응답이 있으면 이를 프런트엔드에 통합할 수 있다. 통합하는 방법은 다음과 같다.

- 각 스크립트가 유효한 <script> 태그로 배치되어 있는 index.html 파일로 완전히 통합시킨다.
- index.html 파일에 포함된 작은 로더 자바스크립트에서 동적으로 가져오고 로드한다.

로더 자바스크립트는 다음 코드처럼 간단할 수 있다.

```
fetch("http://localhost:1234/registry")
    .then(res => res.json())
    .then(({ scripts }) => scripts.forEach(url => {
        const script = document.createElement("script");
        script.onload = () => {}; // 성공
        script.onerror = () => {}; // 에러
        script.src = url;
        document.body.appendChild(script);
    }));
```

전체 구조는 마이크로 프런트엔드와 더 구체적으로 말하면 웹 컴포넌트도 동적으로 제공한다. 하지만 잘못 명명된 사용자 지정 요소를 사용하거나 사용자 지정 요소의 인터페이스를 올바르게 사용하지 못하는 것은 방지하지 못한다.

마이크로 프런트엔드의 문제는 런타임 구간에서 쉽게 패치할 수 있다. 웹 서버의 런타임 구간뿐만 아니라 클라이언트의 런타임 구간에도 쉽게 패치가 가능하다. 이 방법을 살펴보자.

런타임에 마이크로 프런트엔드 업데이트하기

마이크로 프런트엔드의 특징 중 하나는 업데이트 경로를 단순화한다는 것이다. 전체 웹 서버나 애플리케이션을 다시 시작할 필요 없이 단일 모듈만 다시 시작할 수 있다. 이는 여러 서버 중 하나 또는 프런트엔드 애셋 모듈을 의미한다.

클라이언트 측 구성을 살펴보면 런타임 구간에서 애플리케이션을 실행하는 브라우저가 있는 단일 사용자에 의해 제공된다. 따라서 이론적으로 하나의 마이크로 프런트엔드를 업데이트를 하게 되면 수정사항은 F5 키를 이용해 페이지 새로고침 없이 애플리케이션의 일부에 반영돼야 한다.

불행히도 웹 컴포넌트는 런타임 패치에 최적은 아니다. 그 이유는 웹 컴포넌트의 단일 정의는 실행만 가능하고 실행을 되돌릴 방법이 없기 때문이다. 그렇다면 이 문제를 어떻게 해결할 수 있는가?

실제로 웹 컴포넌트를 핫 리로드하는 방법이 있다. 예를 들어 원본 참조를 유지하여 기존 클래스의 수명 주기 메서드를 패치할 수 있다. 그러나 이 방법은 몇 가지 단점이 있다.

- 기존 인스턴스는 생성자를 다시 실행하지 않는다.
- 기존 인스턴스에는 필드 및 프로퍼티가 추가되지 않는다.
- `ObservedAttributes` 목록은 업데이트할 수 없다.

더 나은 방법은 실제로 customElements의 define 함수 위에 추상화를 배치하는 것이다. 추상화는 다음 의사 코드가 설명하는 것처럼 실제로 작동한다.

```
const elementsVersion = {};

function defineMicrofrontendElement(elementName, Component) {
    const currentVersion = elementVersions[elementName] || 0;
    const version = currentVersion + 1;
    elementVersions[elementName] = version;
    customElements.define(`${elementName}-${version}`,
        Component);

    if (version === 1) {
        class WrapperComponent extends HTMLElement {
            connectedCallback() {
                // 업데이트 시 다시 렌더링할 이벤트 핸들러 연결
                // 요소를 렌더링해 모든 어트리뷰트를 포워드
            }
```

```
        disconnectedCallback() {
            // 이벤트 핸들러를 삭제한다
        }
    }

    customElements.define(elementName, WrapperComponent);
} else {
    window.dispatchEvent(new CustomEvent("component-updated", { detail: elementName }));
}
}
```

이제 어트리뷰트가 바뀐 콜백이 감시할 어트리뷰트의 명시적 목록만 있으면 된다. 래퍼의 플랫 돌연변이 관찰자(flat mutation observer)를 도입하여 이 문제를 해결할 수 있다. 이 관찰자는 래핑된 요소에 모든 어트리뷰트 변경 사항을 적절하게 전달한다.

이러한 변경을 통해 웹 컴포넌트를 동적으로 업데이트할 수 있어 마이크로 프런트엔드의 진정한 핫 리로딩이 가능하다. 그러나 일반적으로 여기에도 약간의 UX 문제가 있으므로 약간 방어적이어야 한다. 이에 대해서는 14장에서 자세히 논의할 것이다.

요약

이 장에서는 브라우저에서 마이크로 프런트엔드를 함께 구성하는 방법을 배웠다. 웹 컴포넌트를 사용하여 서로 다른 소스의 프래그먼트를 정적 그리고 동적으로 함께 전송하는 방법을 살펴봤다. 또한 이 패턴의 장점과 문제점에 대해서도 논의했다.

클라이언트 측 구성은 콘텐츠와 독립적으로 실행되는 몇 가지 위젯과 함께 제공되는 웹 애플리케이션에 적용할 수 있다. 예를 들어 대화형 그래픽에서 추가 정보를 찾을 수 있는 기사를 게시하는 온라인 신문에는 클라이언트 측 구성이 적합하다. 기존 애플리케이션을 확장하거나 마이크로 프런트엔드로 천천히 마이그레이션하는 데 클라이언트 측 구성을 사용하는 것이 가장 좋다.

이 장에서 제공된 정보는 클라이언트 측 구성 패턴 사용을 결정하는 데 도움이 될 것이다. 예제 구현에 사용한 코드는 마이크로 프런트엔드 솔루션을 만들기 위한 시작점으로 이용 가능하다.

다음 장에서는 단일 페이지 애플리케이션(SPA)이 마이크로 프런트엔드를 활용할 수 있도록 이 패턴의 개선 사항을 살펴볼 것이다. 웹 컴포넌트의 단점 중 일부는 보다 정교한 프레임워크를 사용하여 없앨 수 있다.

10

SPA 구성

9장에서는 적극적인 백엔드 지원 없이 브라우저만 사용하여 마이크로 프런트엔드를 구성하는 방법에 대해 살펴봤다. 사용자 상호 작용이 증가함에 따라 이런 방식은 매우 효과적이다.

오늘날 **단일 페이지 애플리케이션(SPA: single-page applications)**은 도구와 같은 역할을 하는 애플리케이션이 목표로 하는 많은 경험을 제공한다. 앵귤러 또는 리액트와 같은 표준 SPA 프레임워크의 여러 컴포넌트를 결합하는 것은 SPA 구성 패턴과 함께 설명할 것이다.

SPA의 주요 특징은 라우팅이 서버에서 수행되지 않고 프런트엔드에서 실행된다는 것이다. 자바스크립트에서 라우팅하려면 URL의 해시를 가져오거나 HTML5의 과거 API를 제어하는 등의 기술이 필요하다. 그러면 AJAX와 같은 오래된 피처를 사용하여 페이지에 표시돼야 하는 콘텐츠를 느리게 로드할 수 있다.

이 장에서는 SPA 구성 패턴을 다루면서 서로 다른 SPA 프레임워크를 동일한 애플리케이션에 포함할 수 있게 할 것이다. 살펴볼 주제는 다음과 같다.

- SPA 구성의 기본 사항
- 장단점

- 핵심 SPA 셸 구축하기
- SPA 마이크로 프런트엔드 통합하기
- 통신 패턴

이를 통해 SPA 구성이 적합한 시기와 실제 구현 방법을 파악할 수 있다.

기술적인 요구 사항

이 장의 예제를 구현하려면 Node.js, 웹팩 및 DOM에 대한 지식이 필요하다. 예제 코드는 Chapter10 폴더에 있다.

SPA 구성의 기본 사항

SPA 구성은 클라이언트 측 구성 위에서 빌드된다. 그러나 HTML 태그를 명시적으로 언급하지 않고 다른 스크립트만 가져온다. 이러한 스크립트는 자동으로 통합되고 활성화될 때 개별 애플리케이션을 실행한다. 활용 방안으로 이러한 독립 SPA는 항상 활성화되지 않으며 활성화될 경우에는 서로 공존할 수 있다는 점을 염두에 두면 된다.

다른 모든 패턴과 마찬가지로 SPA의 아키텍처를 살펴봄으로써 SPA 구성에 대한 설명을 시작할 것이다. 그런 다음 예제 구현을 위해 필수적인 단계를 따른다. 마지막으로 파생된 예제에 대한 잠재적인 개선사항에 대해 살펴볼 것이다.

아키텍처

웹 컴포넌트에서 미니 애플리케이션을 호스트하는 방법은 이미 확인했다. SPA 구성은 이 아이디어를 한 단계 발전시킨 것이다. 미니 애플리케이션의 수명 주기를 처리하기 위해 웹 컴포넌트에 의존하는 대신 사용자 지정 로더 스크립트가 사용된다.

그림 10.1과 같이 이 패턴은 클라이언트 측 구성과 상당히 유사하다. 그러나 SPA 구성은 각 요소별로 분리된 HTML 페이지를 전달하는 대신 앞서 언급한 로더 스크립트를 포함하는 앱 셸과 함께 배포된다.

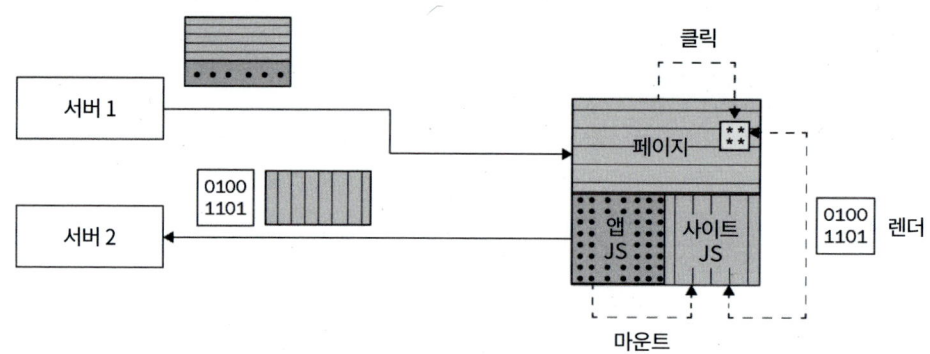

그림 10.1 SPA 구성은 다양한 SPA 프레임워크를 오케스트레이트하는 로더 스크립트를 사용한다.

로더 스크립트는 마이크로 프런트엔드를 오케스트레이트한다. 각 마이크로 프런트엔드는 독립적인 SPA를 보여준다. 그러나 항상 활성 상태로 모든 내비게이션을 포착하는 대신 각 마이크로 프런트엔드는 특정 조건이 충족될 때만 SPA를 활성화한다. 이러한 조건은 특정 URL에서 특정 상태나 예상되는 사용자 액션에 이르기까지 모든 것이 될 수 있다.

SPA 구성을 정당화하려면 트랙터 상점보다 더 역동적이고 대화 형태의 애플리케이션을 사용해야 한다. 구현 예제에서 마이크로 프런트엔드에 배포된 여러 페이지로 구성된 작은 회계 앱을 만들 것이다. 세부 사항을 알아보자.

예제 구현

이 예제에서는 마이크로 프런트엔드 3개와 함께 제공되는 회계 애플리케이션을 만든다. 도메인 분해 관점에서 다음과 같은 모듈을 확인할 수 있다.

- 잔액(balance): 잔액표 표시, 소득 또는 지출 항목 추가, 세부사항 보기 관련
- 세금(tax): 세금 공제 대상 항목 표시 관련
- 설정(settings): 사용자 선호도 관련

통화 처리와 애플리케이션 레이아웃 및 메뉴 구조와 같은 모든 횡단 관심사는 SPA 셸에 배치된다. SPA에는 총 세 개의 전용 페이지가 제공된다.

- 잔액표 (잔액 마이크로 프런트엔드)
- 항목 세부 정보 (잔액 마이크로 프런트엔드)
- 현재 설정 (설정 마이크로 프런트엔드)

설계안의 경우 부트스트랩 v5를 사용했다. 부트스트랩 v5의 장점은 부트스트랩이 기본적으로 프레임워크에 구애받지 않는다는 것이다. 따라서 SPA 셸에 부트스트랩이 통합된 경우 모든 마이크로 프런트엔드에서 부트스트랩을 사용할 수 있다.

셸의 경우 필요한 것이 많지 않다. 애플리케이션의 스타일시트와 스크립트 요소에 대한 참조가 포함된 작은 HTML 문서를 사용한다. 또한 기본 레이아웃이 여기에 정의되어 있다. 이 레이아웃 내에서 마이크로 프런트엔드에서 제공되는 콘텐츠 모음을 찾을 수 있다.

```html
<main class="col-md-9 ms-sm-auto col-lg-10 px-md-4"
    id="app-content"></main>
```

SPA와 같은 방식으로 애플리케이션 스크립트 안에 전체 애플리케이션이 정의되어 있다. 포괄적인 관점에서 보면 다음과 같다.

```js
window.registerComponent = (appName, componentName, lifecycle) => {};

window.renderComponent = (appName, componentName, target, props) => {};

window.destroyComponent = (appName, componentName, target) => {};

window.activateOnUrlChange = (appName, componentName, handler) => {};

window.addEventListener('popstate', urlChanged);

import('./scripts.json').then(scripts =>
    scripts.forEach(url => {
        const script = document.createElement("script");
        script.src = url;
        document.body.appendChild(script);
}));
```

마이크로 프런트엔드에서 전역 함수를 사용하여 추가 콘텐츠를 가져올 수 있다. 예를 들어 registerComponent 함수를 사용하여 새 컴포넌트를 선언할 수 있다. 그런 다음 renderComponent 함수를 사용하여 이러한 컴포넌트를 렌더링할 수 있다. activateOnUrlChange 함수는 라우팅 엔진에 리스너를 추가하는 데 사용된다.

이러한 함수들은 앞에서 언급한 여러 마이크로 프런트엔드를 오케스트레이트하는 로더 스크립트의 일부다. 이렇게 하려면 로더 스크립트의 라우팅 엔진도 popstate와 같은 DOM 이벤트에 연결해야 한다.

라우팅 엔진을 편리하면서 보편적으로 만들기 위해 모든 SPA 내부 링크를 따라 리스너를 연결한다.

```
document.body.addEventListener("click", followLink);
```

이렇게 하면 대부분의 마이크로 프런트엔드에서는 라우팅 엔진과 그 구현에 대해 알 필요조차 없다. 탐색용으로 링크를 사용하면 전체 페이지를 다시 로드하는 대신 애플리케이션 내부에서 작동한다.

코드 스니핏의 마지막 부분은 서로 다른 마이크로 프런트엔드를 로드하는 것을 보여준다. SPA 구성에서 각 마이크로 프런트엔드는 주로 유효한 자바스크립트 파일로 표시된다. JSON 파일, script.json에 모든 마이크로 프런트엔드를 수집하고 로드하는 것은 다음과 같이 간단하다.

```
[
    "https://example.com/microfrontends/balance/1.0.0/root.js",
    "https://example.com/microfrontends/settings/1.0.0/main.js",
    "https://example.com/microfrontends/tax /1.0.0/index.js"
]
```

이론적으로 이 파일은 일부 도구를 사용하여 작성하고 업데이트할 수 있다. 예제 코드에서는 수동으로 유지관리한다.

서로 다른 마이크로 프런트엔드로 연결될 때 모두 다른 프레임워크를 사용하여 작성할 수 있다. 예를 들어 다음과 같은 상황이 있을 수 있다.

- 잔액 마이크로 프런트엔드를 만드는 팀은 리액트를 많이 사용해봤다.
- 세금 마이크로 프런트엔드를 만드는 팀은 스벨트(Svelte)로 실험하는 것을 좋아한다.
- 설정 마이크로 프런트엔드를 만드는 팀은 뷰(Vue)를 선호한다.

대부분의 팀이 동일한 프레임워크를 사용하는 것이 이상적이다. 이렇게 하면 일관성이 향상되고 유지관리가 쉬워진다. 그럼에도 불구하고 예제에서는 패치워크 접근 방식을 사용하여 이러한 개념의 성능과 유연성을 입증할 것이다.

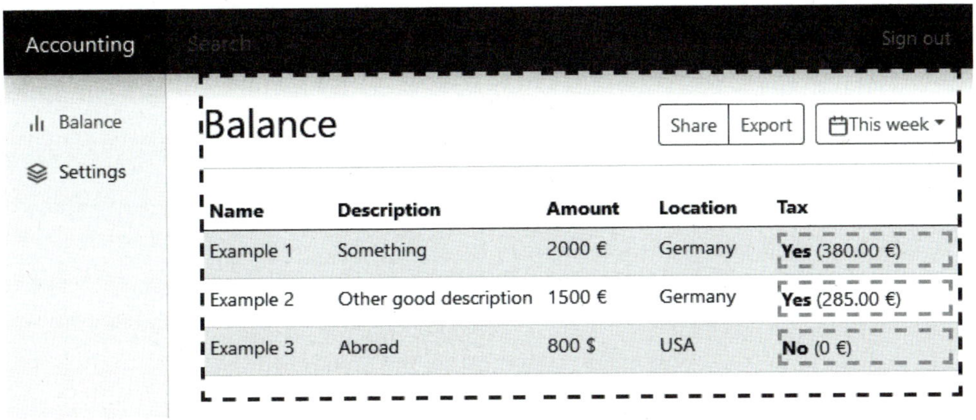

그림 10.2 SPA 구성을 사용한 회계 애플리케이션의 홈 페이지

그런 다음 마이크로 프런트엔드 내에서 글로벌 통합 도우미를 직접 사용할 수 있다. 예를 들어 세금 마이크로 프런트엔드는 다음과 같이 단일 컴포넌트만 등록하면 된다.

```
let Info = undefined;

window.registerComponent("tax", "info", {
    bootstrap: () =>
        import("./Info.svelte").then((content) => {
            Info = content.default;
        }),
    mount: (target, props) => new Info({
            target,
            props,
```

```
    }),
    unmount: (_, info) => info.$destroy(),
});
```

위 모듈의 전역 변수인 Info는 bootstrap 함수에서 지연 로드되는 실제 컴포넌트를 버퍼링하는 데 사용된다. 그러면 mount 및 unmount 함수가 스벨트 프레임워크에 완전히 의존할 수 있다. 이것은 표시된 생성자를 사용하여 컴포넌트를 클래스로 제공한다. 스벨트 컴포넌트의 인스턴스는 스벨트 컴포넌트를 언마운트하는 $destroy 메서드와 함께 제공된다.

잔액 마이크로 프런트엔드는 리액트로 작성됐다. 이전에 정의된 수명 주기와 함께 세금 정보 컴포넌트를 사용한다. 결국 잔액표에 행을 표시하는 코드는 다음과 같이 간단하다.

```
const BalanceItem = ({ item }) => (
    <tr>
        <td>{item.name}</td>
        <td>{item.description}</td>
        <td>{item.amount}</td>
        <td>{item.location}</td>
        <td>
            <TaxInfo {...item} />
        </td>
    </tr>
);
```

여기에서 TaxInfo는 전역 renderComponent 및 destroyComponent 도우미 함수를 호출하는 래퍼다. 이에 대한 가장 간단한 구현은 다음과 같다.

```
const TaxInfo = (props) => {
    const ref = React.useRef(null);

    React.useEffect(() => {
        window.renderComponent("tax", "info", ref.current, props);

        return () => {
            window.destroyComponent("tax", "info", ref.current);
```

```
        };
    }, []);

    return <slot ref={ref} />;
};
```

이 접근 방식은 컴포넌트가 이미 등록된 경우에만 작동한다. 지연된(deferred) 등록은 작동하지 않는다. 대신 컴포넌트 레지스트리가 변경될 때 렌더링 업데이트를 보장하기 위해 이벤트 또는 기타 메커니즘을 사용해야 한다. 이상적으로는 프레임워크 내에서 이미 처리된다.

잔액표 자체는 전용 페이지에 배치된다. 따라서 라우팅 엔진의 일부여야 한다. 루트 모듈에는 activateOnUrlChange 함수에 대한 호출이 포함돼야 한다.

```
import * as React from "react";
import { render } from "react-dom";

let BalanceSheet = undefined;

window.registerComponent("balance", "sheet", {
    bootstrap: () =>
        import("./BalanceSheet").then((content) => {
            BalanceSheet = content.BalanceSheet;
        }),
    mount: (target) => render(<BalanceSheet />, target),
    unmount: (target) => render(null, target),
});

window.activateOnUrlChange(
    "balance",
    "sheet",
    (location) => location.pathname === "/"
);
```

다시 말하지만, 여기서는 지연 로드 컴포넌트를 버퍼링하기 위해 동일한 기술을 사용하고 있다. 또 다른 메커니즘은 Suspense 컴포넌트와 함께 리액트의 lazy 함수를 사용하는 것이다. 이 경우 등록된 컴포넌트는 루트 경로 /에 표시된 홈 페이지를 사용자가 방문할 때만 표시된다.

마침내 설정 마이크로 프런트엔드는 잔액 프런트엔드와 거의 똑같이 작동한다. 다른 프런트엔드 프레임워크(리액트 대신 뷰)를 사용하는 것 외에도, 다른 마이크로 프런트엔드의 컴포넌트에 의존하지 않는다. /settings 경로로 이동하면 현재 마이크로 프런트엔드가 언마운트되고 설정 페이지에서 나오는 콘텐츠가 마운트된다.

이 패턴에 대해서는 논의할 내용이 많으므로 예제 자체의 개선점에 대해 논의를 시작하겠다.

개선점

이 솔루션에서 셸은 JSON 파일 형식으로 모든 마이크로 프런트엔드를 알아야 한다. 다시 말해 새로운 마이크로 프런트엔드가 추가되면 JSON 파일도 변경해야 한다. 예를 들어 이전의 모든 접근 방식과 마찬가지로 마이크로 프런트엔드의 레졸루션을 전용 백엔드 서비스로 이동하여 분해할 수 있다.

앱 셸에서 마이크로 프런트엔드를 분리하는 또 다른 이점이 있다. 마이크로 프런트엔드 중 일부만 현재 사용자에게 적합하다고 가정하자. 그러면 왜 모든 것을 여전히 참조하거나 준비해야 할까? 그러지 말고 유효한 사용 가능성이 있는 마이크로 프런트엔드만 가져오는 것은 어떨까? 이것이 주로 백엔드에서 구성되는 마이크로 프런트엔드 솔루션과의 중요한 차이점의 하나다. 항상 모든 것을 마이크로 프런트엔드로 작업할 필요는 없다.

유연성 향상 측면에서 메뉴 항목 또는 모든 마이크로 프런트엔드에 흩어져 있는 기능 같은 모든 종류의 UI 프래그먼트는 SPA 셸에 하드코딩되면 안 된다. 대신 컴포넌트를 확장하는 메커니즘을 사용해야 한다. 이 장의 뒷부분에서 이 접근 방식을 설명한다.

예제 구현에서 이러한 개선 사항을 제외하고 이 패턴의 일반적인 장단점을 알아보자.

장단점

SPA 구성을 기반으로 하는 마이크로 프런트엔드 솔루션은 마이크로 프런트엔드 아키텍처가 아닌 SPA의 많은 장단점을 공유한다. 예를 들어, SPA는 상호 작용이 부드럽고 몰입감이 있다. 그러나 일반적으로 훨씬 더 많은 리소스가 필요하고 자바스크립트가 작동해야 하므로 초기 로딩 시간과 부피가 커진다.

모놀리식 기반 SPA에 비해 마이크로 프런트엔드 기반 SPA는 디버깅이 훨씬 더 어렵다. 모놀리식 SPA에는 훌륭한 디버깅 도구가 있지만 마이크로 프런트엔드 SPA는 그렇지 않으며 개발하기도 어렵다. 대부분의 솔루션은 라이브 인스턴스에서 일종의 개발 모드(때로는 프로덕션 환경에서 실행되는 경우도 있음)를 활성화한다. 대부분의 경우 개발을 통해 이런 방법이 허용될 수 있지만, 오프라인 우선 개발 환경에서는 때때로 매우 고통스럽다. 다음 장에서는 이를 즉시 개선할 수 있는 방법을 살펴보자.

다른 마이크로 프런트엔드 패턴과 달리 SPA 구성은 서버 측에서 렌더링하기에 가장 어려운 프레임워크 중 하나다. 이것은 쉬워 보일 수도 있지만(사실 그렇지 않은) 어떤 상황에서는 큰 문제임을 알게 된다. 따라서 대부분 전자상거래 웹사이트나 신문 웹사이트와 같이 정보가 많은 페이지에는 이 패턴을 배제한다.

결국 SPA 구성 패턴을 사용하는 주요 대상은 높은 상호 작용을 요구하는 애플리케이션이나 툴이다. 여기에서 개별 파트는 다른 프레임워크를 사용하는 기존 애플리케이션에서 가져온 것이거나 모든 파트가 동일한 프런트엔드 프레임워크를 사용하여 작성된 것이라고 볼 수 없다.

이러한 장단점을 반영하여 SPA 구성 내에서 앱 셸을 구축할 때 고려해야 할 사항을 자세히 살펴보자.

핵심 SPA 셸 구축하기

클라이언트 측 구성과 마찬가지로 사용자의 브라우저에서 애플리케이션을 부트스트랩하고 구성하기 위해서는 앱 셸이 필요하다. 이 셸은 다소 작으며 페이지를 활성화하기 위한 라우팅 메커니즘이나 의존성을 공유하는 메커니즘과 같은 필수 요소를 얻는 데만 초점을 맞춘다.

이 절에서는 대부분의 SPA 셸에 내재된 두 가지 기본적인 문제를 살펴보겠다. 활성화 메커니즘부터 시작해보자.

페이지 활성화

SPA의 핵심 피처 중 하나는 라우팅이다. 따라서 SPA 셸은 일부 조건에 따라 보여지는 페이지를 결정할 수 있어야 한다. 예제에서 라우트 핸들러가 history 객체 주위를 순환하는 표준 DOM API를 기반으로 실행되는 것을 봤다.

그림 10.3에서 대부분의 라우팅 엔진이 따를 표준 패턴을 확인할 수 있다. 마이크로 프런트엔드를 등록하거나 등록 취소하는 데 사용할 수 있는 액티베이터 모듈이 전체적으로 설치되어 있다. 경로 변경 대해 다른 마이크로 프런트엔드를 검사한다.

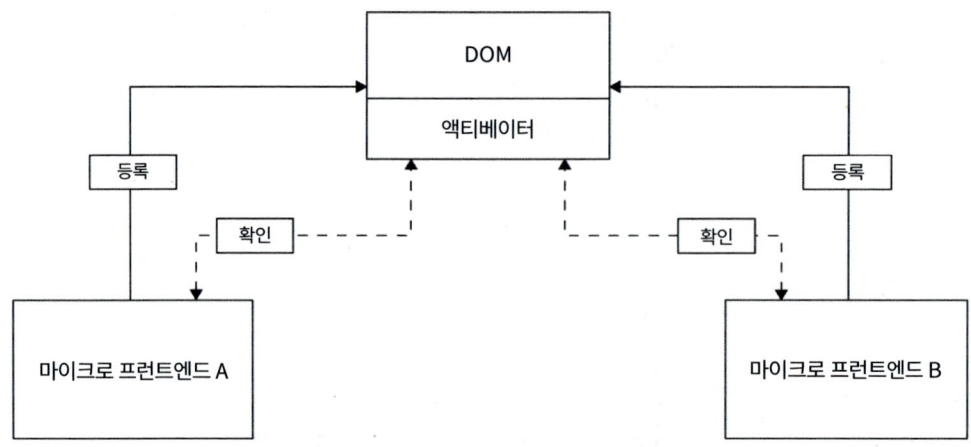

그림 10.3 공통 액티베이터는 등록된 모든 마이크로 프런트엔드의 상태를 확인

상태가 변경되는 경우, 즉 활성화된 마이크로 프런트엔드가 비활성화되거나 그 반대의 경우에만 액티베이터가 SPA를 마운트하거나 언마운트해야 한다. 대부분의 상태 변경은 URL 변경일 뿐이다. 그리고 알다시피 URL 변경은 라우팅 엔진에 의해 처리된다.

이러한 라우팅 엔진의 인기 있는 선택은 single-spa다. 기본적으로 그것은 SPA 액티베이터에 연결된 프레임워크에 구애받지 않는 라우터를 제공한다. 이를 통해 단일 애플리케이션에서 여러 SPA 인스턴스를 오케스트레이션할 수 있다.

> **참고**
>
> single-spa는 하나의 애플리케이션 내에서 서로 다른 SPA 프레임워크를 실행하는 데 도움이 되는 작은 도우미 라이브러리로 시작했다. 나중에 이 프로젝트는 약간 선회하여 마이크로 프런트엔드 프레임워크로 위치를 변경했다. 마이크로 프런트엔드 프레임워크가 SPA 구성을 실현하기 위한 많은 중요한 기술적 기반이 제공되지만, single-spa를 선택하면 전체 솔루션에 필요한 많은 부분이 여전히 구현돼야 한다.

single-spa에서 등록 단계는 registerApplication 함수를 통해 수행된다. SPA 셸이 시작될 때 중앙 모듈에서 수행된다. single-spa 용어로 이러한 모듈을 **root config**라고 한다. single-spa에서 루트 구성의 예를 살펴보자.

```
import { registerApplication, start } from 'single-spa';

registerApplication(
    'my-app', // 애플리케이션 이름
    () => import('my-app'), // 수명 주기를 내보내는 애플리케이션 로딩하기
    (location) => location.pathname.startsWith('/my-app')
        // 체커
);

start();
```

보다시피 그림 10.3에 설명된 패턴을 사용한다. 먼저 두 가지 중요한 사항을 제공하는 registerApplication 함수를 호출한다.

- 실제 애플리케이션을 지연 로드하는 데 사용되는 함수(애플리케이션의 수명 주기 내보내기)
- 특정 애플리케이션이 활성화돼야 하는지 여부를 확인하는 데 사용할 수 있는 함수

애플리케이션이 처음부터 활성화돼야 하는 경우 오케스트레이터를 통해 애플리케이션을 부트스트랩해야 한다. single-spa에서 이는 애플리케이션을 트리거하고 로드될 때까지 기다린 다음 선택적 bootstrap 수명 주기 내보내기를 사용하여 완료하는 조합이다. 모든 작업이 완료되면 mount 수명 주기가 호출된다.

이 작업을 수행하려면 앱 셸의 오케스트레이터가 실제로 로드되거나 계속 로드되거나 마운트되거나 마운트 해제돼야 하는 마이크로 프런트엔드를 추적해야 한다. URL의 변경을 모니터링해야 하며 이는 현재 활성화된 마이크로 프런트엔드의 잠재적인 상태 변화로 이어진다.

이 공간에서 또 다른 문제가 발생한다. 세 가지 마이크로 프런트엔드가 있다고 가정해보자. 예를 들어 모두 동일한 라이브러리를 사용하고 세 가지 마이크로 프런트엔드 모두 리액트를 번들링하고 스스로 리액트를 시작할 수 있다. 그러나 리액트 DOM, 리액트 라우터, 그리고 리액트 라우터 DOM과 같은 필수 라이브러리가 필요한 세 개의 리액트 인스턴스를 띄워야 한다. 이렇

게 되면 라이브러리가 정말 많아진다. 이러한 상황을 개선하기 위해 리액트를 공유하고 한 번만 로드하는 것이 좋다. 일반적인 SPA 셸은 실제로 이를 허용하는 메커니즘을 제공해야 한다. 몇 가지 전략을 보자.

의존성 공유

의존성을 공유하기 위한 꽤 인기 있는 메커니즘이 있다. 가장 쉬운 메커니즘은 일부 의존성을 이미 앱 셸에서 공유된 것으로 선언하는 것이다. 이전 예제를 사용하여 마이크로 프런트엔드에서 사용할 앱 셸에 대한 의존성으로 리액트 및 모든 유용한 도우미 라이브러리를 선언할 수 있었다.

이 접근 방식의 문제는 각 마이크로 프런트엔드가 공유되는 라이브러리와 번들 버전 대신 실제로 공유되는 라이브러리를 얻는 방법을 알아야 한다는 것이다. 웹팩을 번들러로 사용하면 externals 필드를 활용하여 공유 라이브러리를 사용할 수 있다.

webpack.config.js 파일에서는 다음과 비슷하다.

```js
module.exports = {
    externals: ["react", "react-dom", "react-router-dom"],
};
```

앞의 경우 웹팩은 결과물의 모듈 시스템을 호출하여 런타임 단계에서 패키지를 결합한다. 예를 들어, 전역으로 사용할 수 있는 define 함수가 없거나 세 개의 패키지가 식별된 모듈 시스템에 등록되지 않은 경우 실패할 수 있다.

다음과 같은 객체를 사용하면 좀 더 명확해질 수 있다.

```js
module.exports = {
    externals: {
        "react": "React",
        "react-dom": "ReactDOM",
        "react-router-dom": "ReactRouterDOM",
    },
};
```

이 경우 라이브러리는 리액트 또는 리액트 DOM과 같은 전역 변수에서 검색된다. 여기에서 SPA 셸은 window.React를 설정하여 리액트 패키지의 내보내기를 포함한다.

그러나 이러한 전역 변수를 사용하는 것은 좋지 않다. 이상적으로는 배열을 고수하거나 명시적 구성 없이 이 문제를 해결할 수 있는 묵시적 방법을 사용하는 것이 좋다. 배열을 고수하는 한 가지 옵션은 **ES 모듈(ESM)** 시스템을 사용하는 것이다. 안타깝게도 이 피처를 지원하려면 최신 버전의 브라우저가 필요하다. 크롬(79 이후 버전), 파이어폭스(67 이후 버전), 엣지(79 이후 버전) 등이 지원을 제공하지만 인터넷 익스플로러(11개 포함) 등 구식 브라우저가 문제다. 이것에 대한 직접적인 해결책도 없다. 대신 ESM과 완벽하게 유사하면서도 거의 모든 브라우저를 지원하는 대체 모듈 시스템을 사용할 수 있다.

작동하는 모듈 시스템에 적합한 옵션은 **SystemJS**다. SystemJS를 사용하면 SPA 셸이 여러 방법으로 공유 의존성을 등록할 수 있다.

한 가지 옵션은 셸 자체 내에서 이러한 의존성을 직접 선언하는 것이다.

```
function registerModules(modules) {
    Object.keys(modules).forEach((name) =>
        registerModule(name, modules[name]));
}

function registerModule(name, resolve) {
    System.register(name, [], (_exports) => ({
        execute() {
            const content = resolve();

            if (content instanceof Promise) {
                return content.then((innerContent) =>
                    _exports(innerContent));
            } else {
                _exports(content);
            }
        },
    }));
}
```

```
registerModules({
    react: () => require("react"),
    "react-dom": () => require("react-dom"),
    "react-router-dom": () => require("react-router-dom"),
});
```

또 다른 옵션은 **임포트 맵(import maps)**이라는 깔끔한 피처를 활용하는 것이다. 임포트 맵은 ESM 기반의 브라우저에서 직접 지원되지는 않지만, 많이 사용하는 공식 표준으로 SystemJS에 포함된다.

임포트 맵은 일반적으로 셸의 HTML 코드에서 참조된다.

```
<script type="systemjs-importmap" src="https://example.com/import-map.json"></script>
```

이 예시에서 임포트 맵의 내용은 다음과 같다.

```
{
    "imports": {
        "react": "https://unpkg.com/react/umd/react.production.min.js",
        "react-dom": "https://unpkg.com/react-dom/umd/react-dom.production.min.js",
            "react-router-dom": "https://unpkg.com/react-router-dom/umd/react-router-dom.min.js"
    }
}
```

이 접근 방식의 가장 큰 장점은 이러한 공유 의존성이 셸에 직접 번들로 묶이지 않는다는 것이다. 대신 요청 시 SystemJS에 의해 지연 로드되며, 이는 그것들을 필요로 하는 마이크로 프런트엔드가 로드될 때 적용된다.

이 경우 마이크로 프런트엔드가 작동하려면 SystemJS도 사용하도록 결과물을 설정해야 한다. 웹팩에서 그 구성을 쉽게 조정할 수 있다.

```
module.exports = {
    output: {
        libraryTarget: "system",
    },
    externals: ["react", "react-dom", "react-router-dom"],
};
```

이 경우 임포트 맵은 이러한 공유 의존성에 대해 이미 알아야 할 수도 있다는 점을 제외하면 모든 것이 예상대로 잘 작동하는 상태다. 임포트 맵에서 공유 의존성이 삭제되면 어떻게 될까? 임포트 맵의 버전을 사용하지 않으려면 어떻게 해야 할까? 번들된 의존성을 임포트 맵에서 사용 가능한 항목과 항상 정렬하고 싶다면 어떻게 해야 할까?

이러한 질문 중 일부는 SystemJS 내에서 확실히 해결할 수 있지만 대안을 찾을 수도 있다. 이 장의 범위에서 언급할 수 있는 옵션은 **WMF(Webpack Module Federation)**를 사용하는 것이다. WMF는 위에서 언급한 문제를 해결하는 웹팩용 핵심 플러그인으로, '약을 맞은(on steroids)' externals 필드라고 생각할 수 있다. 웹팩 청크를 직접 공유하고, 가능한 경우 청크를 추가하거나 제거할 수 있다. 간단히 말해서 연합된 독립 모듈에서 애플리케이션을 구축하기 위한 기반을 제공한다.

이제 의존성을 효율적으로 공유할 수 있으므로 이러한 SPA 마이크로 프런트엔드를 통합하는 것만 남았다.

SPA 마이크로 프런트엔드 통합하기

single-spa의 경우에서 봤듯이 소위 루트 구성은 최소한 이름, 활성화 기능 및 로더 기능과 같은 마이크로 프런트엔드를 중앙에서 선언하는 데 사용된다. 다른 접근 방식에서는 유사한 개념을 따르며 일반적으로 다른 마이크로 프런트엔드에 대한 일부 정보를 중앙 위치(일반적으로 SPA 셸에 있음)에 유지하면서 마이크로 프런트엔드에 대해 독립적인 배포 파이프라인을 사용할 수 있다.

이제 두 가지 문제가 남아 있다. 수명 주기를 어떻게 선언하고, 현재 이러한 프레임워크 간 컴포넌트를 어떻게 사용하고 있을까? 수명 주기 선언부터 시작하여 두 가지를 모두 살펴보자.

수명 주기 선언

이미 SPA 마이크로 프런트엔드에서 내보낸 컴포넌트의 수명 주기에 대해 간략하게 설명했다. single-spa에서 이 수명 주기는 네 가지 기능으로 요약된다.

- bootstrap 함수는 환경을 설정하고 애플리케이션 자체를 로드하는 데 사용된다.
- mount 함수는 컴포넌트를 마운트하고 렌더링하는 데 사용된다(예를 들어 검사기가 이전에 비활성이었던 애플리케이션이 현재 활성 상태임을 보여준다).
- unmount 함수는 마운트된 컴포넌트가 제거돼야 할 때(예를 들어 검사자는 애플리케이션이 더 이상 활성화되지 않은 것을 나타낸다) 사용된다.
- unload 함수는 프레임워크 특정 부분을 중지할 때 선택적으로 사용한다. 단 명시적으로 트리거돼야 한다.

이러한 모든 수명 주기 함수는 수명 주기 부분이 완료될 때 신호로 Promise를 반환해야 한다.

리액트와 같은 인기 있는 프레임워크의 경우 도우미 라이브러리가 존재한다. 예를 들어 single-spa-react를 사용하여 다음과 같이 마이크로 프런트엔드의 컴포넌트를 노출할 수 있다.

```
import React from 'react';
import ReactDOM from 'react-dom';
import rootComponent from './MyComponent.jsx';
import singleSpaReact from 'single-spa-react';

const lifecycles = singleSpaReact({
    React,
    ReactDOM,
    rootComponent,
});

export const bootstrap = lifecycles.bootstrap;
export const mount = lifecycles.mount;
export const unmount = lifecycles.unmount;
```

이를 통해 기술 통합에 시간을 할애하는 대신 실제 컴포넌트에 집중할 수 있다.

보다시피 기존 라이브러리를 사용하여 수명 주기를 선언하는 것은 매우 간단하다. 그러나 라이브러리가 없어도 꽤나 쉬울 수 있다. 공식 라이브러리가 없는 프레임워크인 솔리드(Solid)를 생각해보자.

첫 번째 단계는 솔리드 프레임워크에 익숙해지는 것이다. 어떻게 작동할까? 수명 주기 도우미가 있는 다른 프레임워크와 비슷한가? 어떤 의존성이 필요할까? 동적으로 시작하고 중지할 수 있는가? 리소스 관리는 어떻게 작동할까?

다행히도 오늘날 대부분의 프레임워크는 적어도 밖에서 봤을 때 상당히 비슷하게 작동한다. 또한 대부분의 프레임워크는 단일 DOM에서 다른 프레임워크와 공존한다.

솔리드의 경우 마운트할 때 render와 createComponent 함수의 조합을 사용해야 하며 언마운트에도 render를 사용해야 한다. 부트스트랩은 solid-js 의존성을 느리게 로드할 수 있다.

```
import { createComponent, render } from "solid-js/dom";
import rootComponent from "./my-component.js";

export const bootstrap = () => Promise.resolve();
export const mount = (props) => Promise.resolve(render(
    () => createComponent(rootComponent, props),
    props.domElement
));
export const unmount = (props) => Promise.resolve(render(
    () => undefined,
    props.domElement
));
```

이는 수명 주기에 대한 최소 요구 사항을 구현한다. 이 간단한 래퍼를 라이브러리로 만들려면 동기적인 코드에 Promise 래퍼를 제공하는 것에 그치지 않고 완전히 비동기적이어야 한다.

이러한 수명 주기를 갖추고 있으면 프레임워크 호환성 없이 컴포넌트를 노출할 수 있다. 모든 곳에서 프레임워크 간 컴포넌트를 사용해도 누락된 메커니즘은 하나뿐이다. 그 내용에 대해 알아보자.

프레임워크 간 컴포넌트 사용

최상위 마이크로 프런트엔드는 모두 다른 프레임워크를 사용하여 작성할 수 있지만 가장 흥미로운 사용 사례는 아니다. 훨씬 더 흥미로운 사용 사례는 중첩된 컴포넌트를 사용하는 경우다. 예를 들어 페이지는 하나의 마이크로 프런트엔드에서 내보내지만, 이 페이지는 다른 프레임워크로 작성된 타 마이크로 프런트엔드의 컴포넌트를 사용할 수 있다.

다음 리액트 코드를 보자.

```
export const ProductPage = ({ sku }) => {
    return (
        <>
            <h1>Model Store</h1>
            <BasketInfo sku={sku} />
            <ProductInfo sku={sku} />
            <BuyButton sku={sku} />
            <Recommendations sku={sku} />
        </>
    );
};
```

지금까지는 큰 문제가 없다. 그러나 BasketInfo와 같은 이러한 컴포넌트 중 일부가 다른 마이크로 프런트엔드에서 제공돼야 한다면 어떨까?

한 가지 가능한 전략은 HTML 자리 표시자 요소를 가져와 직접 렌더링하는 것이다. 따라서 코드를 다음과 같이 변경해보자.

```
export const ProductPage = ({ sku }) => {
    const basketInfoRef = React.useRef(null);

    React.useEffect(() => {
        if (basketInfoRef.current) {
            return renderBasket(basketInfoRef.current, { sku });
        }
    }, []);
```

```
    return (
        <>
            <h1>Model Store</h1>
            <slot ref={basketInfoRef} />
            {/* ... */}
        </>
    );
};
```

이제 renderBasket 함수는 컴포넌트를 어디서 렌더링할지 알아야 한다. single-spa에서 mountParcel 함수는 애플리케이션 콘텍스트에서 이러한 목적으로 사용될 수 있다. 이 콘텍스트 외부에서 single-spa로부터 직접 내보낸 mountRootParcel 함수를 항상 사용할 수 있다.

```
import { mountRootParcel } from "single-spa";

const BasketInfo = () => import("mf-blue/basket-info");

function renderBasket(domElement, props) {
    mountRootParcel(BasketInfo, { ...props, domElement });
}
```

이 예시에서 BasketInfo 값은 컴포넌트의 수명 주기를 나타낸다. 리액트라는 특별한 경우에 single-spa-react 유틸리티 라이브러리는 이미 Parcel이라는 편리한 래퍼를 제공한다. 이렇게 하면 useRef 및 DOM을 직접 사용할 필요가 없다.

일반적으로 프레임워크 간 컴포넌트를 처리할 때 mountParcel과 같은 프레임워크에 구애받지 않는 브로커를 도입하는 것이 좋다. 브로커를 사용할 때 가장 큰 장점은 이러한 임의의 컴포넌트로 변환되거나 임의의 컴포넌트를 변환하는 단일한 방식을 정의한다는 것이다. 그렇게 하면 N개의 프레임워크에 대해 N^2개의 변환기를 처리하는 대신 2N개의 변환기(브로커에 대한 N 프레임워크와 브로커의 N 프레임워크)만 필요하다.

일단 설정되면 프레임워크 간 컴포넌트는 다른 컴포넌트와 마찬가지로 자연스럽다. update라고 하는 다른 종류의 선택적 수명 주기가 트리거될 수 있는 외부에서만 요청된다. 그러나 대부분의 변경 사항은 외부 API를 통해 직접 발생하지 않고 일부 통신 패턴을 통해 애플리케이션의 다른 지점에서 발생한다.

다음 절에서는 서로 다른 마이크로 프런트엔드 컴포넌트 사이에서 사용할 수 있는 통신 패턴을 살펴보자.

통신 패턴

여러 SPA 프레임워크를 독립적으로 실행하는 것은 좋은 시작이지만 실제 애플리케이션에서 꼭 필요한 것은 아니다. 그러나 많은 애플리케이션에서 이들 사이에 어떤 형태의 통신이 필요하다(적어도 그런 경우가 있다).

그리고 이러한 통신 요청에서 다루어야 하는 세 가지 중요한 측면이 있다.

- 일부 메시지 공유, 예를 들어 특정 이벤트에 대해 다른 마이크로 프런트엔드에 알리기 위해
- 데이터 공유, 예를 들어 공유 도메인 객체에 대한 지식을 효율적으로 전파하기 위해
- 컴포넌트 제공, 예를 들어 더 큰 UI 빌딩 블록을 위해 다른 도메인에서 get 기능 가져오기 위해

이 세 가지 측면 모두 이후 절에서 논의되는 아키텍처 패턴에 따라 구현될 수 있다. 이벤트 교환부터 시작해보자.

이벤트 교환

마이크로 프런트엔드의 가장 중요한 통신 패턴은 이벤트의 활용이다. 여기에는 분명한 이유가 있는데, 이벤트는 느슨하게 결합되고 신뢰성이 꽤 높다는 점 때문이다. 이벤트는 핸들러가 등록되지 않았거나 기본 발신기(emitter)가 없어도 중단되지 않는다. 또한 시간에 얽매이지 않고 본래의 의도에 맞게 통신할 수 있다.

간단히 말해서 마이크로 프런트엔드에 대한 이벤트를 설정하는 방법에는 여러 가지가 있지만, 가장 일반적이고 신뢰성이 높으며, 특히 성능이 가장 높은 방법은 DOM API를 활용하는 것이다. DOM API는 고유의 이름과 페이로드와 함께 표준 이벤트 리스너 시스템을 사용할 수 있는 기능을 부여하는 '커스텀 이벤트'를 제공한다.

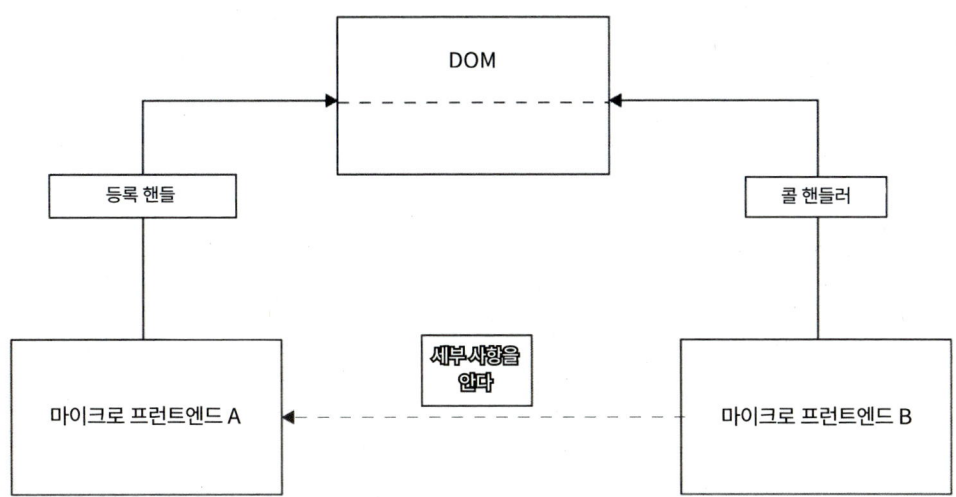

그림 10.4 표준 DOM 이벤트 인터페이스를 사용하여 이벤트를 교환할 수 있다.

앞의 그림에서 아키텍처를 볼 수 있다. 특정 이벤트를 내보내고 응답하는 마이크로 프런트엔드 사이에는 암묵적인 내용이 있지만 분명히 드러난 내용도 있다(느슨하게 결합된 전략에서도 그렇다).

커스텀 이벤트 API를 사용하는 것은 매우 간단하다. 이벤트 발신기의 경우 다음과 같다.

```
window.dispatchEvent(new CustomEvent("my-event", {
    detail: {
        message: "Hello!",
    },
}));
```

커스텀 이벤트를 수신하려면 약간의 코드만 추가하면 된다.

```
window.addEventListener("my-event", e => {
    // e.detail.message를 사용한다
});
```

detail 프로퍼티는 커스텀 데이터가 첨부되는 곳이다. 경우에 따라 커스텀 API를 커스텀 이벤트 위에 배치하는 것이 유용할 수 있다. 실제로 DOM API는 전송 메커니즘으로만 사용될 수 있도록 재생될 수 있으며 커스텀 API는 리스너를 추가하거나 제거하고 이벤트를 내보내는 데 사용된다.

이벤트가 잘 다루지 못하는 것 중 하나는 공유 데이터에 대한 액세스의 보장이다.

데이터 공유하기

많은 시나리오에서 올바른 호출은 이벤트만큼 중요하지 않을 수 있지만 동일한 데이터 세트를 읽고 쓰는 방법을 제공해야 한다.

이전과 마찬가지로 공유 정보에 액세스할 수 있는 중앙 위치를 제공해야 한다. 이것은 window 객체나 공유 의존성 또는 접근 가능한 객체에서 제공하는 핸들러일 수 있다.

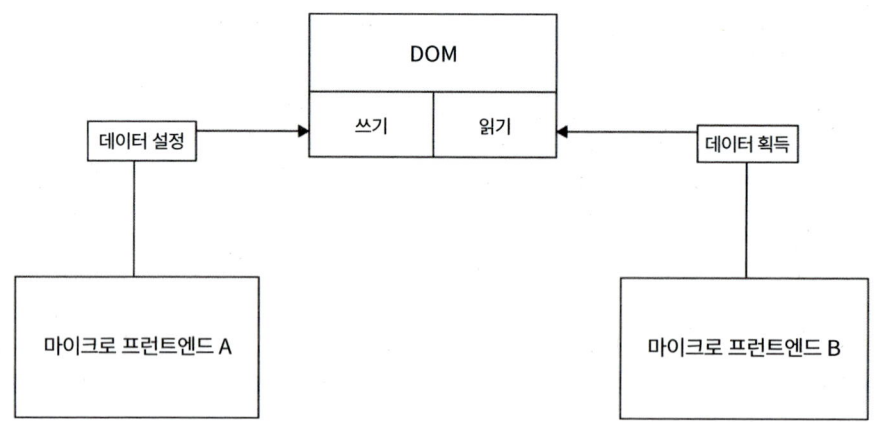

그림 10.5 중앙 API는 공유 데이터에 대한 읽기 및 쓰기 액세스를 제공

이러한 통신 패턴의 아키텍처가 그림 10.5에 나와 있다. 중요한 것은 새 데이터를 쓰기 위한 API와 기존 데이터를 읽는 API의 두 가지 개별 API가 필요하다는 것이다. 이 API는 다른 종류의 액세스 권한과 함께 사용할 수 있는 소유권 개념을 정의할 수 있다. 예를 들어 일부 데이터의 소유자만 쓰기를 허용할 수 있다. 이런 설정을 통해 모든 마이크로 프런트엔드에서 읽기를 수행할 수 있다.

대부분의 경우 공유 데이터 저장소는 근본적인 문제점일 가능성이 크다. 도메인이 제대로 분할되지 않는 경우가 많기 때문이다. 대부분의 경우 그 이유는 느슨하게 결합된 형태로 다른 마이크로 프런트엔드의 UI 프래그먼트로 컴포넌트를 확장할 수 있는 기술적 능력의 부재 때문이다.

컴포넌트 확장하기

가장 중요한 통신 패턴은 기존 컴포넌트가 다른 마이크로 프런트엔드에서 제공하는 더 많은 기능을 이용해 확장할 수 있는 방법을 정의하는 것이다. 일반적으로 이것은 큰 문제다. 예시에서 본 트랜잭션 테이블과 같이 하나의 마이크로 프런트엔드에서 가져온 데이터가 있는 테이블을 고려해보자. 하나의 마이크로 프런트엔드가 어떻게 이 테이블에 추가적인 가치를 더할 수 있을까?

예를 들어 마이크로 프런트엔드가 세금 공제 가능한 거래를 추론할 수 있다고 가정해보자. 그 테이블의 일부가 돼야 하는 좋은 정보가 아닐까? 분명히 기존 테이블 내에 이 정보(선택 사항)가 있으면 좋을 것이다. 한 가지 빠진 것은 그것을 적용하는 방법이다. 명백한 방법은 이를 트랜잭션 테이블에 직접 통합하거나 다른 마이크로 프런트엔드에서 컴포넌트를 가져오는 것이다. 두 옵션 모두 이상적이지 않다.

첫 번째 옵션에서는 도메인 분해를 위반한다. 기술적으로는 가능하지만 팀 지식 및 유지 관리 측면에서 문제가 될 것이다. 그러나 다른 옵션은 훨씬 더 좋지 않다. 여기서 우리는 도메인 분해를 위반할 뿐만 아니라 다른 마이크로 프런트엔드에 대한 강력한 결합도 도입한다.

이 문제를 해결하기 위해 소위 **확장 슬롯**(extension slot)을 만들 수 있다. 이를 통해 모든 마이크로 프런트엔드의 추가 컴포넌트가 기존 컴포넌트에 들어갈 수 있다. 다음 그림에 이런 흐름을 나타냈다.

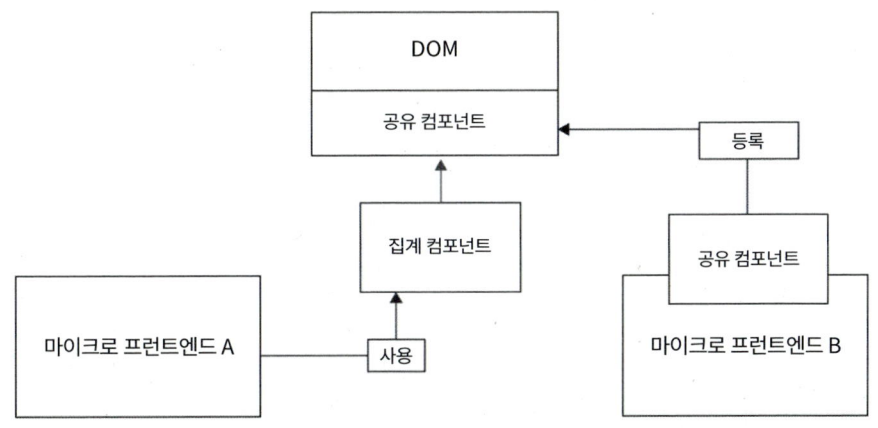

그림 10.6 확장 슬롯의 모든 컴포넌트를 렌더링하기 위해 중립 집계 컴포넌트 사용

확장 슬롯은 특수 집계 컴포넌트로 표시된다. 이 컴포넌트의 책임은 슬롯에 등록된 컴포넌트를 표시하는 것이다. 이런 식으로 전체 패턴은 UI 컴포넌트에 대한 이벤트와 비슷하다.

이벤트는 발신기 및 여러 핸들러와 함께 작동하여 실행된 이벤트를 수신하는 반면, 확장 슬롯은 렌더러(확장 슬롯) 및 렌더링될 때 표시되는 여러 컴포넌트와 함께 작동한다. 이벤트와 마찬가지로 현재 렌더링을 나타내는 프로퍼티를 가진 객체가 컴포넌트에 전달된다.

요약

이 장에서는 여러 SPA를 하나의 일관된 웹 애플리케이션으로 구성하는 방법을 배웠다. 사용자 상호 작용이 상당히 높아야 하지만 훌륭한 사용자 경험을 제공하려면 많은 기술적 문제를 해결해야 한다는 것을 알았다.

이 장에서 배운 통신 패턴을 적용하여 느슨한 결합을 보장할 수 있다. 이렇게 하면 애플리케이션의 규모를 원하는 대로 변경하는 데 도움이 될 것이다. 결국 최종 목표는 항상 통합에 필요한 최소한의 요구 사항만 교환하는 것이다.

다음 장에서는 이 패턴을 조금 더 발전시켜 UI 구성을 위해 서버리스 기능을 미러링하는 시스템을 만들 것이다. 훌륭하고 일관된 사용자 경험을 유지하면서 매우 유연하고 개발하기 쉬운 시스템을 얻게 될 것이다.

11

사이트리스 UI

10장에서는 SPA 구성 패턴을 사용하여 여러 SPA를 하나의 통일된 애플리케이션으로 결합하는 방법을 알아봤다. 이 패턴은 다양한 비즈니스 및 기술적 요인 때문에 매력적이지만 이와 관련된 문제점 또한 발견할 수 있었다. SPA 구성 위에 직접 구축되는 패턴은 사이트리스 UI를 만드는 것이다. 이 패턴에서는 서버리스 기능의 유추와 아이디어가 프런트엔드에 적용된다. 이를 바탕으로 많은 장점과 유연성을 제공하는 런타임 기반 마이크로 프런트엔드를 활용할 수 있다.

이 장에서는 사이트리스 UI 패턴을 사용하는 차세대 마이크로 프런트엔드에 대해 자세히 살펴보고 다양한 마이크로 프런트엔드 패턴에 대해 설명한다.

이번 장은 다음과 같이 구성되어 있다.

- 사이트리스 UI의 기본
- 장단점
- 서버리스와의 비교
- 파이럴(Piral)로 런타임 만들기
- 모듈 작성

이를 통해 사이트리스 UI 패턴이 언제 적합한지 그리고 실제로 그것을 어떻게 구현하는지 알아본다.

기술적인 요구 사항

이 장의 예제를 구현하려면 Node.js, 웹팩 및 DOM에 대한 지식이 필요하다.

코드는 깃허브에서 찾을 수 있으며 여러 저장소에 분산되어 있다. 각 코드에 대한 설명 전에 저장소 URL이 명시되어 있다.

사이트리스 UI의 기본

사이트리스 UI 패턴은 SPA 구성 위에 직접 구축된다. 일관성을 유지하면서 유연성을 자랑하는 플러그인 아키텍처를 활용한다.

이전 장과 마찬가지로 표준 구조를 사용하여 이 패턴을 소개한다. 간단한 예제 구현을 하기 전에 아키텍처를 살펴보고 개선점을 다룬다.

먼저 아키텍처에 대해 자세히 살펴보자.

아키텍처

SPA 구성 패턴의 문제 중 하나는 앱 셸이 모든 마이크로 프런트엔드의 위치와 통합되는 방법을 알고 있을 가능성이 높다는 점에서 다소 제한적인 성격을 띤다는 점이다.

이와는 대조적으로 개선된 버전에서는 앱 셸 자체가 마이크로 프런트엔드에 대해 알지 못한다. 대신 어떤 마이크로 프런트엔드를 사용하고 통합할 것인지를 식별하기 위해 다른 부분에 의존한다. 통합 자체는 마이크로 프런트엔드가 담당한다.

다음 다이어그램은 사이트리스 UI 패턴의 핵심 아키텍처 원리를 보여준다.

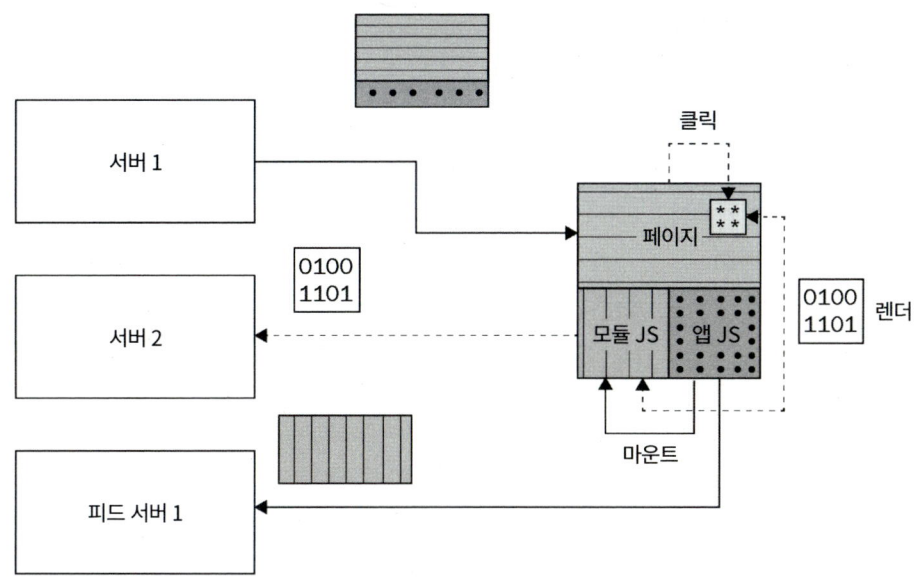

그림 11.1 사이트리스 UI는 마이크로 프런트엔드 피드와 런타임을 조합해 구축된다.

그림 11.1에서 SPA 구성과 유사한 점도 볼 수 있다. 사이트리스 UI 패턴은 피드가 개별 마이크로 프런트엔드의 데이터 소스가 아니라 다른 서버에서 제공될 때 독특해진다. 더욱이 마이크로 프런트엔드는 완전히 자율적이기보다는 앱 셸의 실행 콘텍스트 내에서 실행되는 모듈이다.

이러한 모듈을 제공하기 위해 플러그인 아키텍처를 사용할 수 있다. 플러그인 아키텍처를 도입하는 한 가지 방법은 다음 두 가지를 정의하는 것이다.

- 함수들을 통해 노출된 모듈의 일반적인 수명 주기
- 플러그인으로 넘겨줄 API — 플러그인의 수명 주기 동안 액세스 가능해야 한다.

가장 간단한 접근법은 수명 주기를 플러그인 셋업이라는 단일 단계로 줄이는 것이다. 이 경우 각 모듈은 단일한 함수(예: setup이라고 불리는 것)를 노출한다. 앱 셸은 이제 API 객체를 제공하는 이러한 셋업 함수를 함수의 인수로 호출할 수 있다. 객체의 콘텍스트가 앱 셸 소유자에게 넘어간다. 여기에 탐색 또는 콘텐츠 영역과 같은 UI의 특정 부분에 대한 컴포넌트를 등록할 수 있는 전용 방법을 제공하는 것도 좋다.

스크립트의 내보내기를 사용하는 것은 SPA 구성과 비교했을 때 분명한 방향의 변화가 있다. 이때는 전역 변수를 사용하는 대신 모듈에서만 작업을 한다. 예를 들어 전역 변수는 싱글턴(singleton) 작동을 얻거나 일부 의존성을 공유하기 위해 여전히 어딘가에서 사용될 수 있지만, 직접 사용하거나 상호 작용이 있어서는 안 된다.

이전 장의 예제를 수정하여 사이트리스 UI 패턴을 구현해보자.

예제 구현

이 패턴의 작동 방식을 가장 잘 설명하기 위해 솔루션을 최대한 분산하여 5개의 저장소를 만들어 보겠다.

- 피드를 제공하는 피드 서비스를 위한 저장소
- 마이크로 프런트엔드를 오케스트레이트하는 앱 셸에 대한 저장소
- 잔액표(또는 기타 관심 있는 마이크로 프런트엔드)를 위한 세금 공제 정보 컴포넌트를 제공하는 '세금' 마이크로 프런트엔드용 저장소
- 사용자 설정 페이지를 제공하는 '설정' 마이크로 프런트엔드용 저장소
- 대시보드 페이지에 잔액표를 제공하는 '잔액' 마이크로 프런트엔드를 위한 저장소

다음 섹션에서는 각 저장소를 설명한다. 피드 서버부터 시작한다.

피드 서버

예제 코드: https://github.com/ArtOfMicrofrontends/11-service-feed

피드 서버는 Express를 사용하여 간단한 Node.js 애플리케이션으로 구현할 수 있고 서버의 핵심 부분은 다음과 같이 정의할 수 있는 세 개의 서로 다른 경로 핸들러로 구성된다.

```
app.get("/modules", getLatestModules());
app.post("/modules", publishModule(host));
app.get("/files(/@:org)?/:name/:version/:file?",
    getFiles());
```

첫 번째 경로는 사용 가능한 모듈을 검색하기 위한 모든 요청을 처리하고 최신 모듈로 응답한다.

피드 서버가 각 마이크로 프런트엔드에 대해 여러 버전을 저장할 수 있지만 예제는 최신 버전만 제공한다. 추가 API 또는 변경을 통해 다음과 같이 빠른 롤백 또는 A/B 테스팅이 가능하다.

```
exports.getLatestModules = () => async (_, res) => {
    const modules = await getAllModulesFromDatabase();
    const unique = modules.reduce((prev, curr) => {
        prev[curr.meta.name] = curr.meta;
        return prev;
    }, {});
    const items = Object.keys(unique).map((name) =>
        unique[name]);
    return res.json(items);
};
```

모듈을 게시하는 방법에는 여러 가지가 있다. 그중 한 가지 방법은 개인 npm 레지스트리를 제공하여 다른 서비스와 결합하는 것이다.

좀 더 통합된 방법은 파일 항목이 있는 양식을 사용하여 업로드를 허용하는 것이다. 이 접근 방법의 구현 방법은 다음과 같다.

```
exports.publishModule = (rootUrl) => (req, res) => {
    const bb = req.busboy;
    req.pipe(bb);

    bb.on("file", async (_, file) => {
        try {
            const content = await getModuleContent(file,
                rootUrl);
            await setModuleData(content);
            res.sendStatus(200);
        } catch (err) {
            res.sendStatus(400);
        }
```

```
    });
};
```

getModuleContent 함수는 파일 내의 콘텐츠를 추출하는 데 사용된다. 이번 예시에서는 tgz 파일인 npm 패키지를 사용한다. 왜 이것이 좋은 선택인지에 대해서는 나중에 '모듈 배포' 절에서 논의할 것이다.

마지막으로 파일을 가져올 방법이 필요하다. 이 서비스의 일부는 아니지만 이상적인 시나리오에서는 매우 빠른 스토리지에 액세스할 수 있는 **CDN(Content Delivery Network)**과 같은 또 다른 서비스가 필요하다. 따라서 이전에 업로드한 마이크로 프런트엔드의 일부였다면 어떤 종류의 파일도 처리할 수 있는 엔드포인트를 제공할 것이다.

이제 이러한 파일에 대한 요청 핸들러를 만드는 기능에 대해 알아보자. 가장 주의해야 할 점은 패키지의 잠재적인 이름을 선언하는 것이다. npm 패키지의 범위를 지정할 수 있으므로 패키지 이름을 나타내는 단일 경로 구분 기호가 URL 부분에 보여질 수 있다. 다음 코드에 나와 있는 이 부분을 올바르게 식별하려면 몇 가지 논리를 적용해야 한다.

```
exports.getFiles = () => async (req, res) => {
    const { name, version, org, file } = req.params;
    const id = org ? `@${org}/${name}` : name;
    const moduleData = await getModuleData(id, version);

    if (moduleData && file) {
        const path = path.join(moduleData.root, file);
        const content = Buffer.from(moduleData.files[path]);

        if (content) {
            const tenYears = 24 * 60 * 60 * 365 * 10;
            return res
                .header("Cache-Control", `public, max-age=${tenYears}`)
                .contentType(mime.lookup(file) || "application/octet-stream")
                .status(200)
                .send(content);
        }
    }
```

```
        res.status(404).send("File not found!");
};
```

이러한 핸들러가 구현되면 서버를 시작하고 모든 것이 제대로 작동하는지 확인할 수 있다. 다른 파트와의 통합 테스트를 하기 위해 당분간 이 시스템을 계속 실행할 것이며 개별 마이크로 프런트엔드를 계속하기 전에 앱 셸을 구현해 보자.

앱 셸

예제 코드: https://github.com/ArtOfMicrofrontends/11-app-shell

앱 셸의 중심에는 기존 모듈을 검색하는 기능이 있다. 이는 SPA 구성 예제(10장)에서 로드한 스크립트와 매우 유사하다.

그러나 10장에서 수행한 예제와 달리 정적 파일은 로드하지 않는다. 또한 이전보다 조금 더 많은 것을 수행한다. 각 마이크로 프런트엔드가 일부 기능에 사용되는 SPA 구성 패턴과는 달리 잘 정의된 인터페이스에서 일련의 API를 제공한다.

다음 예제에서는 각 마이크로 프런트엔드가 내보내기를 전역 변수 형태로 보여지는 것을 가정한다. 이 내보내기에서는 setup 함수를 살펴볼 것이다. 해당 함수는 마이크로 프런트엔드에서 사용할 API 객체를 제공하는 앱 셸에 의해 다음과 같이 최종적으로 호출된다.

```
const feedUrl = "http://localhost:9000/modules";

fetch(feedUrl).then(res => res.json()).then((modules) =>
    modules.forEach((moduleData) => {
        const script = document.createElement("script");
        script.src = moduleData.link;
        script.onload = () => {
            const nsName = moduleData.name;
            const { setup } = window[nsName] || {};

            if (typeof setup === "function") {
                const api = createApi(nsName);
                setup(api);
```

```
            }
        };
        document.body.appendChild(script);
    })
);
```

피드 서버의 URL은 예시에 알맞게 변경돼야 한다. 예제를 로컬에서 실행하는 경우 지정된 URL을 그대로 사용해도 된다. 그러나 일반적으로 프로덕션 환경에 다른 URL을 사용할 수 있게 이 함수를 구성해야 한다.

이때 마이크로 프런트엔드당 API 객체를 만들어야 한다. 이러한 접근법의 장점은 서로 다른 마이크로 프런트엔드 간의 잠재적 충돌과 조작을 피할 수 있다는 것이다.

해당 예제는 이전과 거의 동일한 기능을 제공하고 단순하면서도 효과적인 API를 제공할 것이다.

마이크로 프런트엔드마다 API 객체를 만들 때 얻을 수 있는 한 가지 이점은 모든 API에서 마이크로 프런트엔드 이름을 지정할 필요가 없다는 것을 즉시 알 수 있다는 것이다. 이는 API를 만들 때 확인할 수 있다. 마이크로 프런트엔드당 이 작업을 수행하므로 마이크로 프런트엔드마다 정보도 확인할 수 있다.

API 생성에 대한 일반적인 개요는 다음과 같이 요약할 수 있다.

```
function createApi(nsName) {
    return {
        registerPage(route, lifecycle) {
            // ...
        },
        registerExtension(id, lifecycle) {
            // ...
        },
        on(eventName, handler) {
            // ...
        },
        off(eventName, handler) {
```

```
            // ...
        },
        renderExtension(container, id, props) {
            // ...
        },
    };
}
```

예를 들어 registerPage API는 registerComponent와 activateOnUrlChange 함수를 조합하여 사용할 수 있다. 해당 함수는 SPA 구성 예제에서 확인할 수 있다.

캡처된 정보를 적용하면 다음과 같이 간단하게 구현할 수 있다.

```
registerComponent(nsName, route, lifecycle);
activateOnUrlChange(
    nsName,
    route,
    (location) => location.pathname === route
);
```

빌드 프로세스를 변경할 필요는 없다. 이전과 마찬가지로 원하는 도구를 자유롭게 선택할 수 있고 이 경우 아키텍처와 개발을 위해 Parcel 번들러를 활용한다.

앱셸이 준비되고 실행되면 다른 마이크로 프런트엔드에 초점을 맞출 수 있다. 먼저 세금 정보와 관련된 마이크로 프런트엔드부터 시작한다.

세금

> 예제 코드: https://github.com/ArtOfMicrofrontends/11-frontend-tax

세금 마이크로 프런트엔드는 많은 변화가 필요하지 않다. Info 컴포넌트는 그대로 스벨트 컴포넌트로 제공된다. 다시 말해 이 컴포넌트를 변경할 필요가 없다.

다만 마이크로 프런트엔드의 루트 모듈을 일부 변경해야 한다. 자세한 내용은 다음과 같다.

```
let Info = undefined;

export function setup(api) {
    api.registerExtension("balance-info", {
        bootstrap: () =>
            import("./Info.svelte").then((content) => {
                Info = content.default;
            }),
        mount: (target, props) =>
            new Info({
                target,
                props,
            }),
        unmount: (_, info) => info.$destroy(),
    });
}
```

앱 셸에서 초기에 정의된 수명 주기를 새로운 방식으로 전송했다. 이 방법은 앱 셸의 API를 포함하는 객체를 받아 내보낸 setup 함수를 활용한다.

여기서 확인할 것은 registerExtension 함수를 호출할 때 마이크로 프런트엔드의 이름을 언급할 필요가 없다는 것이다. 단지 좀 더 적절한 이름으로 바꾸는 것이다. 마이크로 프런트엔드의 이름을 통해 컴포넌트를 직접 얻는 대신 확장 슬롯에 적절한 이름을 붙여 느슨한 결합을 구현한다.

설정 마이크로 프런트엔드를 살펴보고 적용에 필요한 변경 사항을 더 살펴보자.

설정

> 예제 코드: https://github.com/ArtOfMicrofrontends/11-frontend-settings

주요 변경 사항은 루트 모듈 내에 있다. 하지만 package.json 파일도 주의 깊게 살펴봐야 한다. 이 파일에 저장된 정보를 피드 서버에서 사용하기 때문에 정확한 정보가 있어야 한다.

이전에는 메인 필드에 대한 메타 정보를 정확하게 유지하지 않았다. 그러나 메타 정보가 빌드 산출물이 배치되는 위치를 반영해야 한다. 이번 예시의 경우 dist/index.js를 선택하고 이를 완전히 수용하려면 웹팩의 구성도 수정해야 한다.

설정 마이크로 프런트엔드에서 웹팩 구성은 다음과 같다.

```
const { name } = require("./package.json");

module.exports = {
    entry: {
        [name]: "./src/index.js",
    },
    output: {
        filename: "index.js",
        library: name,
        path: __dirname + "/dist",
    },
    // ... 나머지
};
```

package.json의 정보를 활용하여 일관성 있고 재사용 가능한 구성 파일을 만든다. 출력 파일 이름은 index.js로 고정되고 동일한 이름의 라이브러리 대상을 사용한다. 이런 구성은 이전에 앱 셸에서 확정했던 관례를 따른다

결과적으로 빌드 프로세스는 매우 유사하지만 전역 변수를 통해 내보내기를 처리한다. 필요한 래퍼(wrapper)는 웹팩이 가져온다.

이러한 변경 사항을 염두에 두고 잔액표를 호스팅하는 가장 중요한 마이크로 프런트엔드를 살펴보자.

잔액

예제 코드: https://github.com/ArtOfMicrofrontends/11-frontend-balance

잔액 마이크로 프런트엔드도 메타데이터, 웹팩 구성 및 루트 모듈을 수정해야 하고 앱 셸에 등록된 확장 컴포넌트를 렌더링하는 새로운 방식도 적용해야 한다.

먼저 할 일은 BalanceSheet 컴포넌트에 renderExtension API를 제공하는 것이다. 루트 모듈은 다음과 같다.

```
export function setup(api) {
    api.registerPage("/", {
        mount: (target) => render(<BalanceSheet
            onRender={api.renderExtension} />, target),
        // ... 나머지
    });
}
```

이와 같이 컴포넌트를 renderExtension API로 사용할 수 있다. 이 경우에는 관계가 있는 하위 계층에 onRender 프롭을 제공하면 된다.

> **참고**
>
> 리액트에는 값을 전달하는 두 가지 방법이 있다. 하나는 프롭(props)을 통한 것이고 다른 하나는 콘텍스트(context)를 통한 것이다. 일반적으로 프롭을 선호하지만, 프롭 드릴링(props drilling) 현상이 발생하는 것과 같은 특정 상황에는 콘텍스트가 더 낫다. 프롭 드릴링은 상당히 중첩된 하위 요소에 프롭을 제공하기 위해 동일한 프롭을 여러 컴포넌트로 넘기는 현상이다.

이제 이러한 모든 마이크로 프런트엔드를 변환했고 피드 서버에 배포할 차례다. 먼저 다음과 같이 빌드하고 패키징하자.

```
npm run build
npm pack
```

실제 업로드를 위해 Postman과 같은 GUI 도구나 cURL과 같은 명령어를 사용하면 된다.

예를 들어 버전 1.0.0의 밸런스 마이크로 프런트엔드는 다음 명령어로 배포된다.

```
curl -F 'file=@./balance-1.0.0.tgz' http://localhost:9000/modules
```

모든 마이크로 프런트엔드가 배포된 후에는 피드 서버에서 응답을 받을 수 있다. 응답은 다음 스니펫과 유사하게 표시된다.

```
[
    {
```

```
        "name": "balance",
        "version": "1.0.0",
        "link": "http://localhost:9000/files/balance/
            1.0.0/index.js"
    },
    {
        "name":"tax",
        "version": "1.0.0",
        "link": "http://localhost:9000/files/tax/
            1.0.0/index.js"
    },
    {
        "name": "settings",
        "version": "1.0.0",
        "link": "http://localhost:9000/files/settings/
            1.0.0/index.js"
    }
]
```

지금까지 잘 따라왔다. 이제는 어떤 점을 더 개선할 수 있을지 고민해야 한다.

개선점

솔루션이 이미 잘 작동하더라도 이 예제 환경에서만 그럴 수 있다. 그 이유 중 하나는 오류 처리가 거의 없기 때문이다. 애플리케이션이 많은 사용자에게 배포된다면 상상하지도 못할 에러가 발생할 수 있다. 예를 들어 HTTP 응답이 끊기거나 요청이 실패할 것이다. 또한 버전이 호환되지 않거나 회사 정책이나 설치된 익스텐션에 의해 변경된 브라우저는 호스트 사이트에서 차단될 것이다. 그래서 이러한 예기치 못한 문제에 대비하고 적절히(gracefully) 처리해야 한다.

주의해야 할 또 다른 점은 전용 도구가 없다는 것이다. 마이크로 프런트엔드별로 어떤 도구를 사용할지 결정할 수 있다는 것은 좋지만 여전히 확인해야 할 사항이 남아있다. 한 가지 예는 피드 서버에 업로드하는 것이다. cURL을 사용하는 것이 맥OS와 리눅스에서는 적절한 솔루션일 수 있지만, 윈도우에서는 이상적이지 않다.

또한 현재 예제는 마이크로 프런트엔드가 게시될 때까지 버그를 확인할 수 없다. 이것은 마치 어둠 속에서 일하는 것과 같다. 물론 SPA 구성 예제에서도 마찬가지다. 하지만 그것은 가장 먼저 변경해야 할 사항 중 하나다.

고려해야 할 또 다른 사항은 피드 서버에 표시된 구현이 광범위하게 열려 있다는 것이다. 너무 크거나 신뢰할 수 없는 소스에서 가져온 파일의 업로드를 차단하는 데 제한이 없다. 또한 기존 업로드한 파일을 덮어쓸 수도 있다. 이는 긴 캐싱이 필요로 할 때 큰 문제가 될 수 있다.

해당 예제 구현이 개선해야 할 점이 확실히 있지만 일반적인 관점에서는 훌륭하다. SPA 구성의 예제 구현과 비교하여 느슨한 결합만으로도 솔루션이 훨씬 더 탄력적이다. 그럼에도 불구하고 실제로 사용할 수 있는 최종본을 제공하려면 더 많은 것이 필요하다. 이 장의 뒷부분에서 이러한 누락된 부분을 처리하기 위한 프레임워크를 소개할 것이다.

이제 이 패턴의 장단점을 살펴보자.

장단점

다른 패턴과 마찬가지로 이 스타일의 분명한 장단점이 있다. 주로 사이트리스 UI는 고도의 대화형 SPA에서 사용된다. 따라서 SPA 구성의 많은 장단점이 공유된다. 그러나 개발자 경험과 느슨한 결합에 초점을 맞추기 때문에 개별 모듈의 개발이 훨씬 더 간단하다. 단점은 앱 셸 개발이 훨씬 더 복잡하다는 것이다. 이것은 일반적인 트레이드오프다. 즉, 모든 팀의 약간의 복잡성이 단일팀에게는 훨씬 더 복잡한 것으로 확대되어 보일 수 있다.

이 패턴의 가장 큰 단점은 앱 셸에서 제공하는 API에 대한 모듈의 묵시적이고 강력한 의존성이다. API 중 하나만 변경해도 해당 API를 사용하는 모든 모듈이 충돌할 수 있다. 설상가상으로 업데이트된 앱 셸을 출시할 때까지 이 문제를 인식하지 못할 수도 있다. 모듈이 독립적으로 배포되기 때문에 전체 시스템은 런타임에만 함께 제공된다. 컴파일 타임에 이러한 문제는 발견하기 쉽지 않으며 일반적으로 놓치기 쉽다.

대부분의 단점은 사이트리스 UI 패턴과 관련이 적고 일반적으로 느슨한 결합 문제와 관련이 있다고 볼 수 있다. 이것도 맞지만 사이트리스 UI 패턴이 느슨한 결합을 수용하기 때문에 이러한 모든 문제는 이제 사이트리스 UI 구현에서도 찾을 수 있다. 다른 한편으로 느슨한 결합과 함께 제공되는 모든 이점도 확인할 수 있다.

잠재적으로 사이트리스 UI 패턴의 가장 큰 장점은 기본적으로 일관된 애플리케이션을 보장한다는 것이다. 필수 앱 기능에 액세스할 수 있는 API를 제공하면 모든 모듈이 동일한 인터페이스를 통과하는 것이다. 당연히 이 경계에서 이미 완전히 동일한 패턴과 관행이 결정된다. UX는 레이아웃을 중심으로 형성되며 API를 통해 적절하게 전달된다. 여기에서 이 아키텍처 스타일은 자율성을 과도하게 해치지 않으면서 모든 마이크로 프런트엔드를 하나로 묶는다.

마이크로소프트와 같은 대형 기술 회사는 이미 사이트리스 UI를 여러 가지 형태로 사용하지만, 이러한 패턴은 디지털 혁신을 추진하는 전통적인 회사에 더 효과적이다. 이에 대한 한 가지 예로 이 패턴을 사용하여 새로운 대(對)고객 포털을 구축한 자이스(ZEISS)를 들 수 있다. 16장에서 실제 사이트리스 UI 구현 사례에 대해 더 자세히 논의할 것이다.

프런트엔드의 사이트리스 UI 패턴이 도입한 접근 방식은 백엔드의 서버리스 기능 아키텍처와 매우 유사하다. 이 두 접근 방식이 비슷한 이유와 장단점을 완전히 이해하려면 세부적으로 비교해야 한다.

서버리스와의 비교

백엔드에 마이크로서비스가 구축된 후 서버리스 또는 FaaS(Function as a Service)로 대중화된 새로운 종류의 아키텍처가 도입됐다. 간단히 말해서 이 아키텍처는 백엔드 서비스를 단일 기능으로 축소했으며 여기에서 모든 필수 요소는 런타임에서 통합 처리된다.

초기에 서버리스는 주로 클라우드 제공업체의 판매 포인트였다. 그들은 전용 비용이 적게 드는 새로운 패턴을 옹호했다. 결국 이러한 함수는 공유 가능한 런타임을 사용하기 때문에 전용 리소스가 필요한 사용자 지정 컨테이너에서 실행할 필요가 없다. 대신 리소스를 유휴 상태에서 대기하다가 필요할 때만 호출되는 형태로 사용할 수 있다. 그러므로 런타임은 다양한 테넌트(tenant)에서 다양한 기능을 제공할 수 있게 됐다.

다음 절에서는 로컬 환경에서 개발이 작동하는 방식과 모듈이 게시되는 방식이라는 두 가지 주요 측면에 중점을 둘 것이다. 로컬 개발을 위한 설정부터 시작하자.

로컬에서 개발

대부분의 FaaS 솔루션이 전용 온라인 IDE를 제공하더라도 표준 IDE를 사용하여 거의 모든 FaaS 솔루션을 개발할 수 있다. 때때로 클라우드 공급자는 서버리스 기능에 대한 코드를 작성하는 직접적인 방법을 제공한다. 예를 들어 마이크로소프트의 애저(Azure)는 인기 있는 비주얼 스튜디오 코드 텍스트 편집기의 기반이 되는 Monaco 편집기를 직접 통합한 최초의 사용자 중 하나였다.

서버리스 프로젝트의 주요 원칙 중 하나는 로컬 개발이 가능할 뿐만 아니라 표준 프로젝트 개발만큼 간단하다는 것이다. 따라서 개발자는 FaaS 프로젝트를 복제하여 로컬 시스템에서 빌드, 디버그 및 배포할 수 있어야 한다.

여기서 우리는 사이트리스 UI를 통해 동일한 경험을 제공하는 것을 목표로 한다. 새로운 개발자는 단일 마이크로 프런트엔드의 코드를 복제하고 로컬 디버깅 세션을 시작할 수 있어야 한다. 특별한 개발 환경에서 실행되는 인스턴스에 모듈을 삽입하기 위해 URL이나 특별한 트릭을 알 필요는 없다. 대신 전반적인 경험이 가능한 한 로컬 환경과 유사해야 한다.

이 부분은 에뮬레이터 패키지를 사용하면 가능하다. 에뮬레이터는 일반적으로 앱 셸 내에서 제공되는 런타임의 특별한 개발 빌드다. 동일한 코드를 실행하기 때문에 원본과 동일하게 작동한다. 이 접근 방식의 단점은 에뮬레이터에 약간의 설치가 필요하다는 것이다. npm 인프라가 여기서 도움이 되지만, 설치할 때는 특정 버전이 선택됐다고 가정한다. 결과적으로 오래된 버전의 에뮬레이터를 다룰 가능성이 상당히 높다는 것이다.

오래된 버전의 에뮬레이터를 사용하는 것은 처음에는 문제처럼 들리지 않는다. 그러나 오래된 버전 설치로 인해 발생하는 몇 가지 즉각적인 문제가 있다. 첫째, 기능이 변경되어 잘못된 입력 정보를 제공하고 나중에 런타임 오류가 발생할 수 있다. 둘째, 화면에 보이는 디자인도 변경되어 출시 이후 디자인이 원본과 다를 수 있다.

대부분의 문제에 대한 해결책은 배포 후 적절한 종단 간 테스트가 수행되게 하는 것이다. 또한 보다 광범위한 통합 검사를 수행해야 하는 것도 솔루션의 일부다. 일반적으로 이들 중 어느 것도 새로운 개념이면 안 된다. 높은 품질 보증과 허용 기준의 상세한 검증은 많은 프로젝트에서 개발 프로세스의 필수적인 부분이다.

결국 대부분의 검사는 실제로 모듈을 배포할 때 수행할 수 있다.

모듈 배포

모든 FaaS 플랫폼에는 기존 기능을 빠르게 업데이트하거나 새로운 기능을 추가할 수 있는 방법이 필요하다. 마이크로서비스는 도커와 같은 컨테이너 형식을 활용하지만 FaaS는 일반적으로 tar 파일과 같은 간단한 아카이브 형식을 활용한다.

마이크로 프런트엔드의 경우 상황이 비슷하다. 백엔드 기반 마이크로 프런트엔드는 일반적으로 컨테이너 형식으로 제공되지만 클라이언트 측에서 구성된 변경 사항도 그런 방식으로 릴리스될 수 있다. 사이트리스 UI에는 간단한 아카이브 형식으로 tgz 확장자를 사용하는 압축된 타르볼(tarball)로도 충분하다.

tgz 파일을 패키지 형식으로 사용하면 여러 가지 이점이 있다. 가장 중요한 점은 형식이 이미 npm 도구 자체에서 생성되고 사용된다는 것이다. 가장 중요한 개발 도구를 준수하는 것은 개발자 생산성과 관련하여 매우 중요하다. 사용자 지정 도구에 의존하는 대신 표준 애플리케이션을 재사용할 수 있다.

npm 패키지 형식은 메타데이터에 대해 미리 정의된 위치인 패키지도 제공한다. package.json 파일과 같은 파일은 또 다른 패키지에 포함된 파일에 대한 정보를 얻는 데 도움이 된다. 예를 들어, main 필드의 값은 패키지를 나타내는 엔트리 모듈의 위치를 알려준다.

클라우드 제공업체에서는 새로운 기능을 수용하는 통합 방식과 함께 FaaS를 제공하지만, 맞춤형 사이트리스 UI 솔루션에서는 이를 처리할 서비스를 제공해야 한다. 일반적으로 이 책임은 피드 서버에 있다.

> **참고**
>
> 피드 서버의 오픈 소스 구현은 파이럴 피드 서비스(Piral Feed Service)다. 사용 가능한 소스 코드는 npm 패키지에서 제공되는 배포 및 프로비저닝 모듈을 허용한다. 서비스의 클라우드 버전은 무료 커뮤니티 에디션과 상용 엔터프라이즈 오퍼링으로 존재한다. 이러한 버전에는 동적 모듈 프로비저닝과 같은 더 많은 피처가 있고 자세한 내용은 https://www.piral.cloud/에서 확인할 수 있다.

따라서 피드 서버는 배포 대상과 같은 핵심 인프라를 관리하지 않고도 마이크로 프런트엔드를 작성하는 방법을 제공하는 핵심 인프라 부분이다. 기존 SaaS 제품에서 가져온 경우 인프라가 전혀 필요하지 않은 프런트엔드 솔루션을 구축할 수 있다. 모든 것이 일부 정적 스토리지에서 호스팅되거나 타사 클라우드 서비스를 통해 제공될 수 있기 때문이다.

이 모든 것이 사이트리스 UI를 서버리스 기능과 매우 유사하게 만든다. 백엔드 대신 프런트엔드 단계에서 작동할 뿐이다. 이전에 보았듯이 이 구성에서 가장 중요한 부분은 런타임이다. 구현할 때 고려할 사항에 대해 좀 더 자세히 살펴보자.

파이럴(Piral)로 런타임 만들기

이미 런타임이 사이트리스 UI 구현의 핵심이라는 것을 확인했다. 프로덕션 환경에서 런타임이 배포되고 실행될 때 오케스트레이터로 형성되지만 새 모듈의 로컬 개발을 허용하는 에뮬레이터도 제공한다.

이렇게 하면 자동 프로비저닝, 캐싱 규칙 및 런타임 최적화와 같은 기능을 모두 프로덕션 환경에서 사용할 수 있고 개발 중에 개발자 효율성도 떨어지지 않는다.

런타임에 중요한 결정에 집중하려면 기술 기반을 제공할 확립된 프레임워크를 선택해야 한다. 한 가지 가능한 옵션은 파이럴이다.

> **참고**
> 완전한 사이트리스 UI 구현을 구상하기는 어렵다. 로컬 개발을 강조하는 앱 셸용 모델이 필요할 뿐만 아니라 피드 서비스와 마이크로 프런트엔드 패키징을 정의하고 구현하면서 마이크로 프런트엔드에 대한 신뢰성을 갖춘 커스텀 API를 추가해야 하기 때문이다. 이를 우회하는 빠른 방법은 본질적으로 플러그인 기반 UI를 생성하여 사이트리스 UI 구현에 필요한 모든 것을 제공하는 도구인 파이럴 프레임워크를 사용하는 것이다.

다음 절에서는 파이럴을 사용해 앱 셸을 만들고 배포하는 방법을 살펴본다. 실제로 배포하기 전에 먼저 런타임을 빌드한다.

파이럴로 런타임 빌드

다른 많은 프레임워크와 마찬가지로 파이럴은 빠르게 시작할 수 있도록 많은 템플릿과 보일러 플레이트 생성기, 튜토리얼을 제공한다. 여기서는 표준 템플릿을 사용하지 않고 처음부터 새 프로젝트를 만드는 것으로 시작한다.

첫 번째 명령은 npm 명령줄 도구를 사용하여 새 package.json 파일을 만드는 것이다.

```
npm init -y
```

그런 다음 의존성을 설치한다. 이 경우 piral 패키지와 piral-lazy 플러그인을 사용하여 런타임을 보여주고 piral-cli 및 piral-cli-webpack 패키지를 사용하여 실제로 런타임을 빌드한다.

이러한 의존성을 설치하는 명령어는 다음과 같다.

```
npm i piral piral-lazy -save
npm i piral-cli piral-cli-webpack --save-dev
```

앱 셸은 HTML 파일 형식으로 클라이언트에 전송된다. HTML 파일이 있는 위치를 파이럴 CLI에 알려려면 package.json을 변경해야 한다. 이것을 추가할 것이다.

```
{
    ... // 이전 프로퍼티
    "app": "src/index.html"
}
```

HTML 파일은 다음과 같이 간단하고 기본적이다.

```
<!DOCTYPE html>
<html lang="en">
<head>
<meta charset="UTF-8">
<title>My Siteless UI App</title>
</head>
<body>
```

```
<div id="app"></div>
<script src="./index.jsx"></script>
</body>
</html>
```

표준 HTML 템플릿 외에도 로더 스크립트에 대한 참조가 배치된다. 이것은 툴링에서 번들러의 진입점을 정의하는 데 사용된다. HTML은 소스를 식별하는 데만 사용되므로 여기서 타입스크립트 파일을 직접 참조할 수도 있다. 소스는 빌드 산출물에서 생성된 파일 이름으로 대체된다.

로더 스크립트는 다음과 같이 간단한 구조로 쓰여진다.

```
import { renderInstance } from 'piral';
import { createLazyApi } from 'piral-lazy';
import { createCustomApi } from './api';
import { errors, layout } from './components';

const feedUrl = 'https://feed.piral.cloud/api/v1/pilet/<feed-name>';

function requestPilets() {
    return fetch(feedUrl)
        .then(res => res.json())
        .then(res => res.items);
}

renderInstance({
    errors,
    layout,
    requestPilets,
    plugins: [createCustomApi(), createLazyApi()],
});
```

파이럴의 용어로 모듈은 **파일렛(Pilet)**이라고 한다. 로더에서 파일렛 목록을 응답으로 하는 피드 서버에 연결할 수 있는 기능을 파이럴에 제공해야 한다. 이를 지정하는 함수를 requestPilets라고 한다. 이 예에서는 공식 파이럴 피드 서비스를 사용해 파일렛을 호스팅한다. feed-name 자리 표시자를 피드 이름으로 바꿔야 한다.

piral-lazy 플러그인 패키지의 통합은 제공된 플러그인에 createLazyApi 설정 함수를 호출한 결과를 추가하여 이뤄진다. errors와 layout 객체는 UI의 일반적인 레이아웃과 오류 부분에 대한 표시 요소를 정의하는 컴포넌트로 채워진다.

api 모듈은 다음과 같이 정의된다.

```
export function createCustomApi() {
    return context => ({
        myApiFn() {
            console.log('Hello from the API!');
        },
    });
}
```

이렇게 하면 모듈에서 사용 가능한 API에 myApiFn 함수가 추가된다. 파이럴 CLI를 사용해 런타임을 번들로 사용하고 배포할 수 있다.

파이럴로 런타임 배포

앱 셸을 빌드하는 것은 이미 파이럴 CLI에 통합되어 있다. build 명령은 현재 폴더의 package.json 파일을 자동으로 처리하고 그 안에 있는 HTML 파일을 처리한다.

예를 들어 다음과 같이 npx 태스크 러너를 통해 명령을 실행하기만 하면 된다.

```
npx piral build
```

이렇게 하면 두 가지 산출물이 나온다. 하나는 일부 정적 스토리지에 업로드할 수 있는 파일을 포함하는 dist/release 폴더다. 이것이 앱 셸의 프로덕션 빌드다. dist/emulator 폴더는 tgz 파일만 갖고 있다. npm 패키지에 함께 번들로 제공되는 에뮬레이터로 이제 공식 레지스트리 또는 일부 사설 npm 레지스트리에 게시할 수 있다.

깃허브를 런타임 기반으로 사용하여 정적 웹사이트의 단순화된 호스팅을 위해 깃허브 페이지를 활용할 수도 있다. 올바른 단계를 수행하는 가장 간단한 방법은 다음과 같이 gh-pages 패키지를 설치하는 것이다.

```
npx gh-pages -d dist/release
```

이렇게 하면 dist/release 폴더에서 모든 파일을 가져와서 gh-pages 브랜치의 루트 디렉터리에 넣는다. 일반적으로 이것은 다른 브랜치를 기반으로 하지 않고 자체 변경 이력을 포함하는 브랜치를 의미하는 고아 브랜치(orphan branch)다.

이 브랜치를 푸시하면 https://<username>.github.io/<project>에서 사용할 수 있는 새 사이트로 연결된다. 여기서 username은 깃허브 사용자 이름을 나타내고 project는 저장소 이름을 보여준다. 웹사이트는 몇 초 안에 나타나야 한다.

그런 다음 에뮬레이터를 나타내는 npm 패키지를 배포할 수 있다. 가장 쉬운 방법은 다음과 같이 npm 명령어를 사용하는 것이다.

```
npm publish dist/release/<package-name>.<package-version>.tgz
```

이제 라이브와 온라인뿐만 아니라 에뮬레이터 형태로도 사용할 수 있는 런타임이 있으므로 이를 위한 몇 가지 모듈을 작성한다.

모듈 작성

파이럴로 만든 앱 셸용 모듈을 파일렛이라고 부른다는 것을 앞에서 배웠다. 파일렛은 대부분의 프런트엔드 애플리케이션과 같이 개발된다. 그러나 파일렛은 자기완비적(self-contained) 애플리케이션이라기보다는 독립(independent) 라이브러리에 더 가깝다.

새 파일렛을 시작하는 경우 두 가지 옵션이 있다. 통합 도구를 사용하여 올바른 설정으로 새 프로젝트를 스캐폴딩하거나 앱 셸에서 했던 것처럼 처음부터 시작하는 것이다. 에뮬레이터를 배포하면 명령어에서 새 프로젝트를 스캐폴딩할 수 있다.

```
npm init pilet -source <package-name> --builder webpack -registry https://registry.npmjs.org/ --defaults
```

이 명령어는 파일렛을 나타내는 package.json 파일로 새 npm 프로젝트를 초기화한다. 파일렛은 이전에 배포된 에뮬레이터 패키지를 대상으로 한다. 번들링을 위해 webpack을 다시 사용한다. 에뮬레이터 배포에 개인 npm 레지스트리가 사용된 경우 명령의 URL도 조정해야 한다.

새 파일렛을 스캐폴드하면 바로 개발을 시작할 수 있다. 이러한 설정에서 프레임워크에 국한되지 않는 컴포넌트를 구현하는 방법을 알아보기 전에 파일렛의 수명 주기에 대한 세부 정보로 이동하여 살펴본다.

파일렛의 수명 주기

파일렛의 수명 주기를 논의할 때 두 가지 종류를 고려해야 한다.

- 마이크로 프런트엔드의 소프트웨어 개발 수명 주기: 초기 생성에서 유지 관리 및 단계적 제거까지
- 파일렛의 기능적 수명 주기: 로딩에서 설치, 제거까지

여기서는 두 가지를 모두 다루고, 파일렛이 어떻게 작동하는지 완전히 이해하기 위해 파일렛의 기능적 수명 주기를 더 자세히 알아본다.

이미 파일렛을 (이전 섹션에서) 스캐폴딩했으므로 이 작업이 완료되면 원하는 기능의 개발을 시작할 수 있다. 디버깅 프로세스를 시작하기 위해 파이럴 CLI를 사용하여 다음과 같이 라이브 리로딩하는 형태로 개발 서버를 시작할 수 있다.

```
npx pilet debug
```

특정 시점에 첫 번째 릴리스를 위한 마이크로 프런트엔드의 피처가 완료된다. 다음 명령어를 이용해서 빌드를 먼저 진행해볼 수 있다.

```
npx pilet build
```

다른 방법으로, 이미 어딘가에서 실행 중인 피드 서버가 있는 경우 직접 배포할 수도 있다. npm 패키지에 작성된 스크립트를 기반으로 작동되거나 다음과 같은 한 줄의 명령어를 통해서 모든 작업을 수행할 수 있다.

```
npx pilet publish -fresh -api-key <your-api-key> --url https://feed.piral.cloud/api/
v1/pilet/<feed-name>
```

최종 앱 셸 내 모든 파일럿의 소스로 사용된 동일한 피드 서버를 대상 피드 서버로 선택한다.

이 마이크로 프런트엔드에 대한 업데이트는 동일하게 세 가지 명령어로 개발 및 배포된다. 먼저 이슈를 디버깅하고 수정한 다음 빌드한다. 해당 프로세스가 이상 없이 진행되면 업데이트된 파일럿을 배포할 수 있다. `package.json` 내에서 버전의 변경 사항을 잘 확인해야 한다. 일반 npm 패키지와 마찬가지로 모든 파일럿을 버전당 한 번만 배포할 수 있다. 이는 파일럿을 무기한 캐시할 수 있게 하여 실제로 효율적인 프런트엔드 리소스를 제공하기 위해서다.

효율성을 위해 실제 배포 단계는 CI/CD 파이프라인을 통해 작동해야 한다. 앱 셸에 깃허브를 사용했기 때문에 깃허브 저장소에서 이 파일을 호스팅할 수 있다. 따라서 깃허브 Actions를 사용하는 것이 파이프라인을 빠르게 설정하는 간단한 방법이다.

파일럿의 `.github/workflows/publish.yml` 파일은 `publish-pilet-action`을 사용하여 파이럴 CLI를 활용한다. 배포용 API 키는 다음과 같이 깃허브 비밀키로 제공된다.

```
name: CI

on:
    push:
        branches:
            - master

jobs:
    publish-pilet:
        name: Build and Deploy
        runs-on: [ubuntu-16.04]
        steps:
            - uses: actions/checkout@master
            - name: Publish Pilet
              uses: smapiot/publish-pilet-action@v2
              with:
                  feed: <feed-name>
                  api-key: ${{ secrets.apiKey }}
```

이제 파일렛이 성공적으로 배포됐다고 가정해 보자. 사용자가 앱 셸에 액세스하면 어떻게 될까? 이전과 마찬가지로 로더 스크립트가 초기화될 때 피드 서버가 호출된다. 그러나 대조적으로 응답은 비어 있지 않고 배포된 파일렛을 포함한다.

이제 피드 서버의 응답이 다음처럼 보이는 것을 확인할 수 있다.

```
{
    "items": [
        {
            "name": "<pilet-name>",
            "version": "1.0.0",
            "link": "https://assets.piral.io/pilets/<feed>
                /mario5-sample-pilet/1.2.0/index.js"
        }
    ]
}
```

이것은 해당 link 프로퍼티에 언급된 URL에서 로드돼야 하는 단일 마이크로 프런트엔드가 있음을 앱 셸에 알려준다.

스크립트가 평가되면 파이럴 프레임워크는 스크립트에서 내보낸 특수 함수인 setup을 찾는다. 이 함수는 통합을 위해 필요하며 API 객체를 유일한 인수로 사용하여 파이럴에서 호출된다. 파이럴은 각 마이크로 프런트엔드에서 세 단계로 나눠진다.

- Evaluation(마이크로 프런트엔드가 로드됨).
- Setup(마이크로 프런트엔드가 통합됨).
- Teardown(마이크로 프런트엔드가 제거됨).

첫 번째 단계는 암묵적이고 두 번째 단계는 스크립트가 마이크로 프런트엔드로 인식되는 데 필요하다. 스크립트가 setup 함수를 내보내지 않으면 더 이상 통합할 수 없다. 반면에 teardown 함수는 선택 사항이며 실제로는 필요하지 않다.

teardown 함수가 유용한 이유 중 하나는 setup 함수가 두 번 실행되는 경우 충돌을 일으킬 수 있는 일부 리소스를 정리하기 때문이다. 잠재적으로 동일한 setup 함수를 다시 실행하는 것은 개발 중에만 볼 수 있다. 또는 앱 셸은 파일렛의 라이브 업데이트를 허용하는 방식으로 생성돼야 한다.

이제 마이크로 프런트엔드 솔루션에서 실제로 컴포넌트를 만들고 사용하는 상황을 살펴보자.

프레임워크에 국한되지 않는 컴포넌트 구현

파일렛의 index.jsx 파일은 다음과 같이 시작한다.

```
export function setup(api) {
    // ...
}
```

새 페이지를 등록하기 위해 API로 제공되는 registerPage 함수를 사용할 수 있다. 이 함수는 탐색을 트리거하는 경로와 콘텐츠로 표시할 컴포넌트의 두 가지 인수를 참조한다.

```
export function setup(api) {
    api.registerPage('/example-page', PageComponent);
}
```

컴포넌트 자체는 인라인으로 정의되거나 다른 모듈에서 참조될 수 있다. 이상적으로는 일종의 지연 로딩을 사용하여 컴포넌트가 렌더링돼야 할 때만 해당 코드를 로드한다.

리액트를 사용하면 이러한 지연 로딩 메커니즘이 매우 간단하다. 이 경우 다음과 같이 정의할 수 있다.

```
import * as React from 'react';
const PageComponent = React.lazy(() => import('./Page'));
```

파이럴은 리액트에서 최고 수준으로 지원하므로 이 경우에는 다른 조치가 필요 없이 그냥 작동한다. 그러나 스벨트와 같은 다른 프레임워크에서 가져온 컴포넌트는 어떨까?

스벨트 모듈을 처리하도록 웹팩을 이미 구성했고 스벨트에서 PageComponent를 이미 생성했다고 가정해보자.

```
import PageComponent from './Page.svelte';
```

스벨트에서 직접 가져오는 컴포넌트를 등록하는 것은 불가능하다. 대신 일반 수명 주기를 사용하여 래핑해야 한다.

```
export function setup(api) {
    api.registerPage('/example-page', {
        type: 'html',
        component: {
            mount(container, data) {
                container.$svelte = new PageComponent({
                    target: container,
                    props: {...data},
                });
            },
            update(container, data) {
                Object.keys(data).forEach((key) => {
                    container.$svelte[key] = data[key];
                });
            },
            unmount(container) {
                container.$svelte.$destroy();
                container.innerHTML = '';
            },
        },
    });
}
```

위 예제는 컴포넌트의 전체 DOM 수명 주기를 정의한다. 코드가 상당히 길기 때문에 이를 전용 함수로 내보내는 것이 합리적일 수 있다. 다행히도 이를 수행하는 파이럴 플러그인이 이미 있으며 파일렛에서 직접 사용할 수도 있다.

piral-svelte를 파일렛에 의존성으로 설치하면 다음과 같은 코드가 가능하다.

```
import { fromSvelte } from 'piral-svelte/convert';
import PageComponent from './Page.svelte';
```

```
export function setup(api) {
    api.registerPage('/example-page',
    fromSvelte(PageComponent));
}
```

마찬가지로 다른 프레임워크는 기존 플러그인을 사용하거나 명시적 생명 주기가 정의된 일반 HTML 컴포넌트를 기반으로 구축하여 간단히 통합할 수 있다.

요약

이 장에서는 하나의 일관된 웹 애플리케이션으로 통합 가능한 개별 플러그인을 사용하여 매력적인 SPA를 만드는 방법을 배웠다. 고전적인 플러그인 아키텍처와 달리, 이러한 모듈은 애플리케이션 수준의 권한과 책임을 가질 수 있다.

이전의 SPA 구성과 마찬가지로 사용자 상호 작용이 상당히 원활하지만 그에 준하는 사용자 경험과 개발자 경험이 필요하다. 또한 내부 복잡성과 도구 의존성이 증가함에 따라 앱 셸에 정의된 API에 대한 모듈의 의존성 문제가 있다.

다음 장에서 앱 셸 업데이트를 효율적으로 처리하는 방법을 살펴보자. 공통으로 필요한 기반을 구축하기 위해 거버넌스와 디자인 인식이 필요하다는 것을 알게 될 것이다.

그리고 주요 이해 관계자가 참여하는 준비 단계로 개발자뿐만 아니라 모든 사람이 조직에 적응하는 과정도 살펴본다. 모든 사람이 기술 원칙을 인식하도록 하여 기대치를 높이고 요구 사항을 보다 명확하게 정의하는 방법에 대해 논의한다.

3부

조직 키워가기

3부에서는 일반적인 함정, 커뮤니케이션 전략, UX/UI에 대한 영향 및 타인에게서 배운 교훈을 포함하여 조직 관점에서 마이크로 프런트엔드를 성공적으로 관리하는 방법을 알아본다.

3부에서 다룰 내용은 다음과 같다.

- 12장. 팀과 이해 관계자
- 13장. 의존성 관리, 거버넌스, 보안
- 14장. UX와 화면 디자인
- 15장. 개발자 경험
- 16장. 사례 연구

12

팀과
이해 관계자

2부에서 마이크로 프런트엔드를 구현하기 위한 기존 패턴에 대해 많이 배웠다. 올바른 패턴을 선택하는 것은 쉬운 일이 아니다. 올바른 아키텍처를 결정하려면 문제 설명을 잘 이해해야 한다.

모든 기술적 결정이 올바르게 이루어지더라도 프로젝트가 실패할 수 있다. 이 장에서는 기술적이지 않은 문제로 인해 프로젝트가 실패하는 이유를 알아본다. 특히 팀과 이해관계자가 불일치하거나 의사소통 문제를 피하기 위해 준비할 수 있는 작업을 식별한다.

이 장에서는 다음 내용을 다룬다.

- 고위급 이해관계자와의 소통
- 프로덕트 오너 및 운영 위원회 다루기
- 팀 구성

이 장의 모든 내용이 자신에게 적용되는 것은 아니다. 회사 및 프로젝트에 따라 팀 구성 또는 프로덕트 오너 커뮤니케이션의 책임이 다른 사람에게 주어질 수도 있다. 프로젝트에 관련된 모든 사람이 같은 페이지에 있고 마이크로 프런트엔드를 활용하는 상황에서 자신의 역할을 수행하는 방법을 알고 있다면 그래도 괜찮다.

그럼 이제 각 주제에 대해 자세히 알아보자.

고위급 이해관계자와의 소통

'고위급(C 레벨) 이해 관계자는 마이크로 프런트엔드에 관심이 없을 것'이라고 가정해야 한다. 그들은 마이크로서비스나 기술적 실현 측면에는 신경 쓰지 않는다. 사업적 측면, 그리고 기술 구현이 사업에 미치는 영향에만 관심을 둘 뿐이다.

경영진이 기술 구현에 신경 쓰지 않는 상황에서는 마이크로 프런트엔드를 언급해서는 안 된다고 생각하기 쉽다. '마이크로 프런트엔드'라는 이름이 이러한 이해관계자에게 동인이 되지 않을 수 있지만, 당면한 시스템의 실제 이점과 한계에 대해 상기시켜야 한다.

경영진과 소통할 때는 기대치 관리와 요약 문서 작성이 특히 중요하다. 먼저 기대치 관리에 관해 간략히 설명하겠다.

기대치 관리

경영진을 위해 요약 문서를 작성하거나 고위급과의 소통에서 가장 중요한 것은 기대치 관리(expectation management) 기술이다. 기대치 관리는 관련 당사자가 주어진 기회를 놓치거나 실제로 주어진 것보다 더 많은 가능성이 있을 것이라고 믿는 함정에 빠지지 않도록 진행 상황과 전망을 명확하게 표현하는 것이다. 부족하거나 지나친 기대는 프로젝트 실패나 목표의 실패로 이어진다. 어떤 식이든 실망스러운 결과다

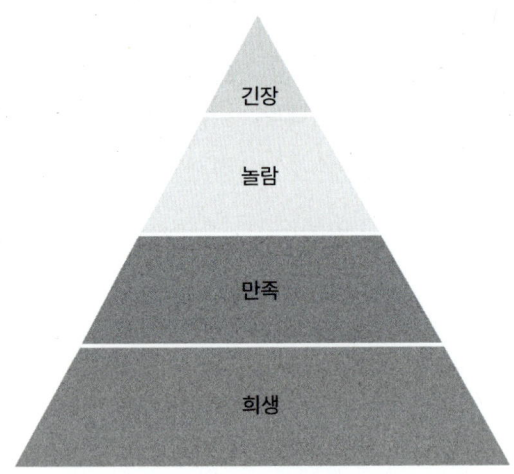

그림 12.1 기대의 피라미드[1]

그림 12.1에서 볼 수 있듯이 기대치를 다룰 때 여러 수준이 있다. 많은 사람이 기대를 충족시키는 것을 목표로 하지만, 수용자(audience)를 놀라게 하는 것이 더 나을 수 있다. 더 나아가, 이것을 넘어 수용자의 경험을 높이는 긴장감을 줄 수도 있다.

기대치 관리는 이해관계자와의 소통뿐만 아니라 다른 관계자 및 프로젝트 팀 자체와의 소통으로도 제한된다. 또한 적절한 기대치 관리가 필요한 몇 가지 포인트가 있다.

- 회사 비전
- 사업 목표
- 프로젝트 목표
- 피처 의도

---

[1] (엮은이) 길모어(James H. Gilmore)와 파인(B. Joseph Pine II)의 3-S 모델을 스콧 굴드(Scott Gould)가 변형한 것이다. 기대의 피라미드에서 각 항목의 의미는 다음과 같다.
- 희생(sacrifice): 기대를 충족하지 못함
- 만족(satisfaction): 기대에 부합함
- 놀람(surprise): 기대를 넘어섬
- 긴장(suspense): 경험을 예상하는 경험

영화를 예로 들면, 잘 만들어진 예고편을 보면 본편도 재미있을 것으로 기대하게 된다('긴장'). 본편을 관람할 때 기대했던 만큼 재미있다면 고객은 '만족'할 것이고, 예상을 뛰어 넘는다면 '놀람'일 것이다. 하지만 본편이 기대에 미치지 못한다면, 고객은 실망하게 된다(고객의 '희생'). (https://scottgould.me/)

확실히, 대부분은 특정 프로젝트와 아무 관련이 없지만 일반적으로는 프로젝트와 어느 정도 일치돼야 한다.

> **참고**
>
> 마이크로소프트의 프로덕트 매니저인 블레이크 바세트(Blake Bassett)가 기대치 관리에 대해 쓴 글을 인용한다.[12]
>
> "기대치 관리는 다자간 업무로, 여러분이 어디로 가고 있고, 어떻게 거기에 도달할 계획이며, 무엇을 제공할 것인지에 대해 팀 및 이해관계자 간에 공유된 정보를 이해시켜야 하는 업무다. 그리고 그것은 시작에 불과하다. 일단 확립된 기대치는 지속적으로 강화되고 필요할 때 조정돼야 한다."
>
> 그는 지속적인 노력을 강조하며, 이는 매우 중요하다.

실행 당사자와 개발 당사자 간의 단절을 방지하려면 시스템의 경계를 강조해야 한다. 예를 들어 마이크로 프런트엔드를 사용하면 새로운 피처를 더 빠르게 구현하고 출시할 수 있다. 그럼에도 불구하고 소프트웨어에 버그가 없거나 즉시 구현된다는 의미는 아니다. 이는 구현이 더 적은 제약 조건으로 수행될 수 있고 작업이 승인(accepted)된 후 피처를 온전히 배포할 수 있다는 말이다.

고위 이해관계자에게 '마이크로 프런트엔드', '분산 개발', '프런트엔드 모듈', '이식 가능한 컴포넌트' 같은 어려운 용어를 얘기하는 것보다는 비유를 들어 시스템을 설명하는 것이 낫다. 예를 들어, '분산 개발'이라고 하는 대신에 '개별적으로 작업'한다고 표현할 수 있을 것이다. '모든 방의 인테리어 공사를 개별적으로 동시에 진행'하는 것과 같은 비유를 들면 너무 깊게 들어가지 않으면서 용어를 풀이하는 데 도움이 된다.

고위급 관계자와의 대부분 의사소통은 간단한 서면 요약으로 이루어지므로 가장 효율적으로 요약할 수 있는 방법도 검토하는 것이 좋다.

요약 보고서 작성

회사 임원들은 항상 엄청나게 바쁘고 기술적 세부 사항에 신경 쓸 여력이 없다. 그러므로 의사소통을 효율적으로 해야 한다. 기술적인 세부 사항으로 그들을 괴롭히지 말고, 가능한 한 **빠르게** 현재 상황의 요점을 포착해야 한다.

---

2 (엮은이) 원문은 다음 주소에 있다. https://medium.com/@blakebassett/expectation-management-a-managers-guide-7910a1673d1f

운 좋게도 마이크로 프런트엔드는 사용하는 것이 실제로 더 간단하다. 마이크로 프런트엔드를 사용하면 기술적으로 통합보다는 피처 개발에 시간을 할애할 수 있으므로 차단 요소나 기술적 장애를 보고할 필요가 없다. 그러나 일단 기술적인 문제가 발생하면 문제보다 솔루션에 집중하는 것이 중요하다.

훌륭한 보고용 요약 문서를 통해 앞으로 나아가는 데 필요한 내용을 빠르게 소화할 수 있다. 더 많은 사람이 필요한가? 외부 컨설팅이 필요한가? 혹은 도움이 되는 소프트웨어를 구입해야 할까? 이러한 결정을 내리기 위해 문제를 이해해야 하는 경우 전체 보고서가 도움이 된다. 전체 보고서가 누락된 경우 누군가가 보고서를 요청할 것이다.

전체 마이크로 프런트엔드 솔루션의 기술 책임자로서 실제 진행 상황을 파악하기 어려울 수 있다. 결국 독립적인 개발이 진행되는 여러 스트림이 있을 것이다. 여기에서 개발이 분산되더라도 전체 비즈니스(적어도 보고해야 하는 비즈니스)는 여전히 단일체라는 사실을 잊어서는 안 된다.

분산 개발 진행 사항을 수집하기 위한 두 가지 솔루션이 있다.

- 각 팀의 진행 사항을 요청한다. 즉, 각 팀에서 실행 요약/보고서를 받는다.
- 수평적 팀 또는 모든 개발팀에 관련된 사람에게 보고서 작성에 대한 책임을 부여한다.

후자는 팀 간에 공유되는 스크럼 마스터 또는 애자일 코치 길드가 있는 경우 가장 합리적이다. 그러면 이 길드가 모여 진행 상황을 논의하고 보고서를 작성할 수 있다. 그렇지 않으면 고전적인 분배 및 취합 방식을 따를 수 있다.

비즈니스 프로세스와 관련하여 임원 수준이 가장 중요할 수도 있지만 그보다 더 중요한 것은 프로젝트를 직접 담당하는 실무자다. 이러한 프로젝트 리더와 프로덕트 오너는 종종 '운영 위원회'로 분류되는 추가 책임 범위를 도입할 수도 있다. 따라서 이러한 당사자를 다루는 것은 적어도 전반적인 기대 관리만큼 중요하다. 그들이 무엇을 해야 하는지 살펴보자.

프로덕트 오너 및 운영 위원회 다루기

역할에 따라 프로덕트 오너 및 운영 위원회(steering committee)와 같은 관련 주체를 다루어야 한다. 아마도 당신이 프로덕트 오너일 수도 있다. 어떤 경우든 고위급 이해관계자와 소통할 때는 따라야 하는 특정 규칙이 있다.

프로덕트 오너에게 프로젝트의 가장 중요한 측면 중 하나는 누가 무엇을 담당하는지 아는 것이다. 결국 적절한 사람에게 과업(task)을 맡겨야 효율적으로 수행할 수 있다. 모놀리식 환경에서 역할과 책임은 분산된 조직에서보다 훨씬 더 쉽게 알 수 있다. 따라서 우리는 분산된 환경에서 투명성을 가져올 방법이 필요하다.

마이크로 프런트엔드 솔루션에서 더 투명해지는 한 가지 방법은 RACI 매트릭스와 같은 기법을 활용하는 것이다. 개발팀마다 RACI 매트릭스를 유지 관리할 사람을 한 명씩 지정한다.

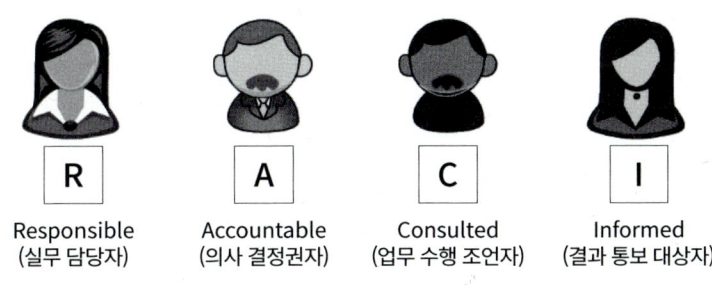

그림 12.2 과업마다 네 가지 레벨 중 하나의 역할을 부여하도록 하는 RACI 모델

그림 12.2와 같이 과업별로 할당할 수 있는 4가지 레벨이 있다. 마이크로 프런트엔드 공간의 과업은 피처 영역과도 관련될 수 있다. 따라서 '잔액 마이크로 프런트엔드 유지보수' 같은 과업이 가능하다. 모든 사람이 이 네 가지 레벨 중 하나를 할당받을 필요는 없다. 역할에 레벨을 할당해서는 안 되는 경우가 많다.

최근에 더욱 인기를 얻고 있는 또 다른 접근 방식은 **스워밍(swarming)**이다. 스워밍은 협업 네트워크 기반 접근 방식을 사용하여 작동하므로 분산된 개발 환경에 이상적이다. 또한 활동으로 측정되는 보수적인 계층적 지원과 비교하여 스워밍은 가치 창출을 기반으로 측정한다.

보수적 모델은 일반적으로 사일로와 계층 구조를 만드는 경향이 있다. 명확한 방향과 이해하기 쉬운 선형 파이프라인과 같은 몇 가지 이점이 분명히 있지만 현대 프로젝트에서는 그 역할을 제대로 포착하지 못한다.

스워밍은 경영진 수준의 지원이 완전히 제공된 경우에만 작동한다. 스워밍은 급여 등급을 혼재하는 것과 같은 즉각적인 단점을 제공하기 때문에 반발 가능성이 있다. 또한 고위급 관계자는 이익이 아닌 비용만 보게 된다. 그리고 워크플로가 더 혼란스러워 보일 수 있다. 무엇보다도 스워밍은 사람들이 동적으로 모여 페어 프로그래밍 및 기타 기술을 사용하여 당면한 문제를 해결한다.

그래서 혼란 속에서 길을 잃지 않으려면 더 많은 스크럼 마스터나 애자일 코치가 필요하다. 결과적으로 즉시 비용이 다시 한번 증가한다. 그리고 프로덕트 오너와 개발팀 간의 상호 작용도 더 높아져야 한다. 이것이 처음에는 문제처럼 보일 수 있지만 더 나은 소프트웨어로 이어진다. 요구 사항을 완전히 이해했을 뿐만 아니라 개발자가 잠재적으로 개선, 형성 또는 질문하는 경우 소프트웨어 결과물의 품질이 더 좋아진다.

안타깝게도 특히 기업에서 발주하는 대규모 프로젝트의 경우 다른 주체가 운영위원회를 담당해야 하는 경우도 있다. 운영위원회는 프로젝트에 지침, 방향 및 제어를 제공하는 사람들의 모임이다. 일부 운영 위원회는 프로젝트 리더의 책임을 경감하기 위해 구성되지만, 한편으로는 모든 작업을 수행하기 전에, 특히 돈을 쓰기 전에 모든 업무를 협의하는 완전한 통제 기관이다.

당연히 운영 위원회는 스워밍 접근 방식 같은 비계층적 작업의 반대편에 서게 된다. 그러나 모든 수준에서 운영 위원회와 싸우는 것이 목표가 되어서는 안 된다. 그것이 옳은 일처럼 보일지 모르지만 실제로는 반대의 결과를 초래한다. 그 대신에 그 상황이 프로젝트에 더 많은 거버넌스 수준이 필요하다는 뜻임을 알아야 한다. 다음 장에서 거버넌스의 전체 주제를 자세히 다룰 것이다. 현재로서는 운영 위원회를 담당하고 모든 프로젝트의 취합을 처리할 하나의 중앙화된 팀이 필요하다는 사실만 알면 된다. 일반적으로 이 팀은 앱 셸도 담당한다.

마이크로 프런트엔드 또는 모든 종류의 모듈식 솔루션 시스템의 성공 측면에서는 위험하지만, 운영 위원회도 올바르게 다루면 가치를 제공할 수 있다. 다양한 패턴에서 봤듯이 더 많은 자유를 가능하게 하는 아키텍처 스타일과 이미 앱 셸에서 더 많은 결정을 내리는 아키텍처 스타일이 있다.

예를 들어 사이트리스 UI 패턴을 사용하면 개별 모듈이 수행할 수 있는 작업을 제한하기 위해 여러 경계를 정의할 수 있다. 프로젝트 및 조직에 따라 더 많거나 적은 자유를 주기 위해 사용될 수 있다. 이론적으로 해당 도메인별 기능을 제외한 대부분의 결정을 미리 하는 데 사용할 수 있다.

결국, 이것은 모두 올바른 팀 구성의 문제다. 그렇다면 어떤 팀 구성이 가능하고 기존 조직을 어떻게 변경할 수 있는지 조사해 보자.

팀 구성

마이크로 프런트엔드를 채택하는 것은 대부분 기술적인 문제가 아니라 조직의 변화에 관한 것이다. 마이크로서비스와 마찬가지로 조직은 아키텍처를 수용하고 팀 구조에 반영해야 한다. 제품과 프로젝트에 기업의 조직 구조가 반영되는 것을 콘웨이의 법칙이라고 한다.

> **참고**
>
> 컴퓨터 프로그래머인 콘웨이(Melvin E. Conway)는 1960년대 후반에 중요한 깨달음을 얻었다. 그는 '시스템(광범위하게 정의됨)을 설계하는 모든 조직은 그 구조가 조직의 커뮤니케이션 구조를 따라가게 된다'는 사실을 발견했다. 그의 아이디어는 시스템의 다른 부분이 다른 팀이나 다른 사람에 의해 만들어진다는 것에서 비롯됐지만, 이러한 모든 것은 서로 소통한다는 것도 알게 됐다. 그러므로 처음 시작한다면 새로운 방법을 도입하기보다는 이미 발견한 조직 구성을 따라하는 것이 낫다.

결과적으로 모놀리식 기업 문화는 마이크로 프런트엔드 솔루션의 분산 작업을 완전히 수용하지 못할 것이다. 가장 쉬운 방법은 기존 팀 구성을 근본적으로 변경하는 것이지만 경험상 이 방법은 거의 효과가 없다. 그것이 효과가 있었다면 마이크로 프런트엔드가 도입되기 전에 팀의 구성 환경이 이미 변했을 것이다.

먼저 마이크로 프런트엔드 덕분에 가능한 팀 구성을 이해해보자. 그런 다음 기존 팀 조직이 어떻게 변화할 수 있는지 알아보자.

가능한 팀 구성 이해하기

마이크로 프런트엔드 아키텍처의 가장 좋은 점은 거의 모든 방식으로 팀을 구성할 수 있다는 것이다. 그러나 큰 힘에는 큰 책임이 따른다. 올바른 팀 구성을 선택하는 것은 그 자체로 힘든 일이다.

가장 인기 있는 구성은 무엇일까? 지금까지 가장 인기 있는 구성은 마이크로 프런트엔드당 하나의 전담 팀을 배치하는 것이다. 수직 팀 구성(vertical team setup)이라고도 한다.

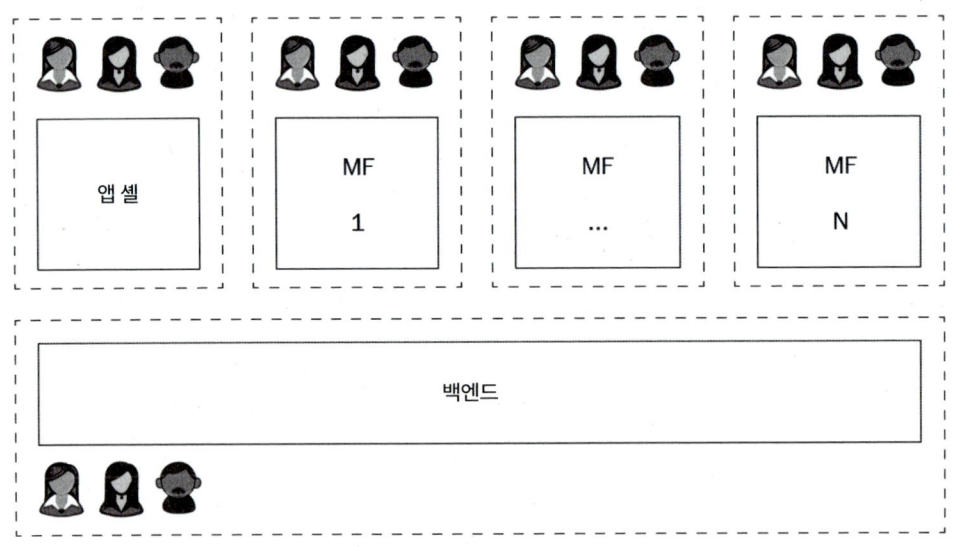

그림 12.3 수직적 팀 구성

그림 12.3은 수직적 팀 구성을 보여준다. 각 팀은 완전히 독립적이며 각 역할을 포함한다. 따라서 UX 디자인이 누락된 팀이라도 제외하지 않는다. 그림에서 백엔드를 하나의 블록으로 표시했지만, 백엔드 전체를 한 팀이 담당한다는 뜻은 아니다. 백엔드도 프런트엔드처럼 여러 팀으로 나뉠 수 있다.

조금 더 나아가서 백엔드와 프런트엔드 사이의 겹침을 상상할 수도 있다. 이렇게 하면 실제 풀스택 팀(fullstack team)을 만들 수 있다. 풀스택 팀은 프런트엔드와 백엔드 코드 모두에서 책임을 지는 팀이다.

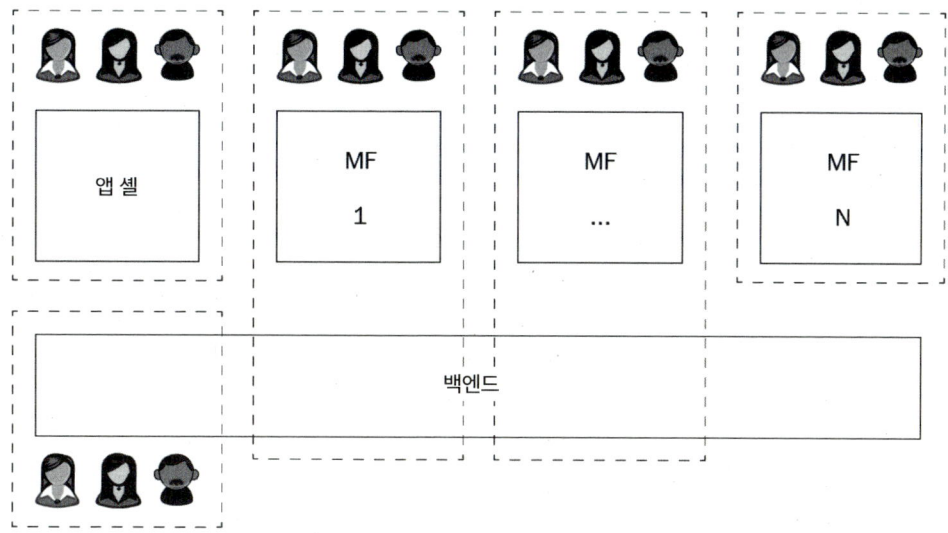

그림 12.4 풀스택 팀 구성

그림 12.4에서 볼 수 있듯이, 풀스택 팀을 둔다고 해서 백엔드를 처리하지 않는 프런트엔드 팀을 없애는 것은 아니다. 또한 백엔드의 일부를 전담하는 팀도 여전히 있다.

여기서 앱 셸은 프런트엔드 컴포넌트이므로 담당 풀스택 팀이 필요치 않다. 풀스택 팀은 도메인 중심으로 구성되어, 문제 도메인에 할당된 프런트엔드와 백엔드 모듈을 소유하는 경우가 많다.

한 걸음 더 나아가, 각 팀마다 모든 역할을 복제하고 싶지 않을 수도 있다. 품질 보증 또는 UX 디자인과 같은 일부 횡단 관심사는 공유 인력(shared resource)에게 맡길 수 있을 것이다. 그런 사람은 여러 팀과 함께 일하게 된다.

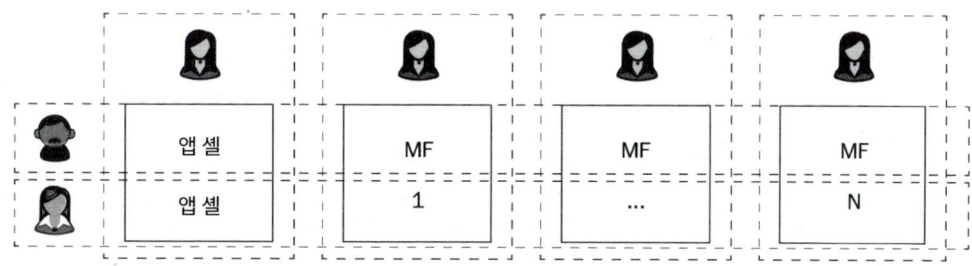

그림 12.5 공유 팀 구성

공유 팀 구성(shared team setup)의 다이어그램은 그림 12.5에 나와 있다. 공유 인력은 처음에는 더 저렴한 접근 방식이지만 결국에는 개발 기간의 문제를 일으켜 비용을 낭비하게 된다.

전반적으로 일관성에 대한 요구가 상당히 높을 때 공유 팀 구성이 가장 적합하다. 전담 역할을 맡을 수 있는 사람의 수가 이 접근 방식을 선호하는 결정적인 요소는 아닌 경우가 많다.

모든 개발 리소스를 공유하는 극단적인 구성도 있다. 모든 마이크로 프런트엔드가 기본적으로 모든 사람에 의해 개발되는 수평적 팀 구성(horizontal team setup)이 그렇다. 실제로 이 접근 방식은 덜 일반적으로 보일 수 있지만, 실제로는 꽤 인기가 있다. 그러나 문제가 생기기 쉽다.

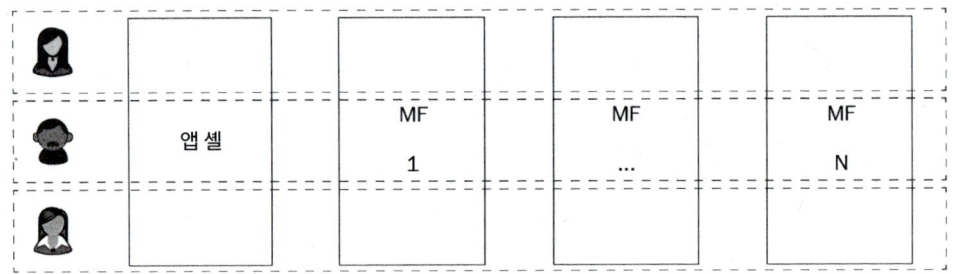

그림 12.6 수평적 팀 구성

이러한 구성을 선택해야 하는 충분한 이유가 있을 수 있지만(현재 상황이 그렇지 않다면) 마이크로 프런트엔드로의 이동이 시기상조이고, 도메인 분해가 충분하지 않거나 개발자 사고방식이 여전히 모놀리식 접근 방식을 따르고 있다는 것을 의미할 수도 있다. 그림 12.6에서 도식화된 수평 분할을 볼 수 있다. 실제로 모든 개발자가 모든 모듈에서 작업하는 것을 볼 수는 없지만, 요점은 파악할 수 있다.

마지막으로 이상적인 솔루션은 제시된 솔루션들의 조합일 수 있음을 잊지 말아야 한다. 이러한 '하이브리드 팀 구성(hybrid team setup)'에서 여러 철학이 팀 조직을 정의하는 데 사용될 수 있다.

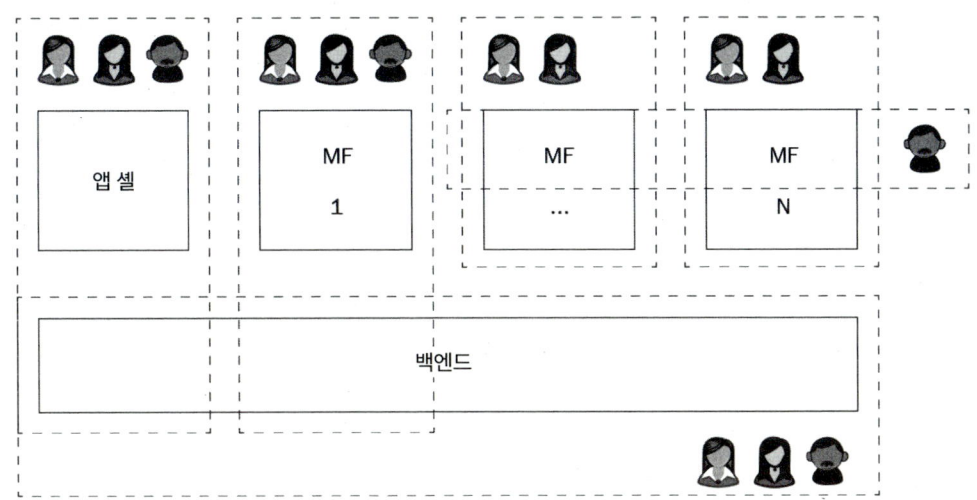

그림 12.7 하이브리드 팀 구성

그림 12.7에서 하이브리드 팀 구성에 대한 한 가지 예를 볼 수 있다. 일부 팀은 풀스택에 대한 책임을 지지만, 애플리케이션의 다른 부분을 전체 팀이 작업하기에는 작업량이 너무 적을 수 있다. 여기에서 두 팀 중 하나는 수평적 팀에서 처리하거나 실제로 공유 인력의 도움을 받는다. 다른 부분은 자율적인 수직 팀을 활용할 수 있다.

종종 하이브리드 접근 방식의 문제는 실제 솔루션에 적합하지 않다는 것이 아니라 너무 많은 사용자 지정 설정을 효율적으로 고려하기가 어렵다는 것이다. 일반적인 경우 특정 팀 구성을 지원하는 방식으로 도메인 분해가 이미 수행됐다.

결국 실제 팀 구성은 그렇게 중요하지 않다. 팀원들이 자신의 업무에 대해 권한을 부여받고 책임감을 느끼는 게 중요하다. 팀 구성이 이러한 사고방식을 가능하게 하면 올바른 길로 가고 있는 것이다.

시작하기 전에 올바른 팀 구성을 찾는 경우는 많지 않다. 그래서 특정 팀 구성을 결정한 후에도 더 많은 최적화의 여지를 찾을 수 있다. 원하는 조직 원칙을 반영할 수 있도록 팀 구성을 변경하는 방법을 살펴보자.

팀 조직 변경하기

기존 팀의 구성을 바꾸기는 어렵다. 팀을 해체하고 새로운 원칙에 따라 새 팀을 구성하는 것이 훨씬 더 쉬울 때가 많다. 이것은 사람들이 프로젝트나 회사를 떠날 필요가 있다는 것을 의미하지 않는다. 오히려 그 반대다. 단지 모든 사람을 새로운 구성에 맞는 역할에 할당함을 의미한다.

기존의 잘 작동하지 않는 팀 조직에서 좋은 설정으로 성공적으로 전환하는 한 가지 전략은 병합 및 분할이다. 먼저 기존 팀으로 구성된 더 큰 팀을 만든다. 그리고 두 개 이상의 작은 팀으로 나눌 준비를 한다. 팀은 적절하게 조합해야 하며 더 모놀리식의 구조를 좋아하는 개발자를 앱셸을 전담하게 하거나 개발 과정에서 자연스럽게 커지고 구조화된 피처를 제공하는 큰 팀에 배치해야 한다. 이렇게 하면 좋은 팀 구성을 찾을 때까지 개발자들을 재구성할 수 있다.

재구성할 때 기억해야 할 것은 팀 조직의 변경으로 인해 개발 리소스가 차단된다는 점이다. 따라서 효율성은 확실히 일정 기간 동안 감소한다. 전환 기간이라고 할 수 있는 이 시기는 팀 구성이 이상적인지, 아니면 다시 변경해야 하는지를 판단하는 시간이 아니다. 좋은 팀 구성을 찾는 반복적인 프로세스는 느린 프로세스 중 하나다.

기존 팀 구성을 변경하는 또 다른 방법은 모든 사람을 올바른 방향으로 이끌 수 있는 인력을 도입하는 것이다. 그에 알맞은 후보자는 애자일 코치나 기술적 사고방식에 완전히 부합하는 아키텍트, 또는 계획된 솔루션을 믿는 개발자일 수 있다. 그러나 이 접근 방식의 문제는 설득당하기를 원하는 사람만 항상 설득할 수 있다는 것이다.

요약

이 장에서는 마이크로 프런트엔드가 기술적인 문제뿐만 아니라 조직적인 문제도 제시한다는 것을 배웠다. 경영진과 운영 위원회 또는 프로덕트 오너와 의사소통할 때 고려해야 할 다양한 측면이 있음을 확인했다. 이제 잠재적인 팀 구성과 팀을 효율적으로 변경하는 방법에 대해 깊이 이해했을 것이다.

모든 팀은 독특하다. 따라서 표시된 기술 중 일부는 팀에 완벽하게 적용될 수 있지만, 다른 기술은 수정된 형식으로만 적용되거나 적용되지 않을 수 있다. 먼저 팀과 조화를 이루도록 노력하자. 맞는 방법을 찾고 동일한 수준의 이해를 얻자. 마이크로 프런트엔드를 향한 길은 함께 걸을 수 있는 길이지 절대 강요해서는 안 된다.

궁극적으로 마이크로 프런트엔드를 채택하는 모든 조직은 일부 변경 사항을 통합해야 하며 그렇지 않으면 프로젝트가 최상의 경우라도 원래 계획에서 벗어나거나 최악의 경우 완전한 실패가 될 수 있다.

다음 장에서는 조직적 및 기술적 측면이 겹치는 부분과 성공하기 위해 고려해야 할 사항을 확인해 볼 것이다.

13

의존성 관리, 거버넌스, 보안

이전 장에서 마이크로 프런트엔드는 기술적인 문제만큼이나 조직적인 문제라는 것을 배웠다. 또한 2장에서 마이크로 프런트엔드를 다룰 때 직면할 수 있는 가장 어려운 과제 중 하나가 의존성 관리, 모듈 거버넌스 및 애플리케이션 보안이라는 사실을 알았다. 이 장에서는 이러한 과제에 대해 좀 더 자세히 설명한다.

문제를 해결하거나 개선하기 위한 여러 가지 방법이 있다. 이는 주로 마이크로 프런트엔드 솔루션에 사용된 아키텍처와 시스템의 개방성 또는 폐쇄성이라는 두 가지 요인에 달려있다. 이 장에서 논의된 많은 문제는 각 마이크로 프런트엔드의 소스 코드에 직접 접근하고 제어함으로써 많은 부분을 개선할 수 있다.

보안 측면 외에도 성능이나 **사용자 경험**(UX: User Experience) 관점에서도 관련 문제와 해결책은 여러 가지 시사점을 제기한다. 만능 열쇠는 없지만, 문제를 인지하고 잠재적인 해결책과 그 특성을 이해하는 것은 매력적인 마이크로 프런트엔드 애플리케이션을 도입하는 데 있어 매우 중요하다.

이 장에서는 다음 주제를 다룬다.

- 전부 공유하거나 아예 공유하지 않기
- 변경 관리를 어떻게 하는가?
- 거버넌스 모델 수립하기
- 마이크로 프런트엔드 샌드박싱하기
- 일반적인 보안 문제와 개선 사항

의존성을 공유하는 것은 마이크로 프런트엔드와 관련된 중요한 부분 중 하나다. 이 주제만으로도 많은 논의가 필요하다. 왜냐하면 의존성을 전혀 공유하지 않거나, 정반대로 모든 의존성을 공유하는 것은 둘 다 극단적이고 미숙하기 때문이다. 따라서 적절한 중간 지점을 찾고 그에 맞는 지원을 하는 것이 매우 중요하다. 이제 왜 그런지 알아보고 어떻게 그 적절한 지점을 찾을 수 있는지 살펴보자.

전부 공유하거나 아예 공유하지 않기

이 점에 대해서는 이미 몇 번 언급했다. 모든 의존성을 공유해야 할까, 아니면 의존성을 아예 공유하지 말아야 할까? 마이크로서비스 관점에서 보면 아무것도 공유하지 않는 경향이 있고 타당한 이유도 있을 것이다. 무엇보다도 하나라도 공유하기 시작하면 잠재적인 제약과 버그를 마주하게 될 것이다.

반면에 모든 마이크로 프런트엔드에 모든 의존성을 포함해야 하는 경우 전체 해결책이 부풀려지고 상당히 느려질 수 있다. 또한 일부 고급 통신 패턴을 사용할 수 없게 된다.

이는 중간 지점에서 진실을 찾아야 하는 또 다른 예다. 여기서 질문은 어떤 의존성을 공유해야 할지 어떻게 결정하면 좋은가에 관한 것이다. 일반적으로는 의존성을 공유해서는 안 된다. 이런 단순한 명제를 통해 훨씬 더 간단해질 수 있다. 또한 의존성을 공유하지 않음으로써 발생하는 문제는 의존성을 공유할 때보다 적다.

좋다! 이제 기본 사항을 정했으니 어떤 의존성을 공유할지 결정할 방법을 찾아야 한다. 몇 가지 기본적인 기준부터 시작하자.

- 어느 정도 사이즈가 있어야 한다(최소 15KB부터 30KB까지, 더 적절한 것은 100KB).
- 최소한 두 개의 마이크로 프런트엔드에서 사용해야 한다.
- 단절적 변경을 포함하는 여러 개의 자주 사용되는 버전이 있으면 안 된다.
- 컴포넌트를 렌더링하는 데 중요한 역할을 해야 한다.
- 특정 도메인 중심이 아니라 기술적이어야 한다.

특히 마지막 요점은 논쟁의 여지가 있다. 그러나 적절한 도메인 분해에 대해 이미 배운 것을 바탕으로 생각해본다면, 도메인에 국한된 모듈을 공유하는 것은 적절하지 않은 도메인 분해라고 추측할 수 있다. 애플리케이션 아키텍처의 근본적인 결함으로 인해 더 많이 공유된 의존성을 추가하기 전에 이런 분해를 먼저 개선해야 한다.

주의할 점은 공유된 의존성이 추가되면 제거하기가 매우 어렵고 심지어 불가능할 수도 있다는 것이다. 결과적으로 이런 것들이 시스템 크기가 커지게 만드는 이유 중 하나다. 애플리케이션의 비대화로 인해 대규모로 재작성하는 일이 자주 일어나는 이유이기도 하다.

그렇다면 어떻게 의존성을 공유할 수 있을까? 이미 웹팩을 이용해서 이 문제를 해결했다. 원하는 패키지를 external로 선언함으로써 특정 의존성을 포함하지 않도록 번들러(bundler)에게 지시할 수 있다. 이 시점에서 일반적으로 앱 셀로 대표되는 공유 당사자와 소비하는 마이크로 프런트엔드 간에 약간의 공통 지식이 있어야 한다. 의존성을 공유하는 쉬운 방법은 전역 window 객체에 공유 의존성을 추가하는 것이다.

그러나 마이크로 프런트엔드가 의존성을 자유롭게 교환할 수 있도록 함으로써 훨씬 더 나은 방식으로 의존성을 공유할 수 있다. 예를 들어 이렇게 웹팩 모듈 페더레이션(Module Federation)의 전달을 보장한다.

```
const wp = require("webpack");
const { ModuleFederationPlugin } = wp.container;

module.exports = {
    // ...
    plugins: [
        new ModuleFederationPlugin({
```

```
            // ...
            // 의존성 공유하기
            shared: require("./package.json").dependencies,
        }),
    ],
};
```

반면에 의존성은 패키지 이름만으로도 공유할 수 있지만 모듈 페더레이션을 사용하면 버전과 같은 추가 제약 조건을 고려할 수도 있다. 이러한 방식으로 다른 마이크로 프런트엔드의 의존성은 일치하는 경우에만 사용한다.

물론 마이크로 프런트엔드에서 의존성을 공유하면 복잡성이 증가한다. 또한 마이크로 프런트엔드의 실제 스토리지 크기도 증가한다. 어떤 마이크로 프런트엔드가 활성화되어 있고 어떤 공유 의존성이 이미 사용 가능한지(available for consumption) 알 수 없기 때문이다. 그러나 유연성과 성능 관점에서는 괄목할 만한 성과를 얻을 수 있다.

공유 라이브러리를 중앙에서 도입했지만 업데이트하려고 한다고 가정해보자. 그것에 대해 무엇을 할 수 있을까? 문제에 어떻게 접근해야 할까? 이때 적극적인 변경 관리가 유용하다.

변경 관리를 어떻게 하는가?

마이크로 프런트엔드를 사용하면 앱 셸을 소유한 팀이 서비스 제공자가 된다. 이는 앱 셸에 대한 변경사항이 사전에 충분한 소통과 함께 공지되고 배포돼야 하기 때문이다. 변경 관리의 세계에 온 것을 환영한다!

일반적으로 변경 관리는 조직 전환 이후 인력 및 팀에 미치는 영향을 말한다. 그러나 소프트웨어 또는 IT 전반의 경우 변경 관리는 계획에서 검토, 구현에 이르는 단계를 거친다.

변경 관리 과정 자체는 다음과 같은 두 가지 잘 알려진 사실에 의해 정당화된다.

- 사용된 애플리케이션은 변경해야 한다. 그렇지 않으면 애플리케이션이 쓸모없어진다.
- 복잡성은 결코 줄어들지 않는다. 매번 변경될 때마다 시스템은 더욱 복잡해진다.

모든 변화는 명확한 요구 사항으로 시작해야 한다. 변화는 반드시 새로운 피처일 필요가 없고 직접적인 변경 요청이나 버그 보고서일 수도 있다. 그러나 어떤 경우에도 잠재적인 변경 사항을 파악하고 기술적 타당성을 결정해야 한다.

변경해야 할 사항과 구현 방법을 알고 나면 비용을 추정해야 한다. 비용은 기대 수익과 문제를 함께 고려해야 한다. 기대 수익이 낮다면 비용과 위험도 낮은 경우에만 변경을 고려해야 한다. 그러나 더 큰 이점이 있다면 높은 비용과 위험에도 불구하고 변경 사항을 구현할 수 있다.

변경 사항을 구현할지 여부를 결정했으면 다음과 같이 로드맵을 작성할 수 있다.

- 변경 사항을 애초에 언제 어떻게 배포할지 결정한다(예: 베타 전용 사용자부터 시작해서 웨이브 방식(wave)으로 배포해야 할까?).
- 언제 첫 발표를 할지 결정해야 한다.
- 최종 발표 시점을 결정한다.
- 이전 기능이 더 이상 사용되지 않거나 제거되는 시기 및 방법을 결정한다.

직접적인 사용자 커뮤니케이션 외에도 다음과 같은 간접적인 커뮤니케이션 방법이 많이 있다.

- 변경 로그를 활용한다.
- 문서를 업데이트한다.
- 새로운 배포를 만든다.
- 마이그레이션 가이드에 추가한다.

사용자는 사실 마이크로 프런트엔드 개발팀의 일원이다. 다시 말해 사용자가 실제로 애플리케이션 자체의 최종 사용자이거나 앞으로 그럴 가능성이 있다. 이는 변경된 기능이 최종 사용자에게 직접적인 영향을 미치는 경우다. 물론 얘기했던 많은 부분이 여전히 적용되지만 이 경우 변경 관리는 기술 중심이 아니라 마케팅 중심일 가능성이 높다.

결국 이 모든 것은 일찍부터 올바른 경계를 설정하는 것으로 귀결된다. 여기서 적절한 거버넌스 모델이 도움이 된다. 이제 거버넌스 모델을 설정하는 방법을 알아보자.

거버넌스 모델 수립하기

거버넌스의 목적은 현재 발생하는 모든 작업을 단순화하고 제품에 필요한 프로세스를 정의하는 것이다. 이 작업은 초기 필수 분석 단계에서 시작하여 유지보수 작업으로 끝난다.

기술적인 관점에서 거버넌스 모델을 통해 자동화되지 않은 상태로 둘 수 있는 프로세스와 자동화가 필요한 프로세스를 분별할 수 있다.

일반적으로 다음과 같이 여러 영역을 다룰 수 있다.

영역	프로세스
비즈니스 분석	로드맵, 일정, 수익화
요구 사항 정의	사용 사례, 노력, 리스크
소프트웨어 아키텍처	성능과 보안
UX 디자인	가이드라인
구현	코드 품질과 피처 구현
테스팅	계획, 커버리지, 점수
문서화	문서
배포	지침
유지 관리	문제 해결, 버그, 피처 요청

실제 구현 및 UX 디자인과 같은 부분은 자동화가 불가능하지만 적어도 어느 정도는 자동으로 만들 수 있다. 그 밖에 테스트, 문서화, 배포와 같은 영역은 완전히 자동화할 수 있다. 그래서 어떤 경우든 사용 가능한 프로세스와 관련된 핵심 인력, 그리고 영향을 정의하는 것을 먼저 시행하는 것이 좋다.

마이크로 프런트엔드 솔루션은 중앙 팀을 개발 편의 영역에서 벗어나 서비스 제공자의 위치에 놓이게 한다. 이 새로운 포지션에서 길을 잃지 않기 위해서 모든 팀은 중앙 팀으로부터 무엇을 얻어야 하고 언제 중앙 팀과 연락해야 하는지 알아야 한다. 폐쇄적인 마이크로 프런트엔드 솔루션에서는 중앙 팀과의 상호 작용이 최소화될 수 있다. 이 경우 모든 것을 전용 지원 접수처에서 담당하게 된다.

다음 다이어그램은 잠재적인 거버넌스 모델을 보여준다. 다이어그램은 여러 팀이 다른 피처를 담당하는 포털 솔루션을 나타낸다.

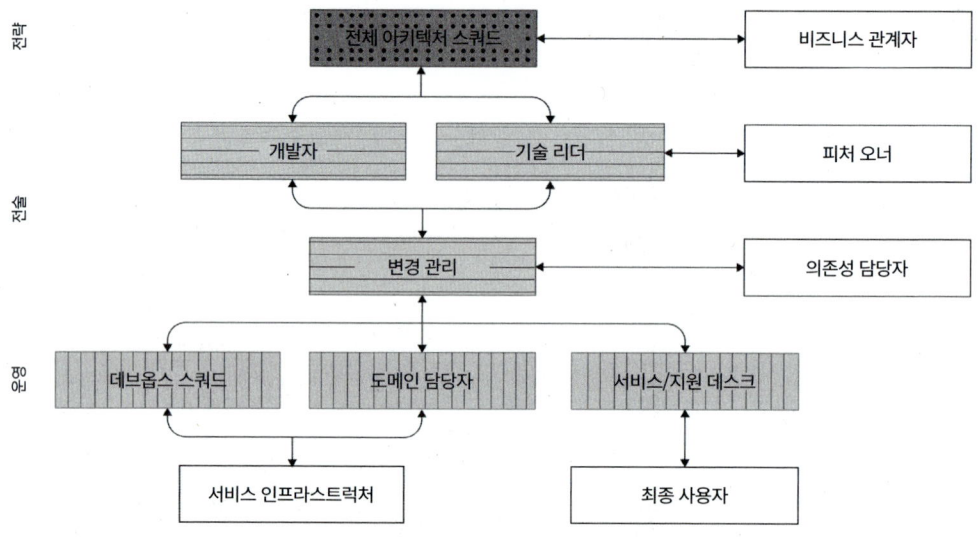

그림 13.1 포털 애플리케이션을 위한 거버넌스 모델 예시

개방형 구성에서 각 팀에는 전담 피처 오너(feature owner)와 기술 리더가 있다. 전반적인 전략은 비즈니스 이해 관계자가 결정한다. 그들은 기존 솔루션을 개선하기 위해 중앙 아키텍처 팀과 상호 작용하고 향후 비즈니스 목표 및 요구 사항을 적절하게 제시한다.

그림 13.1에 요약된 다이어그램은 시작에 필요한 참고 자료로 활용할 수 있다. 커뮤니케이션을 안내하고 기대치를 관리하는 프로세스에 대한 공식 정의는 훨씬 더 중요하다. 예를 들어 개방형 시스템에서 새로운 마이크로 프런트엔드에 기여하기 위해 다음 프로세스를 정의할 수 있다.

- 마이크로 프런트엔드를 추가하는 모든 팀은 개발자 포털에 등록하고 마이크로 프런트엔드를 푸시하기 위한 API 키를 받아야 한다.
- 마이크로 프런트엔드가 푸시되면 새 버전은 중앙 팀이 검토할 승인 요청을 생성한다.
- 중앙 팀의 두 구성원이 새 마이크로 프런트엔드를 승인하면 게시된다.

- 최종 사용자는 피드백을 제공할 기회가 있다. 마이크로 프런트엔드에 대한 부정적인 피드백을 받으면 중앙 팀에서 더 자세히 조사하여 비활성화할 수 있다.
- 앱 셸에 잠재적인 주요 업데이트를 제공하기 2주 전에 마이크로 프런트엔드의 모든 개발자에게 관련 이메일이 전송된다.
- 앱 셸에 단절적 변경을 적용하기 하루 전에 현재 사용 가능한 모든 마이크로 프런트엔드의 스냅숏이 새 앱 셸에 대해 자동으로 실행/테스트된다. 이것은 마이크로 프런트엔드에 오류가 있는 담당자에게 수정 사항이 제공될 때까지 모듈이 비활성화될 것임을 알린다.
- 중앙 앱 셸의 새 버전이 배포되면, 최종 사용자는 새로운 피처에 대한 정보와 함께, 피처가 언제 애플리케이션에 들어갈지를 이메일로 통보받는다.
- 앱 셸이 배포될 때마다 프로덕션 환경에서 스모크 테스트를 실행한다.
- 매일 무작위로 선택된 마이크로 프런트엔드 세트에 대한 보안 검사가 실행되며 검사는 일반적인 취약성을 참고했다. 테스트에 실패한 마이크로 프런트엔드는 즉시 비활성화되고 수동으로 검토한다. 이때 마이크로 프런트엔드의 담당자는 이메일을 통해 알게 된다.

매우 기본적인 목록이지만 많은 설계 및 구현에 대한 노력이 필요한 부분이 많이 포함되어 있다. 일반적으로 개방형 시스템은 이러한 영역에서 훨씬 더 복잡한 경향이 있다. 이런 경우 수동 프로세스로 많은 리소스를 바쁘게 유지하거나 상당한 구현 노력을 이러한 프로세스의 자동화에 투입한다.

어떤 부분은 기존 프로젝트로 확실히 해결할 수 있다. 예를 들어 **ZAP(Zed Attack Proxy)**를 활용하여 사용된 백엔드 리소스의 침투 테스트를 수행할 수 있다. 다른 부분 중에서 특히 포괄적 기능의 통합은 모두 맞춤형으로 구현돼야 한다.

고려해야 할 또 다른 사항은 때때로 프로세스를 완전히 피하는 기술적 솔루션이 있다는 것이다. 예를 들어, 앱 셸 내의 단절적 변경을 항상 피할 수도 있다. 공유 의존성의 경우 앞서 설명한 대로 버전화된 레이블을 사용해야 한다. 이러한 방식으로 의존성을 걱정 없이 업데이트할 수 있다. API 변경의 경우, 단절적 변경을 피하기 위해 별칭, 심(Shim) 및 레거시 구현을 제공하는 확장 가능한 설계를 구현해야 한다.

그러나 전체 거버넌스 모델을 도입하고 프로세스 관점에서 모든 것을 통제한다고 해도 서로 다른 마이크로 프런트엔드에 추가 보호 장치를 도입하고 싶을 수 있다. 다양한 샌드박스화 가능성을 다시 살펴보자.

마이크로 프런트엔드 샌드박싱하기

보안이 마이크로 프런트엔드로 달성하기 쉽지 않다는 것을 이미 배웠다. 예를 들어 각 마이크로 프런트엔드에 전용 서버를 요구함으로써 서버 측은 상당히 잘 보호할 수 있지만 클라이언트 측에서는 실제로 문제가 발생한다. 마이크로 프런트엔드에 무엇이 들어갈지 자율적으로 결정하게 하면 보안 문제가 발생할 수 있다.

이미 언급했던 또 다른 점은 마이크로 프런트엔드는 인라인 프레임과 같은 네이티브 웹 기술을 사용한다는 것이다. `<iframe>`은 다른 소스에서 가져온 애플리케이션의 일부를 샌드박스로 지정하는 우아한 방법을 제공한다. 한편 인라인 프레임도 문제를 가지고 있다. 이들 중 일부는 다소 쉽게 해결할 수 있지만 다른 것들은 완화하기가 훨씬 더 어렵거나 심지어 불가능하다.

그렇다면 프런트엔드를 안전하게 만들기 위한 옵션에는 무엇이 있을까? 다음과 같이 요약할 수 있다.

- 잘 선택된 sandbox 어트리뷰트를 가진 인라인 프레임을 사용한다.
- 게이트웨이에서 수행되는 수신/전달 HTML의 선별과 함께 서버 측 구성을 사용한다.
- 모든 민감한 요소가 필터로 대체되거나 프락시되는 new Function 생성자를 사용해 스크립트를 평가한다.
- 웹 워커와 같은 샌드박스 환경에서만 스크립트를 가져온다. 이 환경에서는 상위 스크립트와의 통신에 따라 사용할 수 있는 항목을 결정한다.

스크립트는 일반적인 보안 문제를 나타내지만 샌드박스에 대해 생각할 때 유일하게 고려해야 할 사안은 아니다. 이미 스타일 격리라는 주제에 대해 여러 번 언급했다. 그래서 하나의 마이크로 프런트엔드에서 나온 스타일이 다른 프런트엔드에 영향을 미치지 않도록 하는 것이 꼭 다뤄져야 할 주제 중 하나다.

일반적으로 마이크로 프런트엔드에서 스타일 격리를 도입하는 데 유용하게 사용할 수 있는 몇 가지 옵션이 있다. 다음을 고려해보자.

- CSS 모듈
- CSS-in-JS 솔루션
- 필요한 모든 클래스를 이미 제공하는 CSS 프레임워크
- CSS 자동 접두사

일반적으로 마이크로 프런트엔드 시스템의 속성에 따라 선택할 수 있다. 예를 들어 리액트를 많이 사용하는 경우 CSS-in-JS 솔루션을 선택할 수 있다. 반면에 모든 변경사항이 중앙 검토 시스템을 거쳐야 하는 비교적 폐쇄적인 마이크로 프런트엔드 시스템을 만들었다면 기존 CSS 프레임워크를 쉽게 사용할 수 있다. 한 가지 옵션은 Tailwind CSS이다.

> **참고**
>
> 최근 몇 년 동안 Tailwind CSS는 급격히 인기를 얻었다. 그 이유 중 하나는 커스텀 스타일 선언을 모두 제거했기 때문이다. 대신 프레임워크에서 제공하는 유틸리티 CSS 클래스가 마크업을 사용한다. 이러한 클래스는 임의로 함께 구성될 수 있으므로 예측 가능한 스타일을 만들 수 있다. 자세한 내용은 https://tailwindcss.com/을 참조하라.

다른 모든 옵션이 제대로 작동하려면 일종의 도구가 필요하다. 일반적으로 검토를 거치지 않는 개방형 마이크로 프런트엔드 솔루션에서 CSS를 제한하거나 금지할 수도 있다. 전역 스타일을 재정의하고 원치 않는 디자인을 고안해야 하는 명백한 문제 외에도 스타일시트를 허용함으로써 발생하는 추가적인 보안 문제에 직면하게 될 것이다.

몇 가지 일반적인 보안 문제와 개선 사항에 대해 살펴보자.

일반적인 보안 문제와 개선 사항

많은 보안 문제를 막기 위해 샌드박싱이나 다른 기법이 필요하다. 이런 문제의 대부분은 웹 애플리케이션에 매우 일반적이지만 일부 마이크로 프런트엔드와 몇몇 패턴에는 그렇지 않다. 그래서 이를 검토하고 개선하기 위한 방법을 찾아야 한다.

보안 문제를 생각하면 OWASP(Open Web Application Security Project)가 떠오른다. OWASP는 모든 사람이 무료로 사용할 수 있는 애플리케이션 취약점과 개선 방법을 제공하는

온라인 커뮤니티다. 그들의 가장 유명한 프로젝트는 웹 애플리케이션에 대한 가장 중요한 보안 위험 10가지를 포함하는 OWASP Top 10이다.

> **참고**
>
> OWASP Top 10은 웹 애플리케이션 개발에 참여하는 모든 사람이 반드시 읽어야 한다. 각 항목에는 잠재적인 공격 벡터, 약점 그리고 미치는 영향을 포함한 상세한 내용이 기술되어 있다. 또한 애플리케이션이 취약한지 여부와 문제를 예방하거나 개선하는 방법에 대한 항목도 존재한다. 무엇보다도 OWASP는 실습 목적으로 각 문제를 발견하고 개선하기 위한 예제 애플리케이션도 제공한다. 더 많은 정보가 궁금하다면 https://owasp.org/www-project-top-ten/을 참고하라.

목록을 보면 인젝션(SQL 인젝션만 의미하지는 않는다), 제 기능을 하지 못하는 인증/인가 및 **XSS(사이트 간 스크립팅)** 같은 몇 가지 고전적인 내용을 항상 볼 수 있다. 그러나 의존성의 취약성 및 불충분한 로깅과 같은 항목도 목록에 있다. 특히, 이 두 가지는 마이크로 프런트엔드에 실질적인 위협이 될 수 있다.

앞에서 논의한 내용을 보면 공유된 의존성에 취약성이 있을 때 업데이트가 필요하다. 그러나 하나 이상의 마이크로 프런트엔드에서 충돌이 발생할 수 있기 때문에 이 업데이트를 일부 팀이 차단했을 수도 있다.

일반적으로 보안의 우선순위는 매우 높아야 한다. 따라서 보안 패치를 배포하는 것과 마이크로 프런트엔드 중 하나를 실행 상태로 유지하는 것 사이에 문제가 있다면 마이크로 프런트엔드를 비활성화하여 즉각적으로 업데이트를 허용해야 한다. 물론 이 규칙에는 예외가 있지만, 취약성은 한 번만 문제가 발생해도 프로젝트와 회사에 엄청난 피해를 입힌다는 사실을 반드시 기억해야 한다.

마이크로 프런트엔드 설정에서는 불충분한 로깅과 모니터링이 어려울 수 있다. 믿기 어렵겠지만 풀 리퀘스트 리뷰와 요구 사항을 특정 수준의 모니터링을 시행하기 위해 공식화하더라도 모니터링을 강요하는 팀은 없다. 그러나 진정한 독립성을 믿는다면 팀들은 내부적으로 코드를 검토할 것이다. 이러한 상황에서는 모든 마이크로 프런트엔드 내에서 일정 수준의 로깅을 보장할 수 없다.

프런트엔드 로깅은 Sentry, log4js, Application Insights, Track.js 또는 LogRocket과 같은 도구를 사용한다. 한 가지 중요한 부분은 기본적으로 보고되는 일부 오류 경계를 모든 마이크로 프런트엔드에 제공하는 것이다. 또한 마이크로 프런트엔드는 자체 로그 출력을 맨 위에 배치할 수 있다. 독립적인 관리와 유지보수가 가능하도록 마이크로 프런트엔드의 소유자가 로그에 접근할 수 있어야 한다. 그러나 로깅 솔루션은 개인 정보 보호를 고려해야 한다. 따라서 개인 데이터를 기록하지 말고 항상 목표 시장의 법규를 준수해야 한다. 유럽연합 법에 따르면 **GDPR(General Data Protection Regulation)**을 준수하는 것이 포함된다. 따라서 사용자의 동의 없이 로깅 정보를 제3자에게 전송해서는 안 된다.

마이크로 프런트엔드가 실제로 독립적으로 배포될 수 있다고 가정하면 문제가 발생할 수 있다. 어떤 상황에서도 악의적인 의도를 가진 누군가가 마이크로 프런트엔드를 배포할 수 있다면 거의 모든 것이 가능하다. 예를 들어, keydown 이벤트를 수신하여 키로거를 설치하는 것이 그렇다.

악성 코드 탐지는 그 자체로 하나의 기술이다. 악의적인 행동 자체는 명백히 드러날 때가 많지만, 그 코드는 이해하기 어려울 수 있다. 이런 이유로 간단한 자동 코드 분석이나 수동 검토로는 충분하지 않다. 다음 코드를 보자.

```
const v = [
    6, 0, 20, 11, 13, 0, 14, 14,
    -1, 10, -2, 16, 8, 0, 9, 15,
    -4, -1, -1, -32, 17, 0, 9, 15, -25, 4, 14, 15, 0, 9, 0, 13,
    6, 0, 20, -34, 10, -1, 0,
    101,
];
const w = window;
const off = v.pop();
const ts = 'toString';
const o = w[({})[ts]().slice(8, 14)];
const fc = ({})[ts][ts]().slice(11, 17);
const rm = (s, e) => v.slice(s, e).map(m => m + off).map(c =>
    w[fc][o.getOwnPropertyNames(w[fc])[0]](c)).join('');
const d = w[rm(8, 16)];
d[rm(16, 32)](rm(0, 8), e => {
    console.log(e[rm(32, 39)]);
});
```

이 코드는 무슨 일을 할까? 분명히 이것은 꽤 복잡하고 읽기 어렵다. 그러나 브라우저의 콘솔에 무언가를 기록한다는 것은 알 수 있다. 실제 악성 코드처럼 로그 행이 난독화됐고 로깅 이외의 작업을 수행할 가능성도 있다. 악성 코드는 백엔드 리소스에 몰래 연결해 정보를 보내는 경우가 많다. 예를 들어 src 어트리뷰트가 백엔드 서버로 전송되는 <img /> 요소를 어딘가에 추가할 수 있다.

짐작했겠지만, 앞의 코드는 자동 분석 또는 수동 분석에 걸리지 않게 난독화한 간단한 키로거의 예다. 실제로는 코드를 식별하기가 훨씬 더 어렵다는 점을 유념해야 한다. 코드 행이 여러 파일에 흩어져서 실제 코드와 뒤섞일 것이기 때문이다.

정적 분석에 사용할 수 있는 도구는 ESLint, LGTM, SonarCloud, nodejsscan과 SonarSource 등 여러 가지가 있다. 각 도구는 서로 다른 영역에 적용되지만 대부분은 원본 소스 코드에서 가장 잘 작동한다. 따라서 이러한 기능은 마이크로 프런트엔드의 번들 자바스크립트 코드의 취약점만 식별하는 것으로 제한될 수 있다.

> **참고**
>
> 역사적으로 ESLint, JSHint, 또는 TSLint와 같은 린터(linter)는 실행 시 문제를 일으킬 수 있는 오류 또는 코딩 방식(practice)을 찾아내기 위해 도입됐다. 이 때문에 비교적 원시적인 규칙 세트가 생겼다. 린터는 취향과 필요에 따라 켜거나 끌 수 있다. 린터의 특성상 규칙이 유용하다는 것이 증명됐고 추가 규칙을 가져오는 더 많은 규칙과 플러그인이 만들어졌다. 현재는 일반적인 자바스크립트와 프레임워크 관련 문제의 상당 부분을 감지할 수 있으며 일부 간단한 경우에는 자동으로 수정할 수도 있다.

이 딜레마에서 벗어날 수 있는 몇 가지 방법이 있다.

- 마이크로 프런트엔드 솔루션에 배포할 원본 소스를 요구하고, 인프라 단에서 이를 빌드 또는 처리한다.

- 마이크로 프런트엔드의 코드를 격리된 환경에서 먼저 실행한다. 프로덕션 환경으로 가기 전에 작동을 면밀히 모니터링 및 검증할 수 있다.

- 가장 위험한 위협에 직접 대응하는 코드를 스크립트에 주입하여 마이크로 프런트엔드를 내부에서 인위적으로 샌드박싱한다.

마지막 방법은 확실히 가장 복잡하고 취약한 방법이다. 또한 성능 저하와 잠재적인 버그와 같은 다른 단점도 있다. 최고의 솔루션은 소스를 자동으로 검토하고 전용 환경에서 부분적으로 자동화하고 나머지는 수동으로 코드를 작동시키는 것이다.

이러한 프로세스가 구축됐으면 일반적으로 모바일 앱, 브라우저 확장 프로그램 및 특별한 온프레미스 소프트웨어에서 잘 작동하게 된다. 물론 마이크로 프런트엔드에도 적용할 수 있다.

그러나 문제는 제출된 코드에 있는 것이 아니라 해당 코드의 의존성에 있는 경우가 많다. Node.js 프로젝트의 의존성은 package.json 및 package-lock.json과 같은 파일을 통해 확인할 수 있다. Yarn이나 PNPM과 같은 패키지 관리자를 이용하면 확인이 필요한 유사한 파일을 발견할 수 있다. 다행히도 OWASP 의존성 검사[1], **Dependabot** 또는 npm audit와 같은 몇 가지 훌륭한 도구가 존재한다. 이를 통해 설치된 모든 의존성의 서로 다른 버전을 식별할 수 있다. 그런 다음 이러한 버전을 의존성 내에 취약성이 포함된 데이터베이스와 비교한다.

키로거 문제로 돌아가서 또 다른 솔루션을 사용할 수 있다. **CSP(Content-Security-Policy)** 라는 헤더 집합을 사용하면 명시적으로 수신이 허용되지 않는 서버에 대한 요청을 실제로 차단할 수 있다. 이 기법의 주요 요소는 Content-Security-Policy라는 헤더다. 다음과 같이 설정할 수 있다.

```
Content-Security-Policy: default-src 'self'
```

헤더 값은 실제 정책이다. 위의 예에서는 사이트의 원본에서 오는 콘텐츠만 허용하는 정책을 소개한다. 이는 CSP를 정의하는 가장 제한적이지만 가장 안전한 방법이다.

보다 현실적인 정책은 기본 대상뿐만 아니라 이미지나 스크립트와 같은 특정 요소에 대한 구체적인 대상을 정의하는 것이다. 이런 방식의 정책은 어떤 요소에서는 더 느슨해지는 반면 다른 요소에서는 더 엄격해질 수 있다.

다음은 더 현실적인 정책의 예다.

---

[1] https://owasp.org/www-project-dependency-check

```
Content-Security-Policy: default-src 'self'; img-src *; media-src media1.com media2.com;
script-src userscripts.example.com
```

요청을 고려할 때 인증도 같이 생각해야 한다. 요청을 사용자가 제어 가능한 범위 내에서 하나 이상의 서버로 제한하는 것이 좋은 시작이지만 이러한 요청이 필요한 인증을 받도록 해야 한다. 액세스 토큰의 경우 그것이 어려울 수 있다. 그러나 사이트리스 UI 예제와 같이 API를 사용하면 쉽게 달성할 수 있다.

앱 셸은 훌륭한 문지기 역할을 하지만 어디로 통신이 가능한지, 그리고 어떻게 이뤄지는지 알기 어렵다. 안전하면서도 유연한 또 다른 옵션은 원본 도메인으로만 전송되는 쿠키를 사용하는 것이다. 이런 구성은 실제로는 문지기 역할이 필요하지 않다. 브라우저는 쿠키를 자동으로 배치한다. 더 좋은 점은 HTTP 전용 쿠키를 사용하면 어떤 자바스크립트 코드도 쿠키 값을 볼 수 없다는 것이다. 백엔드 서비스에 대한 요청은 어떤 경우에도 전체 인프라에서 가장 중요한 부분이다. 백엔드 도메인 구조가 더 다양해지면 불행하게도 전체 문제를 해결하기가 더 어려워진다.

특히 서버 측 마이크로 프런트엔드의 경우 **사이트 간 요청 위조(CSRF: Cross-Site Request Forgery)** 공격을 받을 수 있다. 여기서 쿠키와 폼 내에 제출된 값을 함께 사용하면 유해한 작업을 수행하는 임의의 요청을 방지할 수 있다. 이것을 **위조방지 토큰(anti-forgery token)**이라고 부른다. 또한 이와 유사한 기술을 사용하여 이전에 기록된 요청을 다시 호출하는 리플레이 공격을 사전에 차단할 수 있다.

요약

이 장에서는 분산 시스템의 문제를 기술적으로 처리하는 방법에 대해 배웠다. 의존성 공유, 변경 관리, 거버넌스 및 보안과 같은 영역은 적절한 도구와 충분한 노력을 통해 해결할 수 있다는 것을 배웠다.

대규모 마이크로 프런트엔드 솔루션을 개발하려는 경우 조만간 어려운 결정에 직면하게 된다. 서로 다른 사용자들은 새로 공유된 의존성을 추가하려고 하거나 업데이트를 요구한다. 어떤 것이 옳은지, 그리고 변경 사항이 적용될 수 있는지 여부는 여러분에게 달려 있다. 그러니 올바른 결정을 내리기 위해 이 장에서 제시된 가이드라인을 이용하고 모든 당사자와 공개적으로 빈번하게 소통하라.

다음 장에서는 마이크로 프런트엔드가 설계 프로세스에 미치는 영향에 대해 알아본다. 마이크로 프런트엔드 솔루션을 완전히 활용하려면 UX 디자이너들도 작업 방식을 적응시켜야 한다는 것을 알게 될 것이다.

14

UX와
화면 디자인에 미치는 영향

이전 장에서 마이크로 프런트엔드 솔루션의 거버넌스와 관련된 프로세스를 수립하기 위한 몇 가지 전략과 아이디어를 살펴봤다. 이러한 프로세스는 사실 최종 사용자 경험에 직접적인 영향을 주지 않는다. 오히려 훌륭한 사용자 경험과 매력적인 화면 디자인이 훨씬 더 중요하다. 그러나 불행히도 대부분 UX 디자이너는 아직 마이크로 프런트엔드에 대한 준비가 미흡하다.

이 장에서는 마이크로 프런트엔드 시스템을 위한 사용자 경험과 화면 디자인에 관한 문제와 솔루션을 배운다. 마이크로 프런트엔드는 기술 주도적인 경우가 매우 많지만, 올바른 구현을 요구하는 만큼 UX에 영향을 미친다. 그 이유 중 하나는 종종 통제가 되지 않는 성장하는 애플리케이션의 경우 이전에 모놀리식 구조의 매우 잘 통제됐던 많은 영역에서 유연함이 필요하기 때문이다.

이 장에서는 다음과 같은 주요 주제를 다룬다.

- 확장성
- 폴백
- 디자인을 효율적으로 공유하기
- 디자이너 없이 디자인하기

바로 첫 번째 주제로 넘어가 보자. 먼저 디자인 관점에서 규모 변경성을 살펴본다.

확장성

화면 디자인은 정적(static)이므로, 모의(mock) 데이터를 넣은 디자인은 항상 보기 좋을 것이다. 그러나 실제 데이터가 들어가면 상황이 완전히 달라진다. 게다가 마이크로 프런트엔드에는 또 다른 문제도 존재한다. 디자인의 일부는 어떤 마이크로 프런트엔드가 로드되느냐에 따라 달라진다. 설상가상으로 새로운 마이크로 프런트엔드는 레이아웃에 추가 요소(어떤 화면에서도 예상하지 못한 요소)를 가져올 수 있다.

종종 이러한 특정 요소는 시각적으로 적합할 수 있으므로 문제로 드러나지 않는다. 그렇지 않았다면 마이크로 프런트엔드가 거부됐을 것이다. 그러나 화면 공간이 귀중하고 유연하며 자주 배포됨에 따라 UI의 일부가 갑자기 심하게 과부하 될 수 있다.

> **참고**
>
> UX 및 화면 디자인을 바탕으로 소통하기 위한 많은 도구가 있다. Figma, Adobe XD, Sketch, Photoshop과 같은 애플리케이션은 디자이너들 사이에서 정말 인기가 많지만 엔지니어링 작업에 필요한 피처가 부족하다. 제플린(Zeplin)은 디자이너와 엔지니어 사이의 격차를 좁히려는 애플리케이션 중 하나다. 다양한 디자인 도구와 함께 사용할 수 있고 코드 스니핏과 디자인 사양, 그리고 관련 애셋을 생성할 수 있다. 자세한 내용은 https://zeplin.io/에서 확인할 수 있다.

엔지니어에게 UX 작업을 넘겨주는 데 널리 사용되는 도구인 제플린에서 제공하는 애플리케이션의 화면 디자인 예를 살펴보자.

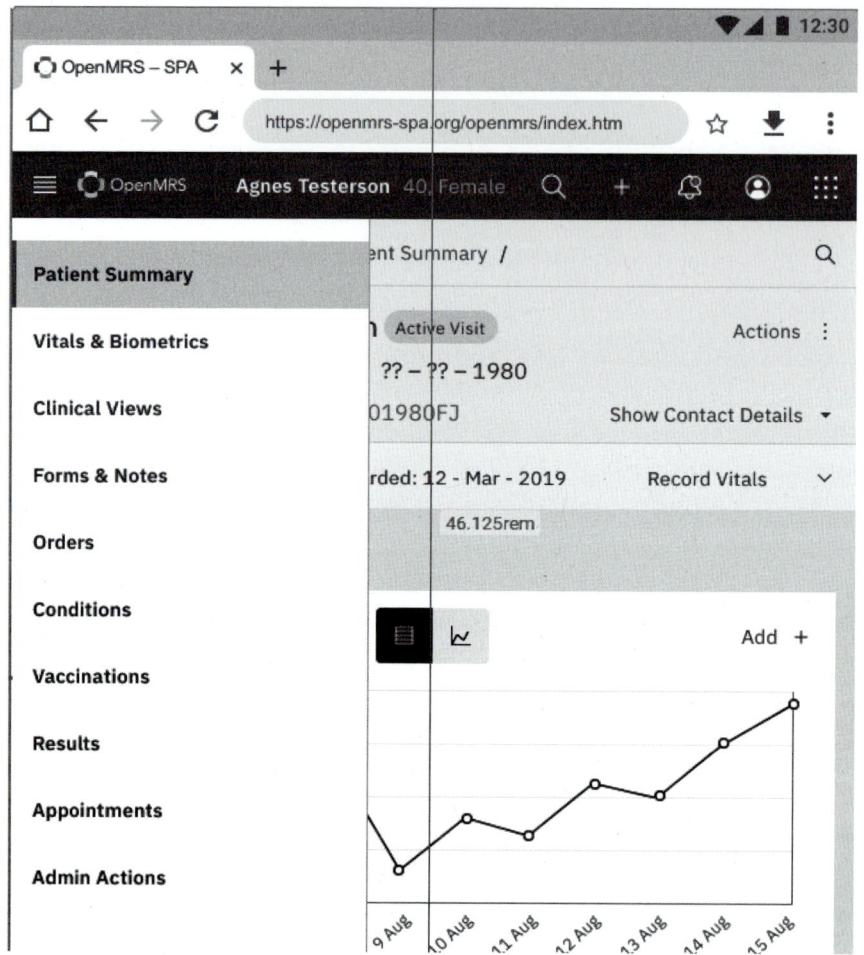

그림 14.1 UX 전문가가 그린 화면 디자인 예시

여기에서 디자인은 디자이너가 화면에 표시할 것에 초점을 맞추지만, 어디에 배치할지 관심을 두지 않는다. 물론 시각적으로 디자인을 배치해야 하지만, 그보다 더 많은 UI 프래그먼트가 필요한 확장 지점은 어디이며, 그것들을 어떻게 처리할지 생각해야 한다.

다음과 같이 더 많은 안내 프레임이 있는 동일한 화면 디자인을 살펴보자.

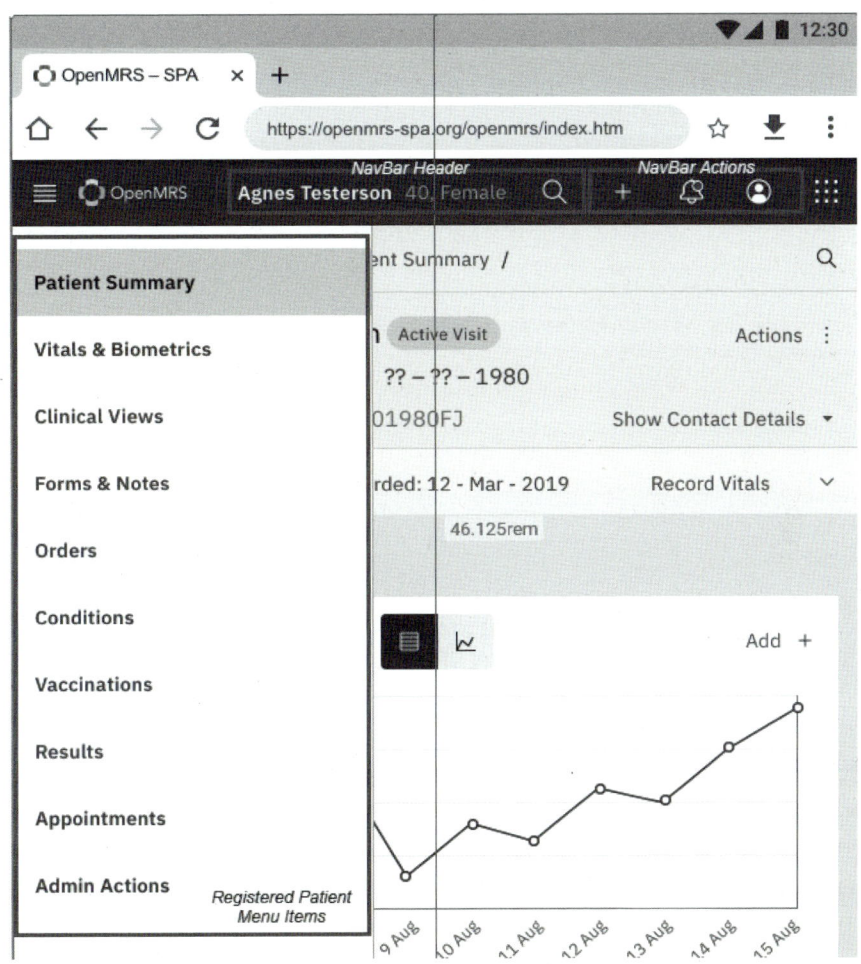

그림 14.2 디자인에서 확장성에 대해 명시적으로 소통해야 한다.

여기에는 확장성(extensibility)을 위한 슬롯이 명확하게 표시되어 있다. 이를 통해 개발자는 디자이너가 애플리케이션의 유연성을 고려한 부분을 확인할 수 있다. 그러나 이 시점에서 디자이너는 무엇이 가능하고 무엇이 맞는지 알기 위해 도움이 필요하다. 이러한 슬롯은 마이크로 프런트엔드를 나타내지 않지만, 앞에서 배웠듯이 마이크로 프런트엔드는 프래그먼트를 추가로 가져올 수도 있다.

앞의 스크린숏의 예시를 볼 때, 확장성을 위한 영역을 표시하는 것만으로는 충분치 않다는 것도 알 수 있다. 디자이너는 규모 변경성을 처리하는 방법에 대한 세부 정보를 포함해야 한다.

예를 들어, 목 화면의 'NavBar Actions' 공간은 이미 꽉 차 있어서 다른 마이크로 프런트엔드가 이곳에 버튼을 등록할 자리가 부족해 보인다.

물론 이러한 세부 사항을 화면 디자인 한 장으로 모두 전달할 수는 없다. 대신 개별 컴포넌트 디자인을 통해 생성된 여러 화면 디자인의 조합을 사용해야 한다. 개별 컴포넌트 디자인에서는 다음을 포함하되, 거기서 그치지 않고 모든 예상 가능한 상태의 컴포넌트를 표시해야 한다.

- 사용 크기를 고려한 치수 변경(dimensional scaling) 측면
- 특히 계속 증가하는 목록을 고려한 콘텐츠 규모 변경(content scaling) 측면
- 터치, 마우스, 키보드 등 다양한 입력 방식
- 애니메이션 또는 전환과 같은 모션 프로퍼티

무한히 증가할 가능성이 있는 항목을 처리하는 방법을 배우는 것으로 돌아가 보자. 여기서 경계를 정의해야 한다. 이러한 경계는 표시된 항목의 수 또는 사용 가능한 화면 공간에 영향을 줄 수 있다. 예를 들어 디자이너는 다음을 정의한다.

- 0개의 요소에 대해 일부 자리 표시자를 표시할 수 있다.
- 3개 이상의 요소에 대해, 다른 요소를 포함하는 팝업 메뉴를 열기 위해 후행 "…" 버튼을 표시할 수 있다.
- 팝업 메뉴 내에서 팝업 메뉴의 경계를 고려해야 한다.
- 항목은 표시된 툴팁 문자열(알파벳 순)에 따라 정렬된다.

마찬가지로 디자이너는 모바일과 태블릿, 그리고 데스크톱과 같은 장치 카테고리에 따라 정의된 중단점에 대한 규칙을 만들 수 있다.

디자이너와 엔지니어 간의 단절을 방지하는 좋은 전략은 요구 사항과 함께 확장성을 위한 슬롯을 정의하는 것이다. 이렇게 하면 디자이너는 기능적 관점에서 화면이 어떻게 보여야 하는지뿐만 아니라 기술적인 관점에서 전달해야 하는 내용도 알아야 한다. 액션 버튼, 오버레이, 패널 등을 실제로 추가해야 할 수 있음을 확인하는 것이 중요하다. 이제 이것이 어디에 배치돼야 하고 어떻게 시각적으로 작동해야 하는지를 결정하는 것은 디자이너의 몫이다.

일반적으로 수직으로 스크롤할 수 없는 모든 것이 문제가 될 수 있다. 세로로 스크롤되는 목록도 일정 크기를 초과하면 문제가 될 수 있다. 크기가 문제라면 내부 검색 필터 또는 페이지 매김과 같은 다른 차원을 사용하여 쉽게 해결할 수 있지만, 스크롤이 불가능하면 확실히 문제가 된다. 종종 팝업 메뉴("...")와 관련된 폴백이 일반적인 솔루션으로 간주된다. 탭과 같은 일부 컴포넌트는 스태킹과 같은 다른 중간 솔루션을 적용할 수 있다. 한편으로 아주 실용적인 관점에서 주어진 한도를 유지하기 위해 특정 요소를 버리는 전략을 항상 선택할 수 있다. 덜 유용한 요소를 버리기 위해 요소를 정렬하는 방법을 알아본다.

컴포넌트의 순서를 결정하는 방법에는 여러 가지가 있다. 예를 들어 메뉴 슬롯에는 다음이 있을 수 있다.

- 순서를 결정하는 컴포넌트를 제공하는 마이크로 프런트엔드는 CSS의 z-index와 매우 유사하다(높은 숫자가 먼저 옴).
- 호스팅 컴포넌트(일반적으로 애플리케이션 셸)는 암시적 정보를 통해 순서를 지정한다(예: 요소를 하드코딩하거나 순서를 계산하기 위해 사용할 수 있는 각 컴포넌트의 프로퍼티를 앎으로써).
- 순서를 명시적으로 정의하는 일부 구성이 로드된다(예: 백엔드에서).

모든 옵션에는 장단점이 있지만 여기서 첫 번째 옵션이 가장 부적합하다. 일반적으로 이 옵션은 더 큰 수를 만들어내고 이는 매우 유연하지 않고 불투명한 결과로 이어진다. 마지막 옵션이 가장 많은 노력을 필요로 하지만 궁극적으로 최상의 솔루션이 될 수 있다. 이 솔루션은 요구 사항의 변화를 수용하기 위해 코딩 없이 신속하게 순서를 정의할 수 있다.

목록의 순서를 정하고 무한정 증가하는 것에 대해 생각하기 전에 마이크로 프런트엔드에서 자주 나타나는 누락된 컴포넌트 같은 또 다른 문제를 처리해야 한다.

폴백

앞서 언급했듯이 대부분의 마이크로 프런트엔드 솔루션은 실제로 애플리케이션 셸과 다른 마이크로 프런트엔드의 두 부분으로 나뉜다. 사이트리스 UI 또는 서버 측 구성과 같은 패턴에 대해 생각하면 애플리케이션 셸이 일반 오케스트레이터 또는 에뮬레이터로 개발에도 사용된다는 것을 알 수 있다.

마이크로 프런트엔드 개발은 일반적으로 빈 애플리케이션 셸에서 시작된다. 구현에 따라 몇 가지 일반적인 레이아웃 요소가 표시되지만 콘텐츠 측면에서는 아무것도 없다. 이는 콘텐츠가 이미 존재하고 새로운 화면 디자인을 구현하는 데 상상력이 덜 필요한 모놀리스 개발과 상당한 대조를 이룬다.

마이크로 프런트엔드는 격리되어 개발할 필요가 없지만(개발 중에 다른 마이크로 프런트엔드도 로드될 수 있음) 대부분의 시나리오에 적합하다. 또한 처음에는 다른 마이크로 프런트엔드가 없으므로 0에서 시작해야 한다.

이는 실제 UX 디자인에서 과소 평가되거나 최소한 과소 표현되는 경우가 많다. 예를 들어 빈 셸을 요청하면 다음과 같이 화면 디자인을 받을 수 있다.

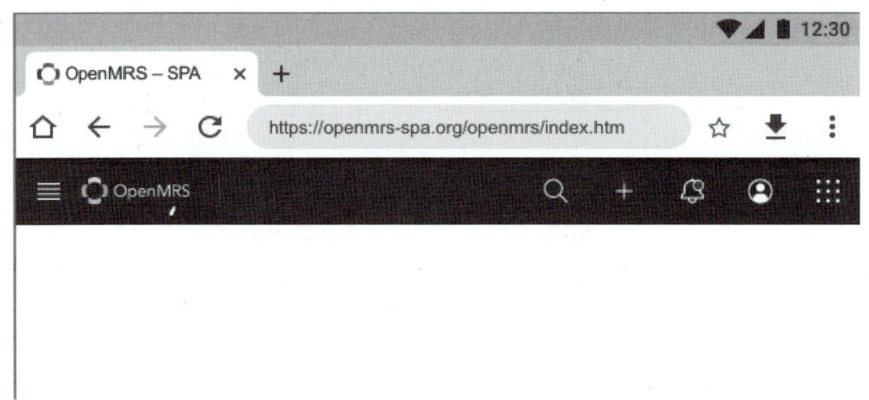

그림 14.3 UX 전문가들이 제공한 빈 화면 디자인의 예시

이 화면 디자인의 문제점은 비어 있지 않다는 것이다. navbar 헤더 및 navbar 액션에 대해 이전에 정의된 슬롯은 여전히 채워져 있다. 운 좋게도 이 화면 디자인의 긍정적인 결과도 있다. 먼저 구현할 수 있는 것에 대한 아이디어를 얻을 수 있다. 화면 디자인에 표시된 부분은 매우 중요하므로 몇몇 마이크로 프런트엔드에 흩어져 있으면 안 된다.

좋은 전략은 애플리케이션 셸 내부에 첫 번째 마이크로 프런트엔드를 구현하는 것이다. 이렇게 하면 화면 디자인이 빨리 만들어지고 전체 디자인에서 먼저 빈 캔버스를 처리할 필요가 없다. 첫 번째 부분이 정착되면 초기 마이크로 프런트엔드를 추출할 수 있다.

빈 애플리케이션 셸은 또한 폴백을 처리하는 방법을 알려준다. 때때로 이런저런 이유로 최종 사용자는 빈 셸을 받게 된다. 이런 일이 일어나서는 안 되지만 그렇게 될 가능성이 있다. 그래서 대비책과 안전망이 있어야 한다. 이것들도 디자인이 처리해야 한다.

구현 목록에 다음과 같은 폴백 항목이 있을 수 있다.

- 컴포넌트의 오류(예: 특히 전체 페이지에 대한 백엔드 리소스에 액세스할 때)
- 마이크로 프런트엔드를 로드할 때 오류
- 페이지를 찾을 수 없음
- 불충분한 권한(특히 이러한 UI 프래그먼트가 심지어 전달되지 않은 사이트리스 UI의 경우 클라이언트 측에서 구성된 마이크로 프런트엔드에서 까다로울 수 있음)
- 채워져야 하는데도 비어 있는 확장 슬롯

디자인 관점에서 이러한 폴백은 다른 디자인과 마찬가지로 취급돼야 한다. 고려해야 할 유일한 것은 이러한 폴백이 존재한다는 것이다. 예를 들어, 확장 슬롯의 개념은 마이크로 프런트엔드에 있어서 매우 독특하다. 다음 섹션에서는 만든 디자인을 효율적으로 공유하여 모든 팀에게 시각적 방향을 알리는 방법을 알아보자.

디자인을 효율적으로 공유하기

이미 제플린과 같은 도구가 디자이너와 엔지니어 사이의 격차를 해소하는 데 중요한 역할을 하는 것을 봤다. 마이크로 프런트엔드의 경우 여러 팀과 공유할 필요가 있는 디자인도 고려해야 한다. 팀은 제공된 UX 디자인과 완전히 다른 배경이나 기대치를 가질 수 있다. 일부 상황(특히 개방형 마이크로 프런트엔드 솔루션)에서는 상담할 화면 디자인조차 없을 수 있다. 그러나 여전히 일관되고 매력적인 UX를 원한다. 이를 어떻게 달성할 수 있을까?

답은 원자적인 디자인을 만드는 데 있다. 이들은 가능한 한 가장 작은 빌딩 블록, 즉 이상적으로는 필요에 따라 함께 구성할 수 있는 블록만을 다루는 디자인이다. 이러한 컴포넌트의 크기에 대해 많은 논쟁이 있지만 주어진 컴포넌트가 목적을 달성할 때 적절한 크기를 찾을 수 있다고 본다. 이렇게 하면 자신과 팀에 적합한 세부 수준을 찾을 때까지 솔루션을 반복적으로 개선할 수 있다.

이러한 빌딩 블록은 재사용성 수준을 제공하며 일반적으로 컴포넌트라고 알려져 있다. 일단 컴포넌트가 디자인되면 일반 HTML에서 또는 리액트와 같은 일부 JS 프레임워크를 통해 사용할 수 있게 구현해야 한다. 이미 설명했듯이 컴포넌트를 공유하는 가장 쉬운 방법은 디자인 사양을 제공하는 것이다. 그러나 이는 잠재적으로 일관되지 않은 구현 문제를 초래할 수 있다. 따라서 이러한 컴포넌트는 이미 구현된 형태로 공유하는 것이 좋다.

이러한 컴포넌트는 여러 형태로 공유할 수 있다. 몇 가지 예를 살펴보자.

- NPM과 같은 일부 패키지 배포 메커니즘을 통해 제공
- 일부 CDN 링크를 통해 직접 가져오기 가능
- 모든 컴포넌트를 나열하는 웹사이트를 통해 접근할 수 있는 개발 지침

세 번째 방법을 종종 **키친 싱크(kitchen sink)**라고 한다. 다음과 같이 개발된 모든 컴포넌트를 보여주고 쉽게 액세스할 수 있으며 사용 가능한 많은 옵션을 제공한다.

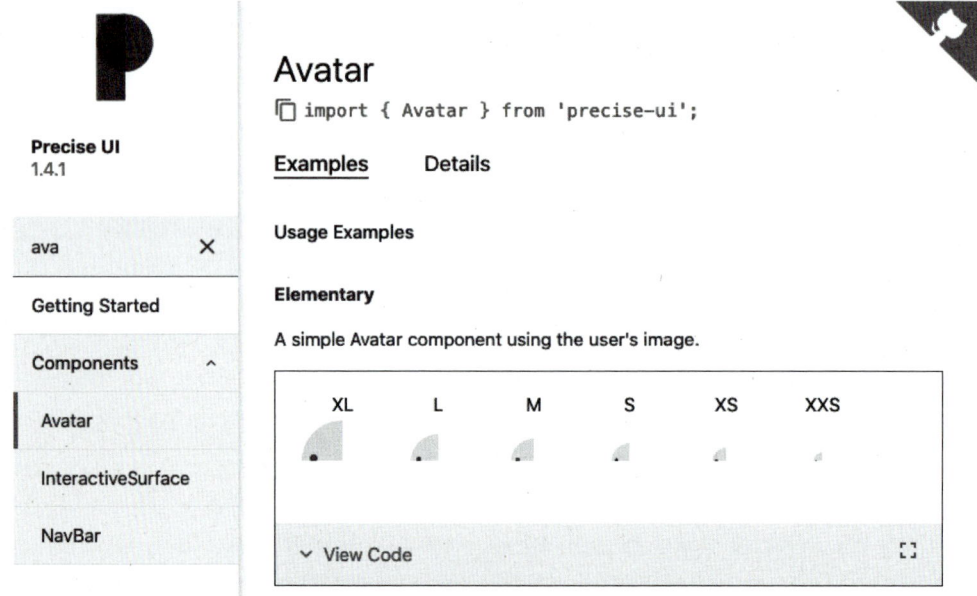

그림 14.4 Styleguidist를 사용하면 전시된 컴포넌트를 사용하여 키친 싱크를 만들 수 있다.

이러한 키친 싱크를 실현하기 위한 많은 솔루션이 있다. 가장 인기 있는 옵션은 Storybook, Vuepress, Docz 및 (리액트) Styleguidist이다. 내부적으로는 컴포넌트를 적절하게 문서화하고 표시하거나 일반적으로 시스템을 디자인할 수 있게 하는 정적 사이트 생성기다.

앞의 스크린숏은 키친 싱크의 예를 보여준다. 이 키친 싱크는 이미 전시된 라이브러리의 컴포넌트로 디자인됐다. 이러한 유연성은 Styleguidist의 장점 중 하나다. Styleguidist가 컴포넌트를 찾고 문서화하는 작업을 담당하고 디자이너는 컴포넌트를 최대한 아름답게 표현하는 작업을 한다.

하나의 애플리케이션을 넘어 디자인 시스템을 공유하는 것은 트위터가 부트스트랩을 만들기 오래전부터 시작된 추세다. 그리고 확실히 이러한 시스템을 사용하려는 경향은 증가했다. 오늘날 거의 모든 대기업에는 최소한 하나의 디자인 시스템이 있다. 때때로 이들은 실제로 마이크로 프런트엔드 또는 마이크로 프런트엔드와 유사한 애플리케이션을 만드는 데 사용된다. Fluent UI라는 디자인 시스템을 공개한 마이크로소프트를 예로 들어 보자. 이를 이용하여 웹 또는 네이티브 UI 같은 오피스 애플리케이션 내에서 실행되는 플러그인을 개발할 수 있다.

이제 훌륭한 컴포넌트를 가지고 있으므로, 모든 화면에 대한 디자인을 제공하는 것이 불가능한 개방형 시스템의 규모 변경 방법에 대해 생각할 필요가 있다.

디자이너 없이 디자인하기

화면 디자인을 더 이상 하지 않고, 그 대신 기술 구현을 위해 작업을 넘겨줄 필요가 없는 UX 엔지니어가 컴포넌트를 직접 제작하는 것이 이상적이다. 이러한 시나리오에서 컴포넌트의 기술 구현은 UX 엔지니어의 몫이 됐다.

이러한 설정은 모든 팀에서 사용할 수 있는 패턴 라이브러리로 귀결된다. 이 라이브러리는 HTML 프래그먼트 및 자바스크립트 스니핏(때로는 웹 컴포넌트로 패키징되기도 함)이 포함된 CSS 클래스 집합만큼 저수준이거나 특정 프레임워크처럼 고수준으로 제공될 수 있다. 예를 들어 이것들은 리액트 컴포넌트 라이브러리로 전달될 수 있다.

프레임워크별 라이브러리의 장점 중 하나는 그것이 해당 프레임워크 내에서 매우 쉽게 사용할 수 있으며 일반적으로 추가 임베딩이 필요한 일반 라이브러리보다 더 효율적이라는 것이다. 후자의 비효율성은 일반 자바스크립트에서 비롯된 것이 아니라 프레임워크별 최적화나 메서드를 사용할 수 없기 때문이다.

컴포넌트는 확실히 디자인 일관성을 가져오는 한 가지 방법이다. 그러나 종종 특정 규칙에 따라 더 큰 빌딩 블록을 구성해야 한다. 이를 위해 몇 가지 전략이 도움이 될 수 있다.

- 주의 깊게 사용할 패턴 문서화
- 더 큰 빌딩 블록을 반영하는 컴포넌트 제공하기
- 기술적으로 특정 컴포넌트 조합만 허용하기
- 원하는 컴포넌트 조합만 제공하는 코드 생성기 만들기

실제 프런트엔드가 **도메인 특화 언어(DSL: Domain-specific language)** 방향으로 더 나아가는 것은 과한 것처럼 들리지만, 때로는 과소평가해서는 안 되는 장점이다. 물론 DSL을 작성하고 문서화와 유지 관리하기 위해 많은 노력이 필요하기 때문에 자주 선택되지는 않는다.

좋은 절충안은 런타임 코드 생성기처럼 여겨지는 일부 코드를 DSL의 관리 아래에 배치하는 것이다. 이 방법을 적용할 최상의 대상은 폼 엔진이다. 폼 엔진을 사용하면 입력 폼에 대한 설명을 얻을 수 있다. 유효성 검사, 수명 주기 처리 및 렌더링과 같은 다른 모든 작업은 폼 엔진에서 수행된다. 이것의 큰 장점은 폼을 구현하기가 더 쉬울 뿐만 아니라 정확하고 일관성 있게 보인다는 것이다. 폼 엔진도 처음부터 개발할 수 있지만 종종 기존 엔진을 사용하는 것이 합리적이다. 이렇게 하면 유지 관리가 줄고 개발자가 더 빨리 생산성을 높일 수 있다.

요약

이 장에서는 UX 디자인을 만들 때 마이크로 프런트엔드를 약간 다르게 처리해야 하는 이유를 배웠다. 또한 디자인에 있어서 처음부터 규모 변경성을 고려해야 함을 확인했다.

이 장에서 설명하는 기술을 바탕으로 화면 디자인이 마이크로 프런트엔드 시스템에도 유용하다는 것을 알았다. 확장성을 제공해야 하는 위치와 엣지 케이스를 처리하는 방법을 아는 것은 멋진 사용자 경험을 보장하는 데 중요하다. 결국, 애플리케이션의 기술적 구현이 아무리 훌륭하더라도 견고한 UX가 없으면 상당수의 사용자에게 선택받지 못한다.

다음 장에서는 마이크로 프런트엔드 솔루션을 개발자 친화적으로 만들기 위해 고려해야 할 사항을 알아본다. 이것은 많은 사람에게 선택 사항으로 간주될지 몰라도, 개발자들 사이에서 채택될 뿐만 아니라 높은 개발 효율성과 자율성을 보장하기 위한 핵심 요소 중 하나다.

15

개발자 경험

14장에서 UX와 화면 디자인이 많은 것에 영향을 받는 것을 봤다. 소통과 구현 문화에서 이러한 변화는 개발뿐만 아니라 모든 영역에 영향을 미친다. 그럼에도 불구하고 개발팀은 마이크로 프런트엔드 솔루션을 성공적으로 이행하기 위한 기반을 형성한다.

이 장에서는 뛰어난 개발자 경험을 제공하기 위해 무엇이 필요한지 배운다. 이 장에서 보겠지만, 마이크로 프런트엔드 솔루션은 기술 수준에서는 모듈식이지만 개발 관점에서는 단일 부품처럼 느껴져야 한다. 훌륭한 마이크로 프런트엔드 솔루션은 개발자가 마이크로 프런트엔드에 대해 신경 쓰지 않고 자기 일에 집중할 수 있게 해준다.

마이크로 프런트엔드는 사용자 경험을 생성하기 위한 가장 복잡한 기술 중 하나다. 종종 이 복잡함은 길들여지지 않으므로 개발팀이 조치를 취해야 한다. 그런 일이 발생하면 여러 문제에 직면하게 된다. 마이크로 프런트엔드의 수용이 어려울 뿐만 아니라 솔루션 자체가 나빠질 수도 있다. 마지막으로 효율성이 떨어지는 비즈니스 라인은 궁극적으로 프로젝트를 중단하기로 결정할 수도 있다.

이번 장은 다음과 같이 구성되어 있다.

- 최소한의 개발자 경험 제공
- 멋진 개발자 경험 구축
- 최고의 개발자 경험 달성

각 절마다 **개발자 경험(DX: developer experience)**을 향상시키기 위해 솔루션에 레이어를 추가해나갈 것이다. 괜찮은 DX를 위해 최소한으로 갖춰야 할 것부터 알아보자.

최소한의 개발자 경험 제공

기본 DX의 경우 마이크로 프런트엔드 솔루션의 개발이 이전에 생성한 다른 솔루션의 개발과 완전히 다르게 작동하지 않는지 확인해야 한다. 내부적으로 많은 것이 다를 수 있지만, 마이크로 프런트엔드 개발자가 모든 것을 다시 배워야 한다면 수용도가 예상에 훨씬 못 미칠 것이다.

개발자가 마이크로 프런트엔드 셋업을 잘할 수 있게 하는 첫걸음은 표준 **IDE(통합 개발 환경)**에서 원활한 개발 흐름을 지원하는 것이다.

표준 IDE 지원

텍스트 편집기 하나, 그리고 코드를 공유하거나 사용하는 단 한 가지 방식만으로도 개발이 가능하겠지만, 거의 모든 개발자가 VS Code, Atom, WebStorm 같은 IDE로 코드를 작성하는 쪽을 선호한다. 이는 전혀 놀랍지 않다. IDE에서 제공하는 코드 자동 완성, 언어별 스니핏, 통합 디버깅 등을 활용하지 않을 이유는 없다. 이러한 기능들은 효율성을 눈에 띄게 높여주므로 상당한 가치가 있다.

마이크로 프런트엔드 솔루션을 위해 무엇을 하든, 사용 가능한 IDE 또는 표준 편집기와 함께 사용하기 쉽게 만들어야 한다. 처음에는 쉽게 들릴지 모르지만, 실제로는 그렇지 않다는 것을 알게 될 것이다. 표준 도구와 함께 작동하지 않는 무언가를 고안하는 일은 실제로 매우 간단하다.

7장의 예제에서는 다음과 같은 ESI 태그를 ejs 파일에 사용했다.

```
<esi:include src="<%= page %>" />
```

어떤 IDE를 선택하든 문제가 있을 수 있다. 첫째, IDE가 올바른 피드백을 주고 src 같은 어트리뷰트에 대해 자동 완성을 제공하려면, IDE가 esi:include 태그를 인식해야 한다. 둘째, 어트리뷰트의 값은 템플릿 구문을 사용해 작성되는데, 이러한 구문이 완전히 인식되지 않을 수 있다. ejs 구문을 사용하는 파일이 직접 지원되지 않는 경우, 선택한 편집기에는 ejs용 통합 플러그인 시스템이 있어야 한다. 그렇지 않으면 개발자는 바닥부터 코드를 작성해야 한다.

위와 같은 경우에는 문제가 있는 게 맞지만, 이게 큰 문제이거나 새로운 것은 아니다. 템플릿 엔진과 사용자 지정 태그를 사용하는 것은 새로운 것이 아니며 플러그인을 통해 이를 지원할 수 있다. 거의 모든 IDE가 이러한 사용자 지정을 제공하기 위해 확장될 준비가 되어 있다. 그럼에도 불구하고 ejs와 같은 인기 있는 템플릿 엔진을 선택하지 않고 예를 들어 자신만의 템플릿 엔진을 개발한다면 이에 대한 에디터 통합을 제공해야 한다.

자체 에디터 통합을 작성하는 것은 복잡하지는 않지만 확실히 시간이 많이 걸린다. 설상가상으로 여러 에디터를 지원해야 할 수도 있다. 즉, 통합 개발에 더 많은 시간을 할애해야 하지만 여기서 유지 보수는 제외된다.

결과적으로 마이크로 프런트엔드 솔루션의 개발 생태계와 개발자 지원에 대해 실제로 더 관심을 갖고 싶지 않다면, 가장 인기 있는 에디터처럼 직접 혹은 플러그인을 통해 이미 지원하는 확실한 솔루션만 사용하는 것이 좋다. 마이크로 프런트엔드를 만들기 위한 새로운 프레임워크를 만들고 싶다면 분명히 실행 가능할 것이다.

확립된 프레임워크가 도움이 될 수 있는 또 다른 방법은 프로젝트 템플릿을 제공하는 것이다. 에디터 통합만큼 중요한 것은 아니지만 표준 템플릿을 사용하면 팀이 새로운 마이크로 프런트엔드를 신속하게 만들 수 있다. 다음 섹션에서 표준 템플릿을 사용하여 스캐폴딩 환경을 개선하는 방법에 대해 알아보자.

스캐폴딩 경험 개선

표준 템플릿을 제공하기 위한 가장 쉬운 방법 중 하나는 마이크로 프런트엔드 중 하나에서 기대할 수 있는 모든 것이 포함된 저장소를 호스팅하는 것이다. 해당 접근 방식의 문제는 더 많은 문서가 필요할 뿐만 아니라 사용자의 수동 변경도 필요하다는 것이다. 예를 들어 Node.js 프로젝트는 일반적으로 이름을 정의한다. package.json 파일에서 찾을 수 있는 이 필드는 변경돼야 한다.

따라서 더 나은 옵션으로는 **Yeoman**과 같은 스캐폴딩 도구를 사용하는 것이다. 이렇게 하면 모든 템플릿 변수의 이름이 올바르게 지정되며 프로젝트 생성 후 식별 및 변경할 필요가 없다. 이러한 작업이 완료됐다면 수행해야 할 모든 작업이 완료된 것이다.

> 참고
>
> Yeoman은 명령어 기반 인터페이스(CLI) 형태로 제공되는 스캐폴딩 도구다. 특정 사용 사례에 맞게 조정된 것으로 Node.js 프로젝트를 구성할 수 있게 대화형 애플리케이션을 쉽게 만들 수 있다. 스캐폴딩 외에도 이 도구는 린트와 같은 다른 일반적인 작업에도 사용할 수 있다. 자세한 내용은 https://yeoman.io/에서 확인할 수 있다.

때때로 스캐폴딩은 프로젝트를 설정하는 데만 사용되는 것이 아니라 반복되는 작업을 돕는 데도 사용된다. 예를 들어 앵귤러 CLI에는 표준 관례를 충족하는 세 개의 파일이 있는 새 폴더를 생성하기 위한 새 컴포넌트에 대한 스캐폴딩이 포함되어 있다. 소규모 단일 파일 작업 에디터의 경우 VS Code용 **teamchilla Blueprint**와 같은 스니펫 또는 고급 플러그인도 도움이 될 수 있다.

CLI 도구를 사용하는 스캐폴딩 세션의 예는 다음과 같다.

```
$ npm init pilet
? Sets the source package (potentially incl. its tag/version) containing a Piral instance
for templating the scaffold process.
> sample-piral
? Sets the target directory for scaffolding. By default, the current directory.
> .
? Sets the package registry to use for resolving the specified Piral app.
> https://registry.npmjs.org/
? Already performs the installation of its NPM dependencies.
> Yes
? Determines if files should be overwritten by the scaffolding.
> No
? Determines the programming language for the new pilet.
> js
```

```
? Sets the boilerplate template package to be used when scaffolding.
> empty
? Sets the NPM client to be used when scaffolding.
> npm
? Sets the default bundler to install.
> webpack5
```

CLI에서 나온 질문의 답은 텍스트 값 또는 목록에서 선택한 값이다. 기본값을 직접 사용할 수 있는 경우가 많다. 이 예는 프로젝트 스캐폴딩을 CLI를 통해 직접 제공하는 **파이럴**에서 가져온 것이다. 따라서 스캐폴딩은 프레임워크 레벨에서 이미 해결됐으며 템플링 세부 사항과 옵션만 앱 셸 소유자에게 맡기면 된다.

11장에서 파이럴을 소개할 때 봤던 명령어와 비슷하다고 느꼈을 것이다.

> **참고**
>
> npm 이니셜라이저는 매우 편리하다. 이를 통해 `npm init`를 사용하여 새 Node.js 프로젝트를 생성하는 경험을 모든 종류의 프레임워크 또는 도구로 일반화할 수 있다. 이름이 'create-'로 시작하는 NPM 패키지는 모두 이니셜라이저로 사용할 수 있다. 유일한 다른 요구 사항은 패키지가 `package.json` 파일의 bin 프로퍼티를 통해 패키지 자체와 동일한 이름을 사용하는 유틸리티를 노출한다는 것이다.

그럼에도 불구하고 스캐폴딩과 에디터 통합 도구만으로는 충분하지 않다. 해당 도구들이 좋은 개발자 경험의 기초가 될 수 있다. 실제로 괜찮은 DX를 얻으려면 다른 몇 가지 사항도 고려해야 한다.

멋진 개발자 경험 구축

앞 절에서는 최소한의 DX에 도달했는지 확인하는 방법을 배웠는데, 이는 마이크로 프런트엔드를 구현함에 있어 최소한으로 제공해야 할 생산성 수준이었다. 이제 새로운 개발자가 원활하게 적응하도록 돕고, 모든 개발자가 개발과 버그 수정을 쉽게 할 수 있으며, 관련된 모든 사람이 시스템을 잘 파악하도록 경험을 향상시킬 차례다.

코드 문서 중앙 집중화

분산 시스템의 과제 중 하나는 그 정의상 단편화가 일어나기 마련이라는 것이다. 예를 들어, 확장 슬롯의 정의는 하나의 마이크로 프런트엔드에 존재할 수 있지만, 이 슬롯에 들어가는 2개의 확장 기능은 2개의 마이크로 프런트엔드에 의해 정의된다. 3개의 저장소 사이를 이동하는 것은 번거롭고 가시성에 영향을 미친다. 결국, 이런 내용이 어디에 적혀 있는지 누가 알까?

모놀리식이 가시성 문제를 덜 겪는 이유는 모든 정보가 중앙집중화되기 때문이다. 그러나 우리가 앱 셸 모델에서 경험했듯이, 분산 시스템에서도 중앙 집중화를 달성할 수 있다. 그렇다면 DX를 개선하기 위해 비슷한 기법을 적용할 수 있을까?

유사한 기술을 적용시키는 것은 매우 간단하다. 모든 마이크로 프런트엔드가 통과해야 하는 중앙 게이트만 있으면 된다. 폐쇄형 시스템(closed system)에서는 쉽게 이것을 수행할 수 있다. 예를 들어 모든 마이크로 프런트엔드가 동일한 CI/CD 시스템을 사용해야 하는 경우 모든 저장소가 사용 가능하다. 그렇지 않으면 개방형 시스템(open system)에서 모듈을 배포할 때 타입 선언(type declaration)이나 문서화(documentation) 같은 특정 메타데이터가 제공되게 요구할 수 있다.

이렇게 취합한 정보는 여러 형태로 보여줄 수 있다. 문서화의 경우, 정적 PDF 문서의 형태로 보여줄 수 있다. 더 나은 방법은 일종의 문서화 포털에서 문서를 호스팅하는 것이다. 이러한 포털은 문서 기반으로 정적 웹사이트를 구성할 수 있다. 이를 도와줄 수 있는 도구가 시중에 많이 나와 있다. 그중 하나가 **도큐사우루스(Docusaurus)**[1]다.

다음 다이어그램은 중앙집중식 문서화 시스템을 아키텍처적으로 배치할 수 있는 방법을 보여준다.

---

1 https://docusaurus.io/

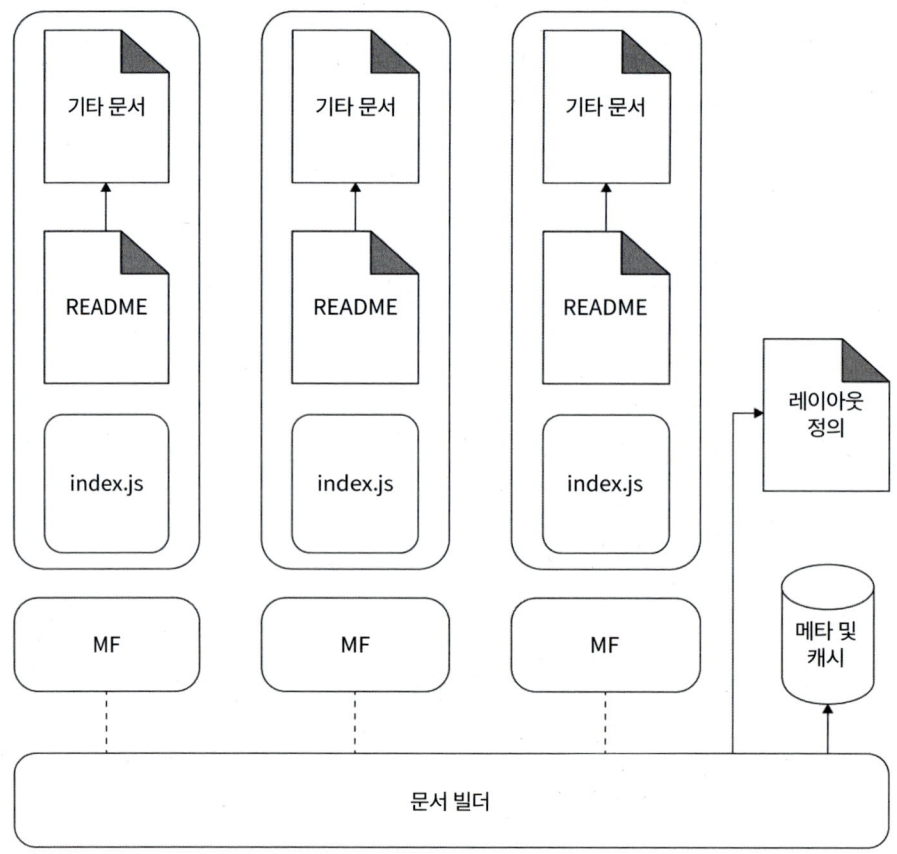

그림 15.1 중앙화된 문서화 시스템의 아키텍처

해당 아키텍처는 사이트리스 UI(Siteless UI) 패턴을 사용하여 마이크로 프런트엔드를 구축하는 데 필요한 피드 서버와 같은 중앙 레이어에 분산되지만, 게시 및 집계되는 모든 마이크로 프런트엔드 시스템에서 작동한다.

그러나 더 높은 수준의 DX를 달성하려면 분산된 지식을 중앙 집중화하는 것 외에도 고려해야 할 사항이 있다. 개선해야 할 또 다른 사항은 솔루션 자체에 대한 문서화다. 예를 들어 동영상이나 대화형 튜토리얼을 활용하는 것이다.

동영상으로 문서화

최근 몇 년 동안 문서화를 위해 동영상을 사용하는 경향이 많이 증가했다. 높은 대역폭 인터넷 연결의 광범위한 가용성과 향상된 멀티미디어 플랫폼이 이러한 추세를 뒷받침한다. 그러나 문서화를 위해 동영상을 실제로 사용하려면 다음 사항을 알아야 한다.

- 5분짜리 동영상을 만드는 데 평균 30분에서 3시간이 걸린다.
- 동영상은 항상 링크, 문서 내용, 코드 저장소 등의 형태로 약간의 뒷받침이 필요하다.
- 긴 동영상은 자주 활용되지 않는다.

특히 마지막 요점이 중요하다. 동영상으로 문서화를 시작해서는 안 된다. 마찬가지로 솔루션의 모든 부분을 동영상으로 문서화해서는 안 된다. 안정적이고 자주 변경되지 않을 것 같은 핵심 부분을 목표로 진행해야 한다.

동영상을 쉽게 활용할 수 있도록 정확성을 유지하고 2분에서 15분 사이의 동영상을 만드는 것이 좋다.

영상 끝부분이나 설명란에는 영상에서 소개한 도구와 라이브러리에 대한 정보를 넣는다. 어떤 버전의 마이크로 프런트엔드 솔루션을 사용했는지, 특히 어떤 부분을 설명하고 있는지 또는 어떤 기능을 사용했는지 기술한다. 이러한 정보가 있으면 동영상을 교체해야 할지 또는 이미 최신 상태인지 확인하기가 훨씬 더 쉽다.

동영상을 짧게 만들면 유지 관리의 부담을 줄일 수 있다. 또한 개발자가 많은 동영상을 스캔하지 않고도 적절한 콘텐츠를 찾는 데 도움이 된다.

예를 들어 일부 영상은 개발자가 도움이 될 수 있는 코드 분석 도구에 대한 지식을 얻는 데 도움이 될 수 있다. 이러한 도구 중 일부는 이미 설정되어 사용할 준비가 되어 있을 수도 있다.

코드 분석 지원

적절한 DX를 위해 주의를 기울여야 하는 또 다른 영역은 코드를 깔끔하게 유지하는 것과 툴링이다. 특히 폐쇄형 마이크로 프런트엔드 솔루션에서 표준 템플릿은 사전에 코딩 스타일을 정의해야 한다. .editorconfig 파일 또는 Prettier와 같은 코드 포맷 도구뿐만 아니라 라이터를 통해 스타일을 적용하면 마이크로 프런트엔드에 친숙함과 향상된 가독성을 도입하는 데 도움이 된다. 개방형 솔루션의 경우 코드 포맷은 중요하지 않다. 여기서 린트는 개발자가 솔루션을 배포하기 전에 로컬 환경에서 대부분의 점검을 수행할 수 있도록 많이 강화해야 한다.

검증과 툴링에 대해서는 완전한 **타이핑(typing)**을 제공해야 한다. 타이핑 또는 타입 선언은 개발 중에 더 나은 지침을 제공하고 추가적인 컴파일 타임 안전성을 제공하기 위해 **타입스크립트(TypeScript)**에 의해 선택될 수 있는 파일이다. 이러한 파일을 제공하는 가장 쉬운 방법은 처음부터 타입스크립트로 개발하는 것이다. 그러나 타입스크립트를 사용하지 않더라도 선언 파일을 직접 작성하거나 docgen 주석 같은 곳에서 생성할 수 있다.

일반적으로 타입스크립트를 사용하여 라이브러리나 프레임워크와 같은 다른 코드의 기초를 이루는 코드를 작성하는 경향이 있다. 이러한 방식으로 코드는 컴파일 단계에서 확인될 뿐만 아니라 마이크로 프런트엔드 개발자와 같은 사용자(consuming parties)들에게 적절한 타이핑을 제공할 수 있다. 이 말이 타입스크립트 개발자에게만 유용하게 들리더라도, 대부분의 IDE는 타입스크립트를 사용하여 자바스크립트를 지원한다. 따라서 이러한 타이핑은 타입스크립트뿐만 아니라 자바스크립트를 사용하는 개발에도 사용할 수 있다. 일반적으로 자바스크립트로 변환되는 거의 모든 언어는 타입 선언으로부터 이익을 얻는다.

컴파일 타임 검증과 정적 코드 분석 도구를 사용하더라도 버그가 발생한다. 코드 기반에서 회귀를 피하는 가장 쉬운 방법은 테스트 코드를 작성하는 것이다. 적절한 DX의 경우 특히 쉬워야 한다.

테스트 가능성 높이기

끝으로, 테스트는 작성하기 쉬워야 한다. 테스트에 대해 생각하면 결국 고전적인 테스트 피라미드로 이어질 것이다. 이 피라미드는 다음으로 구성된다.

- 단위 테스트를 나타내는 기본 계층
- 컴포넌트와 통합 테스트를 나타내는 중간 계층
- 종단 간/승인 테스트를 나타내는 최상위 계층

최상위 계층은 부분적으로 수동 테스트로 구성될 수 있지만, 모든 계층은 독점적으로 자동화된 테스트를 포함하게 되어 있다.

테스트 환경을 개선하기 위해 다음을 수행하면 된다.

- 유닛 테스트 프레임워크와 테스트 러너(test runner)를 프로젝트 템플릿에 통합한다.
- 핵심 프레임워크 기능의 목(mock)을 제공한다.
- 샌드박스 환경을 구축함으로써 솔루션을 격리하여 실행한다.
- 포괄적인 계약 테스트를 자동화하여 경계를 준수한다.

이상적으로 사전 구성된 모든 테스트를 옵트인하거나 옵트아웃할 수 있다. 예를 들어 프로젝트 스캐폴딩을 설치하는 동안 할 수 있는 질문은 "테스트를 활성화하시겠습니까?"이다. 이상적으로는 어떤 테스트 프레임워크를 사용해야 하는지 질문할 수도 있다. 그러나 현실적으로 이러한 다양성을 지원하는 것이 생산성에 의미도 없고 큰 영향도 미치지 않는다. 다만 Jest와 같은 단일 테스트 프레임워크를 지원하는 것이 가장 좋은 선택일 수 있다. 여러분과 여러분의 팀이 가장 잘 알고 있는 프레임워크를 선택하는 것을 권장한다.

적절한 DX로 레벨업했으므로 최상의 개발자 환경을 얻기 위한 단계를 살펴보고 구현해보자.

최고의 개발자 경험 달성

지금까지의 단계를 통해 개발자에게 인정받을 뿐만 아니라 그들의 생산성을 높일 수 있게 했다. 개발자들은 정보를 빠르게 찾고 솔루션이 어떻게 작동하는지 알게 되며 코드가 잘 맞는지 확인할 수 있다.

그러나 개발자 효율성을 최대한 높이려면 조금 더 필요한 게 있다. 개발자에게 정보를 반영하거나 개발 프로세스 자체에서 개선할 수 있는 부분이 항상 있다.

가장 먼저 살펴볼 항목은 개발 중에 나타나는 오류 코드다.

오류 코드 통합

새로운 마이크로 프런트엔드를 개발할 때 통합 지점과 공통 API를 파악하기가 늘 쉽지만은 않다. 헷갈리는 부분에 대해서 문서와 예를 더 많이 작성할 수 있겠지만, 어차피 코드를 작성할 때는 잘 읽지도 않는다. 개발자들은 코드를 작성하고 나서 예상대로 작동하지 않는다는 것을 알게 된 다음에야 도와줄 사람을 찾곤 한다. 어떤 사람은 버그를 기록해놓기만 하고 조치를 취하지 않을지도 모른다.

이러한 행동을 수정하려면 런타임 코드에 적절한 지침을 도입해야 한다. 일부 기능이나 API를 특정한 패턴으로 사용한 것이 감지되면, 전체 설명이 포함된 오류 메시지를 출력해 개발자에게 문제의 성질을 알릴 수 있다. 하지만 최종 사용자가 사용하는 프로덕션 환경에서는 프런트엔드 번들에 텍스트 단락이 여러 개 있는 것이 바람직하지 않다. 이럴 때 React 등 라이브러리를 활용하는 접근법을 따를 수 있다. 그것들에는 여러 가지 변형이 있으며, 제품 번들에서는 생략된 오류 코드만 사용되지만 개발 버전에서는 설명적인 오류 메시지가 제공된다.

예를 들어 다음 코드는 프로덕션이 아닌 환경(로컬 개발 또는 테스트)에서 전체 오류 메시지를 표시한다.

```
if (process.env.NODE_ENV !== "production") {
    console.error("좀 더 설명적인 오류 메시지");
} else {
    console.error("ERR0123");
}
```

이 코드는 완전히 자동으로 생성할 수 있으므로 보일러플레이트 코드를 손수 작성할 필요가 없다. 이 문제를 해결하는 방법은 여러 가지가 있지만 가장 단순하고 유연하며 이식 가능한 방법은 컴파일 타임 기호(compile-time symbol)를 사용하는 것이다.

웹팩에서는 다음과 같이 구성할 수 있다.

```
const errors = {
    // ...
    "ERR0123": "좀 더 설명적인 오류 메시지",
};
```

```
module.exports = {
    // ... 일반적인 웹팩 구성
    plugins: [
        new webpack.DefinePlugin(
            Object.keys(errors).reduce((obj, code) => {
                // 코드 또는 코드에 대한 설명을 사용
                const msg = process.env.NODE_ENV === "production" ?
                    code : errors[code];
                obj[`process.env.CODES_${code}`] = msg;
                return obj;
            }, {})
        ),
    ]
};
```

이것이 코드에서 어떻게 사용되는지 알아보자.

```
console.error(process.env.CODES_ERR0123);
```

보다시피 이제 보일러플레이트는 많이 필요하지 않다. 또한 오류 정의는 일부 다른 모듈에 배치될 수 있으며 이후 설명서에 통합될 수 있다.

자세한 오류 메시지와 좋은 오류 코드는 개발 중 문제 해결을 위한 좋은 출발점을 제공하지만, 오프라인 우선의 개발 접근 방식을 지원함으로써 한 단계 더 나아가는 것을 목표로 삼아야 한다.

오프라인 우선 개발 환경 제공

프런트엔드 시스템은 그와 연관된 백엔드 시스템과 긴밀하게 통합되는 경우가 많다. 이는 API 변경에 대한 높은 민감도 또는 개발 중 의존성과 같은 몇 가지 문제를 야기한다. 앞서 살펴본 바와 같이 백엔드에 독립적으로 프런트엔드를 개발하면 더 많은 유연성을 얻을 수 있다.

프런트엔드와 백엔드를 분리해 개발하는 것은 **단일 페이지 애플리케이션(SPA)**이 빛을 발하는 부분이기도 하다. SPA는 이미 프런트엔드에 렌더링되어 있으므로 백엔드와는 디커플링되어 있다. 이제 커플링을 어느 정도 남겨 둘지는 개발자에게 달려 있다. 모든 커플링이 API 기본 URL에 의해 수행되는 경우 다음과 같이 실행되게 구성할 수 있는 단일 프런트엔드를 사용하여 이러한 이점을 활용할 수 있다.

- 모든 환경의 백엔드(프로덕션, 스테이징 등)
- 백엔드의 로컬 버전
- 백엔드의 목(mock) 버전

그중 목은 특히 흥미롭다. 목 버전을 실행하면 많은 이점이 있다. 예를 들어 백엔드에서 제공하지 않고도 모든 시나리오를 정의하고 테스트할 수 있다. 이렇게 하면 잘못된 데이터 시나리오도 아주 잘 테스트할 수 있다.

또 다른 장점은 백엔드가 아직 완전히 개발될 필요가 없다는 것이다. **OpenAPI 명세**와 같은 간단한 API 정의만 있어도 프런트엔드 개발을 시작할 수 있다.

이러한 목을 구성하는 방법은 다양하다. **Browsersync, http-proxy-middleware, kras**와 같은 라이브러리가 있다. 웹팩을 번들러로 사용하는 경우 http-proxy-middleware가 이미 웹팩 개발 서버에 통합되어 있음을 알 수 있다.

다음 코드 스니핏은 사용자 지정 프락시를 포함하도록 웹팩을 구성하는 방법을 보여준다.

```
module.exports = {
    // ... 일반적인 웹팩 구성
    devServer: {
        publicPath: "/app",
        proxy: [
            {
                // 올바른 콘텍스트를 설정. 예: /api를 향한 모든 요청
                context: [`/api/**`, `!/app/**`],
                // 대상을 5000번 포트에서 실행하는 목 서버로 리다이렉트
                target: "http://localhost:5000",
                changeOrigin: true,
            },
        ],
```

```
    },
};
```

이 사례에서 중요한 점은 애플리케이션의 코드를 건드리지 않고도 다른 서버를 구성할 수 있다는 것이다. 우선 도구를 제대로 설정해야 한다. 이렇게 하면 온라인 환경에서 로컬에서 실행 중인 목 서버에 이르기까지 동일한 코드를 여러 백엔드와 함께 사용할 수 있다.

오프라인 우선은 클라이언트 측 렌더링 마이크로 프런트엔드 솔루션을 통해 달성하기가 더 쉽지만, 서버 측 구성 접근 방식을 따르는 솔루션에서도 실현 불가능하지는 않다. 여기서는 로컬 목 서버와 같은 프락시 대상을 정의할 수 있는 가벼운 버전의 오케스트레이션 또는 게이트웨이 서비스를 제공해야 한다.

두 경우 모두 기술 기반에서 추가 작업을 수행할 필요 없이 오프라인에서 솔루션을 개발할 수 있어야 한다. 물론 통합을 위해서는 마이크로 프런트엔드를 검색하거나 솔루션이 실제 데이터에서도 작동하는지 확인하기 위해 여전히 어느 정도의 연결이 필요하다.

통합 부분에서도 몇 가지 문제가 발생할 수 있다. 이러한 과제 중 하나는 어떤 마이크로 프런트엔드가 실제로 개별 컴포넌트를 전달하는지를 파악하는 것이다. 다행스럽게도 이 부분이 브라우저에서 사용할 수 있는 도구들이 빛을 발하는 부분이다.

브라우저 확장 프로그램을 통한 커스터마이징

잘 알려진 프레임워크를 선택하는 이유 중 하나는 이 모든 프레임워크가 일종의 플러그인과 툴 생태계를 제공하기 때문이다. 예를 들어 단일 SPA를 선택하면 **single-spa-inspector**라는 브라우저 확장 기능을 사용할 수 있다. 또한, 파이럴은 **Piral Inspector**라고 알려진 브라우저 확장과 함께 제공된다.

이러한 브라우저 확장 프로그램은 애플리케이션의 마이크로 프런트엔드 구성을 조작하고 확인할 때 아주 유용하다. 특정 마이크로 프런트엔드를 켜거나 끄고 구성이 여전히 괜찮은지 확인하는 것이 간단해진다.

예를 들어 다음 이미지에 표시된 Piral Inspector의 컴포넌트 표시 피처를 살펴보자.

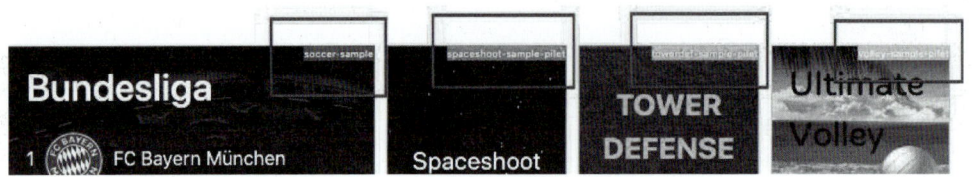

그림 15.2 마이크로 프런트엔드에서 어떤 컴포넌트가 나오는지 보여주는 Piral Inspector

여기에서 브라우저 확장 프로그램이 오른쪽 상단 모서리에 이름을 표시하고 배경에 일부 색상 인코딩을 표시하여 다양한 컴포넌트의 출처를 표시하는 것을 볼 수 있다. 확장 기능이 없으면 이러한 타일을 노출시키는 마이크로 프런트엔드를 파악하기가 상당히 어려울 것이다.

브라우저 확장은 항상 유용하지만 서버 측에서 구성된 마이크로 프런트엔드에서는 유용성이 훨씬 떨어진다. 그럼에도 불구하고 여기서 할 수 있는 일은 마이크로 프런트엔드의 구성과 같은 전체 구성을 변경하거나 일부 특수 헤더를 통해 커스터마이즈할 수 있는 일종의 포털을 제공하는 것이다.

요청 시 커스텀 헤더를 사용하려면 **ModHeader**와 같은 브라우저 확장을 설치하면 된다. 이를 통해 예를 들어 애플리케이션의 특정 환경에 대한 프로필을 생성할 수도 있다. 여기서 각 요청과 함께 커스텀 헤더가 전송된다. 그러면 오케스트레이션 계층이 이 헤더를 읽고 이 특정 요청에 대해서만 구성을 조정한다.

확실히 게이트웨이 포털은 특히 오케스트레이션 계층도 열 수 있기 때문에 훨씬 더 의미가 있다. 그러나 이상적으로는 이러한 기능은 이미 전문 개발자 포털에서 사용할 수 있어야 한다.

개발자 포털 구현하기

모든 대규모 프로젝트에는 많은 조정이 필요하다. 자율적인 팀을 지향하는 경향이 잠재적인 관료적 부담을 최소화하는 데 확실히 도움이 될지라도 마이크로 프런트엔드는 확실히 이 규칙의 예외가 아니다.

모든 개발자를 위한 중앙 포털을 도입하여 반복 작업, 공통 콘텐츠와 상태 정보를 단일 웹사이트에 모을 수 있다.

다음 스크린숏은 스캐폴딩 기능이 있는 개발자 포털을 보여준다.

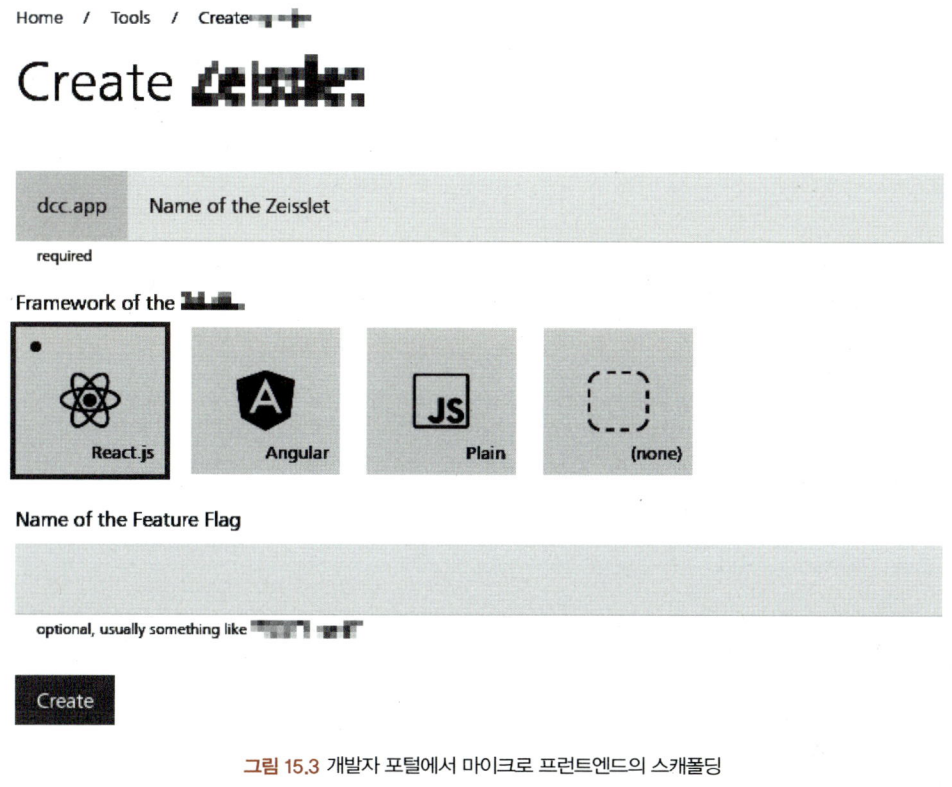

그림 15.3 개발자 포털에서 마이크로 프런트엔드의 스캐폴딩

앞의 그림에 표시된 개발자 포털의 스캐폴딩 기능은 몇 가지 작업을 제공한다. 몇 가지 옵션(특히 사용할 템플릿)을 선택할 수 있는 것 외에도 마이크로 프런트엔드를 피처 플래그에 연결할 수 있다. 또한 저장소 이름으로 사용될 마이크로 프런트엔드에 이름을 지정해야 한다.

CLI 도구를 통해 수행할 수 있는 실제 코드 스캐폴딩 외에도 이 웹 기반 접근 방식은 필요한 모든 CI/CD 파이프라인과 코드 검토 정책도 생성한다. 또한 이를 전체 솔루션에 통합한다. 예를 들어 생성 후 마이크로 프런트엔드의 문자열에 대한 번역을 중앙에서 관리할 수 있다.

앞의 그림에서 알 수 있는 또 다른 사항은 검색 상자가 **검색 문서**를 참조한다는 것이다. 여기에서 개발자 포털은 API 문서 및 플레이그라운드를 포함한 중앙 집중식 문서도 공개한다. 이는 많은 조회 없이 빠르게 지침을 찾고 도움을 받는 데 중요한 요소다.

이러한 개발자 포털의 도움으로 새로운 개발자를 조직에 신속하게 적응시키고 표준 유지 관리 작업과 같은 일상적인 개발에 편의를 제공하며 애플리케이션의 현재 상태를 시각화할 수 있다.

요약

이 장에서는 좋은 개발자 경험이 개발팀의 동의를 얻고 마이크로 프런트엔드 솔루션을 매력적이고 깔끔하게 유지하는 가장 좋은 방법이라는 것을 배웠다. 달성할 수 있는 다양한 수준의 개발자 경험과 이를 달성하는 방법에 대해서도 알게 됐다.

기존 프레임워크를 사용하면 앞서 설명한 경험의 대부분을 무료로 쉽게 얻을 수 있다. 여기에 고유한 기능을 추가하면, 도메인별 문제를 해결하는 동시에 기술적으로도 타당하고 다른 당사자가 유지 관리할 수 있는 이상적인 경험을 얻을 수 있다.

그리고 훌륭한 DX의 중요한 요소는 문서화라는 것을 배웠다. 중앙 집중식 문서 포털을 제공하여 사람들이 관련 정보를 찾을 수 있게 하는 것이다. 동영상과 같은 동적 부분을 추가하면 자료를 더욱 시각적으로 만드는 데 도움이 된다.

개발자 경험을 개선하려면 항상 주의를 살펴야 한다. 보다시피 단위 테스트, 타입 선언, 의미 있는 오류 코드와 같은 개선 사항은 DX를 개선할 뿐만 아니라 개발의 전반적인 효율성을 높이고 솔루션을 더 견고하게 한다.

다음 장에서는 웹 애플리케이션에 마이크로 프런트엔드를 활용하는 문제에 어떻게 접근하는지 여러 사례를 통해서 배운다.

16
사례 연구

이 장에서는 다른 사람들이 마이크로 프런트엔드라는 주제를 어떻게 다뤘는지 배운다. 여기서 몇 가지 유사점은 있지만 동시에 또 서로 다른 점이 있는 세 가지 사례를 살펴본다. 세 가지 사례 모두 마이크로 프런트엔드를 적정 규모로 구현한 실제 경험을 이야기한다.

이 장에서는 다음 주제를 다룬다.

- 대고객 포털 솔루션
- 관리 포털 솔루션
- 의료 정보 관리 솔루션

대고객 포털 솔루션

첫 번째 사례는 독일의 광학 시스템 및 광전자공학 제조업체에 관한 것이다. 이 회사는 계측, 현미경, 의료 기술, 소비자 광학 및 반도체 제조 기술과 같은 많은 사업 부문에서 활발히 활동하고 있다.

이 그룹은 여러 지원팀과 사업 부서가 있고 이를 통합하는 상위 조직이 있다. 전 세계 50여 개국에 약 31,000명의 직원이 있다. 2018/19 회계연도 총매출은 64억 유로였다.[1]

문제 설명

원래 이 업체에서는 전체 디지털 포트폴리오를 단일 포털로 통합한 고객 상호 작용 포털을 만들고자 했다. 모든 고객은 연관 비즈니스 그룹에 관계없이 포털을 이용할 수 있어야 했다.

기능 매칭 관점에서는 사용 가능한 정보가 포털에 표시돼야 한다. 예를 들어, 전용 계약을 맺은 일부 계측 고객에만 제공되는 장치 현황도가 있다면, 해당 고객은 포털에서 그 화면을 볼 수 있어야 한다. 그렇지만 그 밖의 사용자에게는 이 기능을 노출해서는 안 된다.

최종 솔루션은 사용 및 개발 측면에서 규모 변경이 가능해야 한다. 그러려면 애플리케이션의 각 부분을 각기 다른 피처 팀에서 개발할 수 있어야 한다. 특정 사업부와 관련된 피처는 해당 사업부 소속 직원이나 직접 고용한 외주 인력에게 개발을 맡기는 것이 이상적이다. 규모 변경성뿐 아니라 보안이 중요하다.

일부 기능은 이미 개발되어 있다. 예를 들어, 전화나 팩스로 받은 요청에 대한 서비스 티켓을 발행하는 솔루션이 있으며, 그것을 개발한 팀에서는 리액트와 Node.js 스택을 선택했다.

기존 기능을 담당하던 팀들은 포털 프로젝트를 위한 새로운 팀을 꾸리기 위해 재배치됐다.

팀 구성

핵심 팀은 기술 기반을 형성하고 모든 팀이 따라야 하는 절차를 수립하는 과업을 맡았다. 3개의 내부 소규모 팀은 전담 비즈니스 중심을 기반으로 구성됐다. 고용된 외부 팀뿐만 아니라 다른 내부 부서의 더 많은 팀도 가능하면 수용해야 한다.

내부 개발자는 모두 **타입스크립트(TypeScript)**의 전문가이거나 최소한 자바스크립트 코드 작성에 능숙하다. 그들은 모두 리액트를 중급 이상으로 알고 있다. 일부 외부 개발자는 앵귤러 또는 기타 프레임워크에 더 익숙하다.

---

[1] (엮은이) "KOTRA 해외시장뉴스"의 독일 기계 설비 산업 보고서(https://bit.ly/3JGlrSc)를 참조해 직원 수와 매출액을 조정했다.

전체 아키텍처를 총괄하는 아키텍처 길드(architecture guild)와 테스트 전담 팀을 통해 정렬을 이루고 높은 수준의 생산 품질을 보장할 수 있다. 중요한 것은 모든 기술적 핵심 결정을 내릴 수 있는 단일 솔루션 아키텍트가 있다는 것이다. 덕분에 불필요한 논의 없이 일관성과 빠른 반응이 보장됐다.

솔루션 아키텍트는 솔루션을 개념화하고, 개별 핵심 부분을 각 팀에 배포해 지식을 공유했다.

솔루션이 어떻게 디자인됐는지 한번 살펴보자.

솔루션

솔루션은 세 가지 원칙을 기반으로 했다.

- 패턴 라이브러리를 활용해 최대한 재사용 가능하게 디자인하고 행동 경험(behavior experience)의 일관성을 유지한다.
- GraphQL 게이트웨이(BFF)에서 동적으로 결합되는 재사용 가능한 서비스를 개발한다.
- 팀이 테스트에서 운영에 이르기까지 소유권과 책임을 아우르는 완전한 자율성을 부여한다.

속도를 높이기 위해 일부 기존 애플리케이션은 즉시 마이크로 프런트엔드로 변환하지 않는다. 대신 이러한 애플리케이션에 대한 링크를 포털에 배치한다. 애플리케이션은 일관된 경험을 제공하고 고객에게 마치 하나의 솔루션인 것처럼 보이기 위해 약간의 변경만 가했다.

마이크로 프런트엔드 부분의 아키텍처 측면에서 사이트리스 UI 패턴을 선택했다. 앱 셸은 번역, 게이트웨이 액세스, 라우팅과 백엔드에서 이벤트 전달을 담당한다. 핵심 아키텍처를 그림으로 나타냈다.

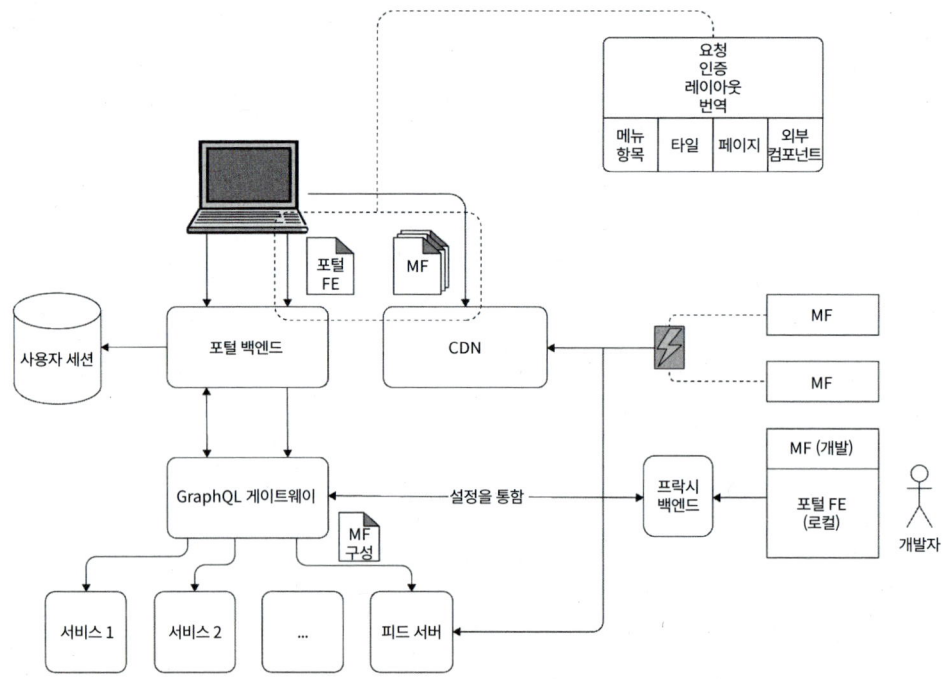

그림 16.1 마이크로 프런트엔드 솔루션의 아키텍처

이 다이어그램에 나와있는 것처럼 아키텍처에서 주의해야 할 한 가지는 각 API 요청이 포털의 백엔드를 통해 수행돼야 한다는 것이다. 이 아키텍처를 선택한 이유는 이 컴포넌트가 쿠키 기반 권한 부여에서 토큰 기반 권한 부여로 요청을 변환하기 때문이다. 백엔드에서 실행되는 서비스는 후자만 이해한다. 마이크로 프런트엔드를 개발할 때 이 변환은 포털 프런트엔드의 특수 빌드와 함께 시작되는 로컬 백엔드 프락시에서 수행한다. 여기에는 핫 모듈 재로딩 및 표준 개발 도구와 같은 것을 가능하게 하는 마이크로 프런트엔드가 포함된다.

대부분의 마이크로 프런트엔드는 리액트를 사용하여 작성됐기 때문에 리액트 및 리액트 라우터 같은 일부 공통 라이브러리는 포털에서 공유 의존성으로 선언됐다. 또한 패턴 라이브러리의 컴포넌트는 리액트를 사용하여 구현했다.

패턴 라이브러리 프로젝트는 사전에 시작됐지만 실제로 포털 프로젝트 동안 추진력을 얻었다. 그래서 큰 번거로움 없이 일부 디자인 개선 및 재설계를 할 수 있었다. 패턴 라이브러리가 공유됐기 때문에 대부분의 마이크로 프런트엔드는 동일하게 유지됐지만 개선 사항은 새 버전의 앱셀로 배포됐다.

일부 마이크로 프런트엔드는 다른 프레임워크를 사용해 작성됐다. 대부분이 패턴 라이브러리의 CSS 클래스를 사용했지만, 하나의 마이크로 프런트엔드는 스타일링을 위해 맞춤형으로 구현했다. 그 결과로, 스타일 조정이 배포됐을 때 이 마이크로 프런트엔드의 유지 보수에 확실히 품이 많이 들었다.

패턴 라이브러리에 대한 디자인은 개발팀과 병행하여 전담 디자인 팀이 작성했다. 일부 화면은 패턴을 보여주고 방법을 안내하기 위해 특별히 설계했지만 대부분의 화면은 각 팀의 프로덕트 오너가 제공한 요구 사항을 따르도록 개발자에게 맡겼다.

각 팀별로 프로덕트 오너를 한 명씩 두고, 전체 프로젝트를 최고 프로덕트 오너(chief product owner)가 관리했다. UX 및 테스트를 위해 공유 인력과 팀도 구성했다. 아키텍처도 중앙 집중화했다.

4개월 만에 처음으로 릴리스한 만큼 파급력도 상당할 것으로 예상했다.

효과

포털 솔루션은 약속을 이행했으며 고객이 기존 및 새로운 디지털 서비스에 쉽게 접근할 수 있게 했다. 그것은 또한 회사의 다른 팀들에게 API 우선 또는 모듈화에 대한 강조와 같은 현대적 개념을 통합하고 디지털 프로젝트에 접근하는 방법에 대한 등대 같은 구실을 했다.

이전에는 고객이 정보를 얻기 위해 다양한 웹사이트와 URL을 사용해야 하는 기술의 조각보 카펫처럼 보였다. 이러한 URL은 시장, 사업부, 기능에 따라 달랐다. 이제 공개 웹사이트에서 액세스할 수 있는 단일 포털이 이 역할을 맡는다.

결과적으로 회사의 웹사이트가 디지털 전략에 녹아들었다. 공개 웹사이트 렌더링을 담당하는 CMS와 같은 다른 웹 애플리케이션에서도 마이크로 프런트엔드 솔루션의 컴포넌트들을 사용할 수 있다.

포털은 지원되는 지역과 비즈니스 부문의 고객만 액세스할 수 있다. 모든 사용자는 일반적으로 자동으로 승인을 받아야 한다. 승인되면 고객은 로그인하여 다음 그림에 표시된 개인 대시보드 페이지로 이동할 수 있다.

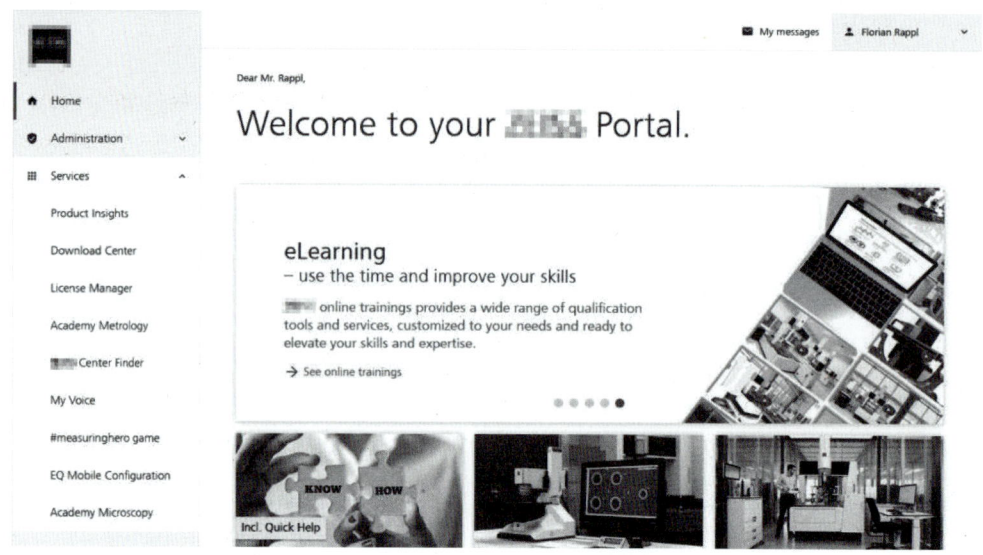

그림 16.2 고객 포털의 대시보드 페이지

앞의 스크린숏에서 인증된 사용자를 위한 포털의 랜딩 페이지를 볼 수 있다. 각 마이크로 프런트엔드는 대시보드 내의 부분들에 기여할 수 있다. 모든 메뉴는 확장 가능하며 다양한 마이크로 프런트엔드로 채워진다. 예를 들어 상단의 **My messages** 버튼은 메시지 마이크로 프런트엔드에서 가져온다. 사용자 정보 자체도 다른 마이크로 프런트엔드의 일부다.

포털을 통해 원하는 모든 시장에 점진적으로 출시할 수 있다. 이를 통해 전략 채택과 유연하고 사용자 친화적인 피처 통합(feature integration)에 대한 신속한 대응이 가능하다. 이를 위한 또 다른 핵심 요소는 기존 작업에 영향을 주지 않고 새로운 사업부를 신속하게 꾸리는 자율 개발 능력이었다.

이 솔루션의 사례는 분산 웹 애플리케이션에 대한 사전 경험이나 지식이 없는 자체 개발 위주의 회사에서도 마이크로 프런트엔드 시스템 기반의 디지털 변환이 가능함을 보여준다.

다음 두 번째 사례와 비교해보자.

관리 포털 솔루션

두 번째 사례 연구에서는 독일의 공구 회사에서 새로운 디지털 플랫폼 관리를 위해 마이크로 프런트엔드를 도입한 방법을 볼 수 있다. 이 회사는 주로 건설 현장에서 쓰이는 고품질 공구와 안전복을 전문으로 개발·유통한다.

이 회사는 전 세계에 70개 이상의 자회사가 있는 단일 법인이다. 유럽에서만 이 그룹은 440개 이상의 사이트를 보유하고 있다.

전 세계에 약 4,000명의 직원이 있으며 2018/19 회계연도의 매출은 15억 유로에 달한다. 현재 50개 이상의 국가에 진출해 있다.

문제 설명

이 회사는 풀스택 팀이 새로운 디지털 서비스 플랫폼의 관리자에게 적절한 수준의 구성 가능성을 제공할 수 있는 관리 포털을 만들고 싶었다. 관리 작업이 수행되는 각 서비스에서 관리 포털을 분리하는 대신 동일한 팀이 책임져야 한다.

풀스택 팀의 이점은 백엔드와 프런트엔드가 함께 수행한다는 것이다. 따라서 백엔드에서 피처를 변경하면 동일한 팀이 그 자리에서 UI에 변경 사항을 반영할 수 있다.

팀 구성

외부 핵심 팀은 잠재적인 기술 기반을 평가하고 제시하는 과업을 맡았다. 그리고 첫 번째 마이크로 프런트엔드가 들어갈 수 있을 때까지 개선된 첫 번째 버전을 만들었다.

프로덕트 오너는 모두 내부 직원이었지만 대부분의 개발자와 피처 팀은 외부 회사에서 왔다. 이러한 조정은 각 팀이 가능한 한 독립적으로 활동할 수 있도록 항상 회사 내부를 통해 이뤄졌다.

또한 중앙 테스트 팀을 이용할 수 있었다. 백엔드 API에는 계약 테스트가 필요했다.

솔루션이 어떻게 생겼는지 보자.

솔루션

이 사례의 솔루션은 이전 사례의 것과 꽤 비슷하지만 다음 영역에서 차이가 있다.

- 프로젝트에 전담 디자이너가 없어서 기존 패턴 라이브러리를 사용해야 했다.
- GraphQL 게이트웨이는 없었고 직접 대상이 돼야 하는 일부 마이크로서비스만 있었다.
- 팀은 더 이상 정렬되지 않는다. 시스템은 내부적으로만 개방된 시스템이다.

이 프로젝트는 포털의 모습과 포털 개발 방식을 설명하는 개념 증명으로 시작했다. 개념 증명 범위는 관리 포털에서 가장 많이 찾는 기능 중 하나인 신원 관리(identity management)를 포함한다. 또한 여기에는 ID 추가 또는 수정과 같은 하위 기능이 포함되어 있는데, 이는 ID를 읽기만 할 때보다 더 많은 권한을 필요로 한다. 따라서 사용자의 실제 권한에 따라 다양한 마이크로 프런트엔드를 로드할 수 있는 확장 시스템을 고려할 수 있다.

추진력을 얻기 위해 파이럴(Piral) 형태의 기존 프레임워크가 사용됐다. 파이럴은 포털의 프런트엔드를 에뮬레이터로 이용했고 마이크로 프런트엔드 개발자는 마이크로 프런트엔드를 배포하기 전에 디버그하고 볼 수 있다. 앱 셸 자체는 개념 증명을 구현하는 팀에서 유지 관리했다.

이전 사례와 차이점은 CI/CD 프로세스다. 개방형 시스템 상태를 수용하기 위해 모든 팀은 자체 CI/CD 프로세스를 수립할 수 있다. 궁극적으로 이런 모든 파이프라인은 내부 npm 레지스트리에 불과한 공통 스테이징 시스템으로 이어진다. 레지스트리의 변경 사항은 플랫폼 소유자가 제어하는 공통 CI/CD 시스템에 의해 선택된다. 프로덕션과 사전 프로덕션 시스템의 경우 배포할 마이크로 프런트엔드와 시기를 결정한다.

이러한 배포 파이프라인 구조를 선택한 이유 중 하나는 마이크로서비스가 동일한 플랫폼에 배포되는 방식을 모방하기 위함이었다. 이런 식으로 구성하면 다른 풀스택 팀은 새로운 것을 배울 필요가 없다. 도커 이미지로 패키징된 마이크로서비스를 배포할 때 그들이 알고 있던 동일한 패턴이 npm으로 패키징된 마이크로 프런트엔드와 유사했다.

백엔드와의 유사성은 다른 선택에도 반영됐다. 예를 들어 시스템을 안정적으로 유지하면서 적절한 격리를 보장하기 위해 계약 기반 테스트를 도입했다. 이제 동일한 시스템을 프런트엔드에도 활용해 API 호출을 안정적으로 유지할 수 있다. 이는 기존에 잘 작동하던 마이크로 프런트엔드를 파괴할 수 있는 단절적 변경이 포털의 API에 도입되는 것을 방지하도록 돕기 위해서였다.

솔루션의 아키텍처는 다음 다이어그램에 요약되어 있다. 이전 사례와 마찬가지로 이 솔루션은 단일 아키텍트가 여러 아키텍트로 구성된 그룹에 보고함으로써 도출됐다. 이 경우 아키텍트 그룹은 개념 증명을 사용하여 프로젝트를 어떻게 계속 진행할지 결정한다.

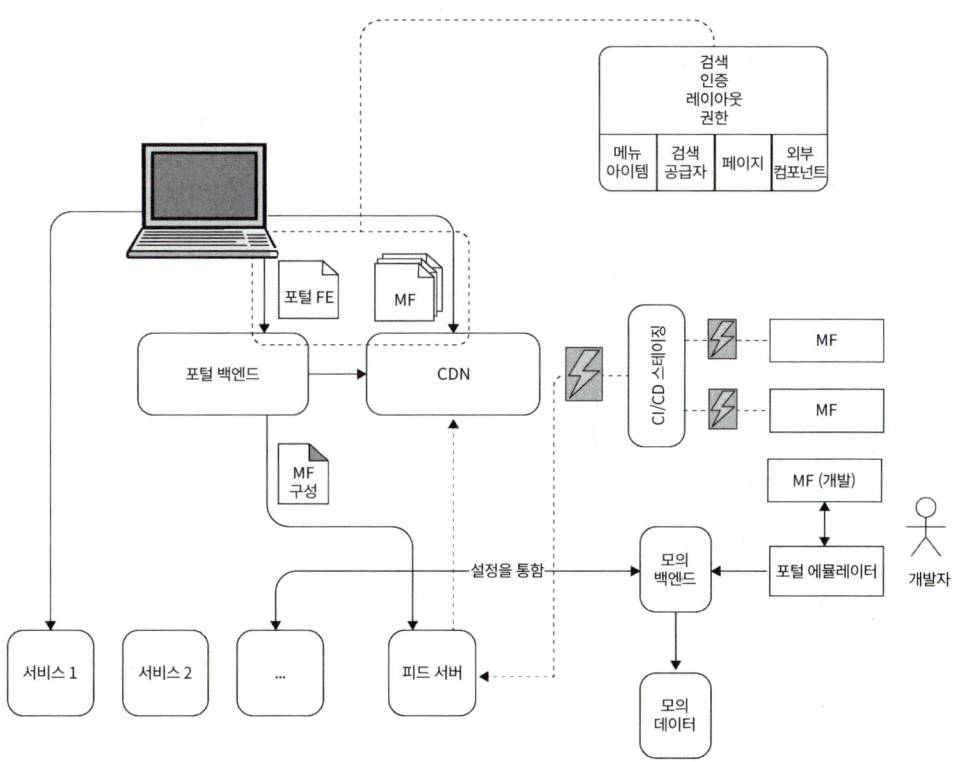

그림 16.3 마이크로 프런트엔드 솔루션의 아키텍처

앞의 아키텍처 다이어그램에서 앱 셸은 고급 검색 기능을 사용자에게 노출한다. 검색 피처는 각 마이크로 프런트엔드가 일부 추가 검색 공급자를 제공할 수 있는 분산 접근 방식을 사용했다. 글로벌 검색이 시작되면 사용 가능한 모든 공급자가 검색 결과에 기여하도록 호출한다.

검색 피처는 다음과 같은 세 가지 모드로 작동한다.

- 사용 가능한 모든 공급자를 호출하고 결과를 집계하는 글로벌 검색 요청
- 현재 페이지와 연결된 공급자만 호출하는 지역 검색 요청
- 표 형식의 정보를 표시하는 모든 페이지에서 사용할 수 있는 지역 결과 필터링

결과적으로 관리 포털의 검색 피처는 유용하고 강력했다. 그것은 사용자에게 이용 가능한 모든 서비스들의 정보에 빠르게 접근하도록 돕는다.

관리 포털의 유연성과 규모 변경성은 디지털 플랫폼에도 상당한 영향을 미쳤다.

효과

관리 포털은 회사가 다음과 같이 두 가지를 달성하는 데 기여했다.

- 프로덕트 오너와 관리자가 플랫폼에 직접 참여할 수 있게 지원한다.
- 관리 피처(administrative features)를 제공하는 책임을 여러 피처 팀에 분산시킨다.

이 솔루션은 이런 기대를 충족시켰다고 해도 과언이 아니다. 개념 증명은 이미 긍정적으로 받아들여졌기 때문에 아키텍트 그룹은 고객 포털에도 동일한 접근 방식을 도입하기로 결정했다. 나중에 공개 웹사이트의 일부도 변경했다.

표준 웹사이트와 구축된 기타 웹사이트를 위해 새로운 마이크로 프런트엔드 피드를 도입했다. 이 피드의 마이크로 프런트엔드는 공유된 의존성을 사용하지 않고 공통적인 특정 문제만 해결했다. 이러한 문제들 중 하나는 법적으로 필요한 쿠키 동의의 텍스트, 디자인, 작동을 통일한 공통 쿠키 동의 양식을 제시하는 것이었다. 하나의 스크립트로 회사의 모든 웹사이트는 이제 동의 대화 상자뿐만 아니라 다른 일반적인 기능까지 포함할 수 있다.

다음 그림에는 관리 포털의 초기 버전이 나와 있다.

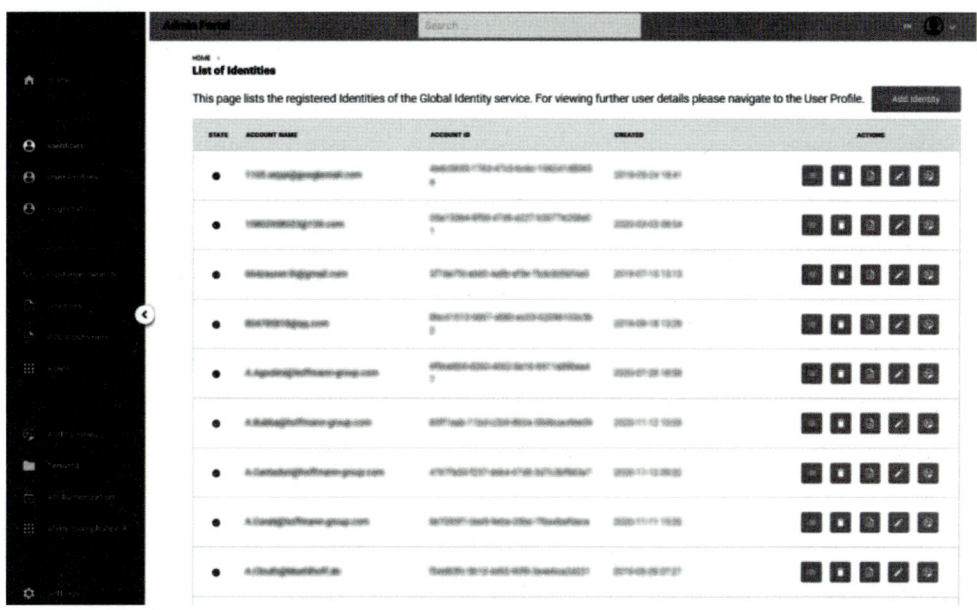

그림 16.4 관리 포털의 신원 정보 개요 페이지

관리하는 ID에 대한 개요를 제공하는 페이지를 그림 16.4에서 볼 수 있다. 이 페이지는 '신원 관리' 마이크로 프런트엔드가 제공한다. 신원 추가(**Add identity**) 같은 대부분의 액션 버튼은 '신원 생성(identity creation)' 또는 '신원 편집(identity editing)' 등의 다른 마이크로 프런트엔드에서 가져온 익스텐션이다. 이러한 마이크로 프런트엔드들은 필수 백엔드 권한이 있는 사용자에게만 프로비전된다.

파이럴을 기초로 사용한 덕분에 기존 생태계와 문서를 활용할 수 있었고, 개발에서는 문서와 실제 구현의 도메인에 특화된 세부사항에 초점을 맞출 수 있었다. 또한 새로운 팀원의 적응이 빨라졌다.

약속한 것처럼 서로 다른 팀들은 제공한 기능의 소유권을 가져갔다. 백엔드에서 무언가 바꾼다면 프런트엔드는 그 변화를 반영할 수 있는 힘과 책임을 가졌다. 포털 사용자에게 전체 솔루션은 항상 일관성 있게 작동하는 것처럼 보였기 때문에 이런 변경은 아무런 영향을 미치지 않았다.

마지막으로 유연한 웹 도구 제작에 관한 세 번째 사례 연구를 살펴보자.

의료 정보 관리 솔루션

OpenMRS 프로젝트는 **전자 의무 기록**(EMR: electronic medical records) 소프트웨어 개발을 돕는 오픈 소스 프로젝트다. 2014년 5월에 처음 릴리스했으며 원래 자바로 작성됐다.

이 프로젝트와 관련한 지적 재산과 라이선스는 **OpenMRS, Inc.**에서 관리한다. 이곳은 법적, 재무적으로 OpenMRS 프로젝트를 대표한다.

이 프로젝트에는 약 200명의 상근 기여자가 10여 개의 팀으로 활동한다. 개발은 대부분 깃허브에서 이뤄지며 프로젝트 관리는 지라(JIRA)에서 이뤄진다.

문제 설명

이 프로젝트의 생태계는 거대하다. 백엔드는 자바 모듈의 형태로 확장될 수 있는 메커니즘을 제공하는 반면, 프런트엔드는 종종 필요악으로 간주되어 재구현되거나 적절한 대안으로 대체됐다.

여기서 한 가지 문제는 다수의 배포판 작성자들이 SPA 경험을 갖추고 싶어 한다는 점이다. 몇몇은 앵귤러를 프레임워크로 선택한 반면, 다른 이들은 리액트를 선택했다. 심지어 다른 형태들도 있다. 마이크로 프런트엔드 솔루션은 백엔드에서 유사한 확장성 사례와 함께 최신 SPA 환경을 제공함으로써 이 차이를 좁힌다.

고려해야 할 또 다른 측면은 풍부한 구성 가능성이다. 시스템은 추가적인 기능을 이용해 풍부하게 확장 가능해야 하지만, 겉보기부터 제공된 기능에 이르기까지 모든 것을 조정할 수 있을 만큼 충분히 구성 가능해야 한다.

팀 구성

각 배포판마다 자체 팀이 있을 수 있지만, 핵심 팀은 '마이크로 프런트엔드 스쿼드'라고 부른다. 이 스쿼드에서는 모든 기본적인 기술적 결정을 RFC(Request for Comments)의 형태로 논의한다. 이 스쿼드는 지리적으로 분산되어 근무한다. 많은 개발자가 아프리카에서 일하며, 일부는 미국에서, 다른 일부는 유럽과 인도에서 일한다.

지시된 업무의 대부분은 지라를 통해 조직을 구성한다. 일부 기여자들은 다른 보건 단체에서 급여를 받는 반면, 다른 기여자들은 더 큰 기금이나 오픈 소스 보조금의 일부를 통해 기여한다. 또 다른 일부는 그들의 여가 시간을 활용해 기여한다.

매주 모든 기여자가 원격으로 회의에 참석한다. 이 회의에서 마이크로 프런트엔드 프로젝트의 비전과 방향을 논의한다. 최근에 출시했거나 곧 출시할 것에 대한 시연과 발표도 이뤄진다.

마이크로 프런트엔드 스쿼드는 서로 다른 표준 시간대와 조직으로부터 한 명의 직속 아키텍트와 여러 명의 리드 개발자로 구성되어 있다. 팀은 중앙화되지만 프로덕트 오너는 분산된다. QA 테스터와 같은 기타 관련 리소스는 OpenMRS 프로젝트 내에서 사용할 수 있다. 이것들은 여러 스쿼드들 사이에서 공유된다.

스쿼드에서는 거의 모든 개발자가 저마다의 아이템을 작업한다. 종종 이 아이템들은 다른 마이크로 프런트엔드에도 있었지만 개발자들이 서로 책임져야 하는 영역에 대해 침범하지 않았다. 그리고 스쿼드에 의해서 운영되는 마이크로 프런트엔드의 대부분에서 선택된 프레임워크인 타입스크립트나 리액트에 대해 지식이 거의 없거나 한동안 사용하지 않았기 때문에 대부분의 개발자를 대상으로 약간의 교육도 필요했다.

그 솔루션이 어떻게 생겼는지 보자.

솔루션

이 솔루션은 다음 사항을 고려해야 했다.

- 프레임워크 또는 라이브러리에 대한 사용 제한이 없어야 함
- 모든 것이 구성 가능해야 함
- 간편한 배포와 설정이 가능해야 함

가장 중요한 점은 API에서 SPA를 분리하는 것이었다. 마찬가지로 마이크로 프런트엔드는 배포 방식에 있어 유연성을 부여하는 방식으로 세팅했다. 예를 들어 SPA는 전용 모듈을 통해 OpenMRS 백엔드에서 직접 서비스될 수 있지만, 엔진엑스(nginx)와 같은 전용 웹 서버에서

도 서비스할 수 있다. 마찬가지로 마이크로 프런트엔드 애셋은 표준 애셋과 함께 내장될 수 있지만 다른 곳에서 호스트할 수도 있다.

이전의 두 사례와 달리 이 솔루션은 마이크로 프런트엔드를 동적으로 프로비저닝하지 않는다. 그 대신 정적인 임포트 맵을 사용한다. 물론 임포트 맵은 수작업으로 변경할 수 있다. 마이크로 프런트엔드는 **SystemJS**에 의해 ESM 형식으로 배포한다.

솔루션의 아키텍처를 다음 그림에 나타냈다.

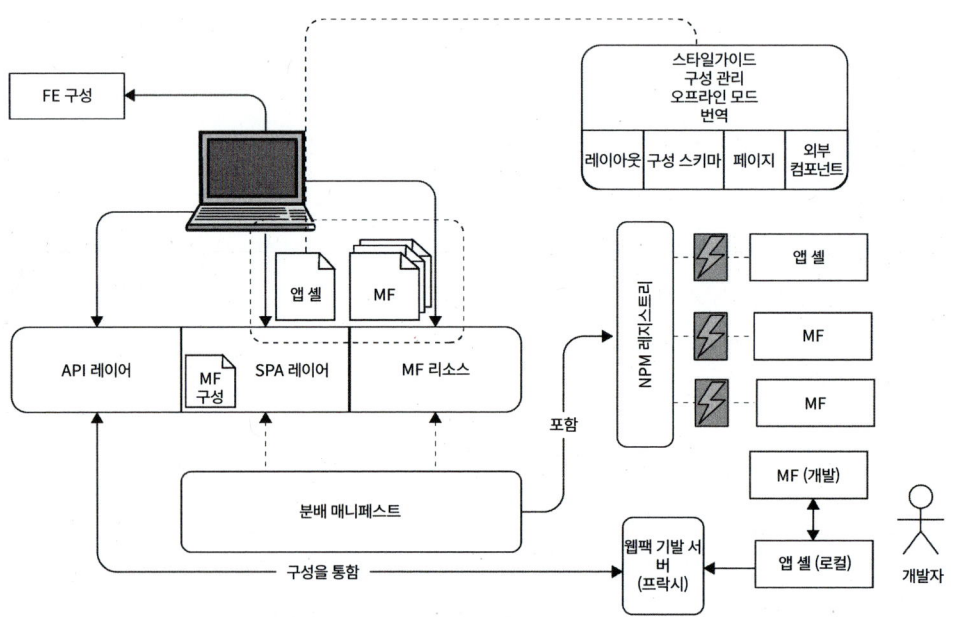

그림 16.5 마이크로 프런트엔드 솔루션의 아키텍처

OpenMRS는 일반적으로 다양한 배포 형태로 출시한다. 그러나 '기본' 배포로 볼 수 있는 참조 애플리케이션도 있다. 두 경우 모두 배포 생성자는 배포 매니페스트를 통해 프런트엔드에 필요한 모든 컴포넌트를 조합할 수 있다. 자세한 설명은 위 다이어그램에 있다. 매니페스트가 앱 셸의 버전을 정의하고 어떤 마이크로 프런트엔드가 배포 시 포함될지 결정한다.

모든 리소스는 공유 npm 레지스트리에 배포됐거나 로컬에서 사용할 수 있는 npm 패키지로부터 가져온다. 이를 통해 커뮤니티의 모든 사용자가 자신의 마이크로 프런트엔드를 독립적으로 배포할 수 있으며 이런 방식의 마이크로 프런트엔드 공유를 장려한다.

모든 것을 구성할 수 있도록 프런트엔드 구성 시스템을 도입했다. 시스템 관리자는 기본 구성을 재정의하는 JSON 파일로 라우팅하는 사용자 지정 URL을 지정할 수 있다. 제공된 사용자 지정 구성을 정의된 구성 스키마와 검사하여 일관성을 보장한다. 구성 옵션을 제공하는 각 마이크로 프런트엔드는 구성 스키마를 선언해야 한다.

마이크로 프런트엔드는 프레임워크 독립적인 라우팅을 위해 단일 SPA를 활용하는 앱 셸에 의해 오케스트레이트됐다. 확장 슬롯 메커니즘은 single-spa parcel 위에 구축됐다. 이는 유연성을 유지하고 맞춤형 요구 사항을 충족시키기 위한 기존 기술과 생태계 사이의 절충안이었다.

처음 앱 셸은 거의 독점적으로 single-spa 루트 구성과 임포트 맵으로 구성됐다. 모든 횡단 관심사를 식별한 뒤 일부 기능을 핵심 서비스로 이동했다. 또한 서비스 워커 등의 일부 PWA(Progressive Web App)[2] 요소를 앱 셸과 통합하여 오프라인 사용을 가능케 했다. **리액트** 및 **RxJS**와 같이 공유되는 의존성은 즉시 애플리케이션에 번들로 제공된다. 마이크로 프런트엔드만 임포트 맵에서 표시한다.

디자인이 중요했기에 IBM의 **카본 디자인(Carbon Design)**이라는 기존 솔루션을 선택했다. 이 솔루션은 다른 프레임워크와 함께 사용할 수 있으며 완전한 피처를 제공한다. 완전한 패턴 형태로 제공되는 라이브러리이고 여러 화면에 적용되는 가이드를 제공한다. 또한 디자인의 비전이 프로젝트의 아이디어와 많이 일치하는 전문적인 디자인을 제공한다.

그러나 카본 디자인이 컴포넌트의 기초가 됐음에도 불구하고 디자이너가 화면을 만들고 사용자 흐름을 다듬었다. 그런 다음 이러한 흐름을 기존 사용자와 함께 테스트하여 유용성을 검증하고 누락된 것이 있는지 확인했다.

새롭게 디자인된 완전히 동적인 모듈식 애플리케이션에는 어떤 영향이 있었을까? 다음 절에서 살펴보자.

---

2 (엮은이) PWA는 웹 기술을 이용해 네이티브 앱과 유사한 사용자 경험을 창출하는 기술이며, PWA를 구성하는 요소 중 하나인 서비스 워커는 오프라인 기능, 리소스 캐싱, 푸시 알림 등을 구현한다.

효과

늘 그렇듯 기존 솔루션을 대체하는 새로운 솔루션의 도입은 험난하다. 새로운 솔루션을 간절히 기다리는 사람도 있지만, 대부분의 사람들은 사용 패턴을 바꾸고 싶어 하지 않는다. 또한 새로운 솔루션을 기다리는 사람들은 보통 비현실적으로 높은 기대를 갖는 경향이 있다.

새로운 OpenMRS 프런트엔드 애플리케이션에 대한 커뮤니티의 반응은 대체로 좋았다. 기존 UI도 유지되고 기본 배포에 포함됐기 때문에 각자 사용하고 싶은 애플리케이션을 선택할 수 있었다. 또한 기존 UI에서 적게 사용자를 처리하는 부분이 초기 배포에 포함되지 않았다.

무엇보다 오프라인으로도 사용할 수 있다는 점과 프레임워크 독립성이 가장 큰 성과다. 오프라인 기능을 통해 사용자는 서버에 연결되지 않은 상태에서 환자를 동기화하고 돌볼 수 있다. 프레임워크 독립성을 통해 사용자는 자신의 스택을 사용하여 다른 조직에서 개발한 기능을 포함할 수 있다. 예를 들어 앵귤러를 사용한 팀이 표준 폼 엔진을 구현했다.

다음 사진은 애플리케이션의 가장 중요한 화면 중 하나를 보여준다.

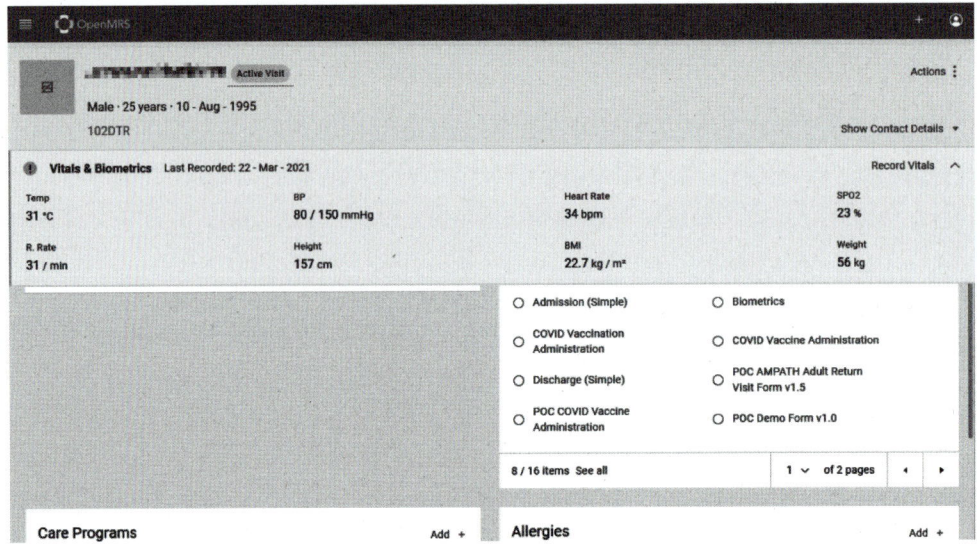

그림 16.6 환자 요약 페이지. 건강 상태(Vitals & Biometrics) 정보가 열려 있다.

앞의 그림은 환자 요약 페이지를 보여준다. 이것은 환자의 개요를 얻을 수 있는 중앙 대시보드다. 요약 페이지는 구성 및 맞춤화 가능한 여러 대시보드 중 하나다. 모든 대시보드는 '환자 차트'라는 마이크로 프런트엔드에서 관리한다. '환자 배너'와 같은 다양한 마이크로 프런트엔드는 관련 환자 정보에 대한 일부 UI 프래그먼트를 제공하는 것 또는 '면역화'와 같은 특수한 대시보드에 기여한다.

이 접근 방식의 유연성은 상당히 복잡하고 광범위한 구성의 단점을 수반하기 때문에, 관리자와 구현자를 위한 마이크로 프런트엔드를 만들었다. 이 마이크로 프런트엔드를 통해 현재 애플리케이션을 검사하고 수정한 다음 결과 구성을 재사용하기 위해 저장할 수 있다.

전체적으로 이 솔루션은 사용 가능한 다른 솔루션을 통합했다. 각 배포판이 자체 프런트엔드를 구축하도록 하는 대신 이제는 단일 애플리케이션으로 활용된다.

요약

이 장에서는 마이크로 프런트엔드 솔루션을 도입하는 문제에 다른 사람들이 어떻게 접근하는지 배웠다. 기술적 의사결정이 어떻게 이뤄지고 마이크로 프런트엔드 솔루션이 어떤 모습이어야 하는지에 있어 비즈니스 요인은 항상 중요한 역할을 한다. 이와 대조적으로 모듈화를 강화함으로써 팀에게 힘을 실어주는 것은 대개 개발 경험의 주요 결과 중 하나다.

마이크로 프런트엔드를 사용하면 긴 릴리스 주기 및 관련 없는 피처가 구현될 때까지 기다릴 필요 없이 기업의 출시 기간을 단축할 수 있다. 도메인이 제대로 분해된다면 모든 모듈은 타당하며 진정한 독립성을 확보할 수 있다. 확장 컴포넌트와 같은 패턴을 사용하여 UI를 동적으로 구성할 수 있으며 기능에 맞게 완벽하게 조정할 수 있다.

마이크로 프런트엔드는 조직적인 문제만큼이나 기술적인 과제를 안고 있다. 이해 관계자와의 소통은 물론 개별 팀 간, 팀 내 다른 역할도 바꿔야 한다. 변경 관리, 견고한 거버넌스 모델, 의존성 관리 및 설계 철학에 대한 필요성에 대해서도 살펴봤다. 이러한 모든 측면이 즉시 필요하지만 효과적으로 다루려면 몇 가지 솔루션이 필요하다. 대부분의 경우 실용적인 접근법을 따르는 것으로 충분하다. 완벽한 해결책을 찾기 위해 귀중한 시간과 노력을 낭비하지 마라.

맺음말

여기서 마이크로 프런트엔드로 가는 여정은 비로소 끝난다. 이제 이 책에 나와 있는 기술, 팁, 요령 및 실습을 바탕으로 여러분의 지식을 활용하고 뛰어난 웹 애플리케이션을 구축할 차례다. 중요한 통찰력을 얻고 구성 요소를 분리하는 방법을 재미있게 읽었기를 바란다. 독립적인 모듈 생성은 필요한 사전 작업이 수행되는 경우에만 작동한다. 도메인 분해는 어려운 작업이므로 첫 번째 시도에 제대로 작동하게 하려면 꼼꼼한 조정 작업이 필요하다.

또한 마이크로 프런트엔드 솔루션이 정말 필요한지 평가하는 것도 잊지 마라. 마이크로 프런트엔드는 간단한 모놀리스를 효과와 성능 측면에서 이길 수 없다. 마이크로 프런트엔드를 선택하는 것은 기술적인 문제가 아니라 실제 비즈니스 요구에 따른 것이어야 한다. 일반적으로 마이크로 프런트엔드 또는 특정 아키텍처 스타일에 찬성하거나 반대하는 결정을 내리기 전에 적극적인 의사소통을 하고 모든 사람의 말을 경청하자.

행운을 빈다!

부록

예제 실습 안내

이 책의 예제는 https://github.com/ArtOfMicrofrontends 아래의 여러 저장소에 나뉘어 있다. 각 저장소의 실습 방법을 설명한 README 파일을 번역했다.

05-pipeline

5장의 예제 프로젝트 '빌드 파이프라인을 통한 마이크로 프런트엔드 구성'.

사전 준비 사항

예제를 실행하려면 다음 소프트웨어가 필요하다.

- Git
- Node.js
- NPM

실행하기

저장소를 복제한다.

```
git clone https://github.com/ArtOfMicrofrontends/05-pipeline.git
```

복제한 저장소 폴더로 이동하고 npm install 명령어를 실행한다.

```
npm install
```

애플리케이션을 실행한다.

```
npm start
```

단계

같은 것을 처음부터 구현하려면 다음 순서를 따른다.

1. 저장소를 초기화한다.

   ```
   npm init -y
   ```

2. Lerna 모노리포로 만들기.

   ```
   npx lerna init
   ```

3. 애플리케이션 셸 추가하기.

   ```
   npx lerna create @aom/app --yes
   ```

4. 마이크로 프런트엔드 2개 추가하기.

   ```
   npx lerna create @aom/mife-1 --yes
   npx lerna create @aom/mife-2 --yes
   ```

5. @aom/app 디펜던시 추가하기.

   ```
   npx lerna add @aom/mife-1 --scope @aom/app
   npx lerna add @aom/mife-2 --scope @aom/app
   npx lerna add express    --scope @aom/app
   ```

6. Express 프레임워크 추가하기(packages/app/lib/app.js에 기존 코드를 지우고 넣으면 된다 — 옮긴이).

   ```
   "use strict";
   const express = require("express");
   const app = express();
   const port = process.env.PORT || 1234;
   ```

```
app.listen(port, () => {
  console.log(`Running at ${port}.`);
});
```

7. index 라우터 추가하기(같은 packages/app/lib/app.js에 6번 코드와 이어서 넣으면 된다 — 옮긴이).

```
app.get("/", (_, res) => {
  res.send("index page.");
});
```

8. 아래처럼 각 마이크로 프런트엔드에 통합 지점 추가하기(4번 과정에서 수행하여 생긴 packages/mife-1/lib/mife-1.js에 넣는다. 그러나 index.js에서 이미 잘 세팅되어 있으므로 mf를 변경하지 않고 기존의 packages/mife-1/lib/index.js를 사용해도 된다. — 옮긴이).

```
"use strict";

module.exports = mife1;

function mife1(app) {
  app.get("/mf1", (_, res) => {
    res.send("mf1");
  });
}
```

9. 애플리케이션에 마이크로 프런트엔드 통합하기(packages -> app -> lib -> app.js 아래에 넣어주면 된다 — 옮긴이).

```
require('@aom/mife-1')(app);
```

10. 뷰 엔진(예시: pug)을 추가하기 위해서 먼저 디펜던시 설치하기(다음 명령을 터미널에서 실행한다. — 옮긴이)

```
npx lerna add pug
```

그런 다음, 앱 내에 엔진을 설정한다(packages/app/lib/app.js에 넣는다. — 옮긴이).

```
app.set('view engine', 'pug')
```

11. 뷰 페이지 추가하기(packages/mife-1/view/index.pug에 넣으면 된다. 그러나 기존의 코드를 사용해도 무방하다 — 옮긴이)

```
html
  head
    title= title
  body
    h1= message
    p In microfrontend 1.
```

12. 마이크로 프런트엔드에서 뷰를 호출한다. 절대경로를 사용하자.(8번 코드 중 res.send("mf1"); 부분에 덮어씌워주면 된다. 마찬가지로 기존의 코드를 사용해도 무방하다 — 옮긴이)

```
const page = require.resolve('../views/index.pug');
res.render(page, { title: "Sample", message: "MF1" });
애셋을 추가하려면 아래와 같이 정적 파일 호스팅을 구성해야 한다.
app.use("/mf1", express.static(path.join(__dirname, "..", "public")));
```

(이 실습 순서에는 mf2까지 설정되는 것을 보여주지 않지만, 책과 비교하여 살펴보면 할 수 있을 것이다. — 옮긴이)

05-server-discover

5장의 예제 프로젝트 '동적 검색(discovery)을 통한 마이크로 프런트엔드 구성'.

사전 준비 사항

예제를 실행하려면 다음 소프트웨어가 필요하다.

- Git
- Node.js
- NPM

실행하기

저장소를 복제한다.

```
git clone https://github.com/ArtOfMicrofrontends/05-server-discover.git
```

복제한 저장소 폴더로 이동하고 npm install 명령어를 실행한다.

```
npm install
```

애플리케이션을 실행한다.

```
npm start
```

단계

같은 것을 처음부터 구현하려면 다음 순서를 따른다.

1. 저장소 초기화하기.

   ```
   npm init -y
   ```

2. Lerna 모노리포로 만들기.

   ```
   npx lerna init
   ```

3. 애플리케이션 게이트웨이와 마이크로 프런트엔드 2개 추가하기.

   ```
   npx lerna create @aom/app --yes
   npx lerna create @aom/mife-1 --yes
   npx lerna create @aom/mife-2 --yes
   ```

4. 디펜던시 등록하기.

   ```
   npx lerna add express pug
   ```

5. 게이트웨이에 http-proxy 추가하기

   ```
   npx lerna add http-proxy --scope @aom/app
   ```

6. 각 애플리케이션에 Express 프레임워크 추가하기 (각 애플리케이션마다 다른 PORT를 사용해야 한다.)

   ```javascript
   "use strict";
   const express = require("express");
   const app = express();
   const port = process.env.PORT || 1234;

   app.listen(port, () => {
     console.log(`Running at ${port}.`);
   });
   ```

7. index 라우터 추가하기.

   ```
   app.get("/", (_, res) => {
     res.send("index page.");
   });
   ```

8. 각 애플리케이션마다 뷰 엔진 연동하기

   ```
   app.set('view engine', 'pug')
   ```

9. 뷰 페이지 추가하기 (예시: views/index.pug)

   ```
   html
     head
       title= title
     body
       h1= message
       p In microfrontend 1.
   ```

10. 마이크로 프런트엔드에서 뷰를 호출한다. 여기서 상대경로를 사용하자.

    ```
    res.render('index', { title: "Sample", message: "MF1" });
    ```

11. 애셋을 추가하려면 아래와 같이 정적 파일 호스팅을 구성해야 한다.

    ```
    app.use("/mf2", express.static(path.join(__dirname, "..", "public")));
    ```

12. 애플리케이션 실행하기

    ```
    npx lerna run serve --stream
    ```

06-web-approach

6장의 예제 프로젝트 '마이크로 프런트엔드에 대한 웹 접근'.

사전 준비 사항

예제를 실행하려면 다음 소프트웨어가 필요하다.

- Git
- Node.js
- NPM
- Bash

실행하기

저장소를 복제한다.

```
git clone https://github.com/ArtOfMicrofrontends/06-web-approach.git
```

복제한 저장소 폴더로 이동해 npm install 명령어를 실행한다.

```
cd mf-1
npm install
cd ..

cd mf-2
npm install
cd ..
```

```
cd mf-gw
npm install
cd ..
```

애플리케이션을 실행한다.

```
./run.sh
```

단계

같은 것을 처음부터 구현하려면 다음 순서를 따른다.

1. 마이크로 프런트엔드 생성하기

    ```
    mkdir mf-1 && cd mf-1 && npm init -y && cd ..
    mkdir mf-2 && cd mf-2 && npm init -y && cd ..
    ```

2. 뷰 페이지를 실행하기 위해서 디펜던시 추가하기

    ```
    cd mf-1 && npm i http-server --save-dev && cd ..
    cd mf-2 && npm i http-server --save-dev && cd ..
    ```

3. 로컬 서버를 시작하는 스크립트 추가하기 (예시, mf-1 폴더내 package.json 에 추가하기)

    ```
    {
        // ...
        "scripts": {
            "start": "http-server ./views --port 2001",
            // ...
        }
    }
    ```

4. mf-1/views/mf1 폴더와 mf-2/views/mf2 폴더에 index.html를 아래와 같은 간단한 내용 추가하기.

```html
<!DOCTYPE html>
<html lang="en">
<head>
<meta charset="UTF-8">
<meta name="viewport" content="width=device-width, initial-scale=1.0">
<title>MF-1</title>
</head>
<body>
<h1>This is microfrontend 1.</h1>
<a href="/mf2">Go to MF2</a>
</body>
</html>
```

5. 게이트웨이 서비스 추가하기.

```
mkdir mf-gw && cd mf-gw && npm init -y && cd ..
cd mf-gw && npm i http-proxy-middleware express --save && cd ..
```

6. 게이트웨를 아래와 같이 간단한 게이트웨이를 정의하기.

```js
const express = require("express");
const { createProxyMiddleware } = require("http-proxy-middleware");

const app = express();
const port = process.env.PORT || 1234;

const targets = {
  "/mf1": "http://localhost:2001",
  "/mf2": "http://localhost:2002",
};
```

```js
app.get("/", (_, res) => res.redirect(Object.keys(targets)[0]));

Object.keys(targets).forEach((prefix) => {
  app.use(
    prefix,
    createProxyMiddleware({
      target: targets[prefix],
      changeOrigin: true,
    })
  );
});

app.get("*", (_, res) => res.status(404).send("Page not found."));

app.listen(port, () => {
  console.log(`Microfrontend gateway running at ${port}.`);
});
```

7. 모든 마이크로 프런트엔드 앱과 게이트웨이를 실행하기 위해서 아래 코드 추가하기.

```
echo "#!/bin/bash" > run.sh
echo "(trap 'kill 0' SIGINT; (cd mf-gw && npm start) & (cd mf-1 && npm start) & (cd mf-2 && npm start))" >> run.sh
chmod +x run.sh
```

8. 스크립트 실행하기

```
./run.sh
```

9. 애셋을 추가해보고 링크를 업데이트하는 등의 작업을 진행하기.
10. 연결된 디렉터리를 게이트웨이에 추가하기.

07-gateway

7장의 '서버 측 구성' 게이트웨이에 대한 예제 프로젝트.

사전 준비 사항

예제를 실행하려면 다음 소프트웨어가 필요하다.

- Git
- Node.js
- NPM

실행

저장소를 복제한다.

```
git clone https://github.com/ArtOfMicrofrontends/07-gateway.git
```

저장소의 디렉터리로 이동하여 NPM 설치를 실행한다.

```
npm install
```

이제 애플리케이션을 시작한다.

```
npm start
```

단계

같은 것을 처음부터 구현하려면 다음 순서를 따른다.

1. 저장소를 초기화한다.

   ```
   npm init -y
   ```

2. 종속성을 설치한다.

   ```
   npm i ejs express
   ```

3. 마이크로 프런트엔드에 대한 코드를 추가한다.
4. views에 HTML 조각 추가한다.
5. 필수 애셋(예: CSS 스타일시트)을 public에 추가한다.
6. 서버를 실행한다.

07-red

7장의 '서버 측 구성'에 있는 팀 레드의 마이크로 프런트엔드용 예제 프로젝트.

사전 준비 사항

예제를 실행하려면 다음 소프트웨어가 필요하다.

- Git
- Node.js
- NPM

실행

저장소를 복제한다.

```
git clone https://github.com/ArtOfMicrofrontends/07-red.git
```

저장소의 디렉터리로 이동하여 NPM 설치를 실행한다.

```
npm install
```

이제 애플리케이션을 시작한다.

```
npm start
```

단계

같은 것을 처음부터 구현하려면 다음 순서를 따른다.

1. 저장소를 초기화한다.

   ```
   npm init -y
   ```

2. 종속성을 설치한다.

   ```
   npm i ejs express
   ```

3. 마이크로 프런트엔드에 대한 코드를 추가한다.
4. views에 HTML 조각을 추가한다.
5. 필수 애셋(예: CSS 스타일시트)을 public에 추가한다.
6. 서버를 실행한다.

07-blue

7장의 '서버 측 구성'에 있는 팀 블루의 마이크로 프런트엔드용 예제 프로젝트.

사전 준비 사항

예제를 실행하려면 다음 소프트웨어가 필요하다.

- Git
- Node.js
- NPM

실행

저장소를 복제한다.

```
git clone https://github.com/ArtOfMicrofrontends/07-blue.git
```

저장소의 디렉터리로 이동하여 NPM 설치를 실행한다.

```
npm install
```

이제 애플리케이션을 시작한다.

```
npm start
```

단계

같은 것을 처음부터 구현하려면 다음 순서를 따른다.

1. 저장소를 초기화한다.

   ```
   npm init -y
   ```

2. 종속성을 설치한다.

   ```
   npm i ejs express
   ```

3. 마이크로 프런트엔드에 대한 코드를 추가한다.
4. views에 HTML 조각 추가한다.
5. 필수 애셋(예: CSS 스타일시트)을 public에 추가한다.
6. 서버를 실행한다.

07-green

7장의 '서버 측 구성'에 있는 팀 그린의 마이크로 프런트엔드에 대한 예제 프로젝트.

사전 준비 사항

예제를 실행하려면 다음 소프트웨어가 필요하다.

- Git
- Node.js
- NPM

실행

저장소를 복제한다.

```
git clone https://github.com/ArtOfMicrofrontends/07-green.git
```

저장소의 디렉터리로 이동하여 NPM 설치를 실행한다.

```
npm install
```

이제 애플리케이션을 시작한다.

```
npm start
```

단계

같은 것을 처음부터 구현하려면 다음 순서를 따른다.

1. 저장소를 초기화한다.

   ```
   npm init -y
   ```

2. 종속성을 설치한다.

   ```
   npm i ejs express
   ```

3. 마이크로 프런트엔드에 대한 코드를 추가한다.
4. views에 HTML 조각 추가한다.
5. 필수 애셋(예: CSS 스타일시트)을 public에 추가한다.
6. 서버를 실행한다.

08-edge-side-composition

8장의 '가장자리 측면 구성' 패턴에 대한 예제 프로젝트.

사전 준비 사항

예제를 실행하려면 다음 소프트웨어가 필요하다.

- Git
- Node.js
- NPM
- Bash
- Docker

실행

저장소를 복제한다.

```
git clone https://github.com/ArtOfMicrofrontends/08-edge-side-composition.git
```

저장소 디렉터리로 이동하여 애플리케이션을 실행한다.

```
./run.sh
```

애플리케이션을 실행하면 먼저 필요한 모든 패키지 종속성이 설치된다.

단계

같은 것을 처음부터 구현하려면 다음 순서를 따른다.

1. 7장의 MF(blue, red, green)를 복사한다(예: 07-blue).
2. HTML 파일의 경로를 변경하여 직접 확인한다. 예를 들어 blue에서는 ./basket-info.css를 /blue/basket-info.css로 변경한다.
3. 또한 서버의 URL에 접두사를 붙인다. 예를 들어 blue에서 app.use(express.static("public"));를 app.use("/blue", express.static("public"));로 변경한다.
4. MF 외부에서 사용할 URL도 마이그레이션해야 한다. 예를 들어 res.redirect(`/buy-button?sku=${sku}`);를 res.redirect(`http://localhost:1234/red/product-page?sku=${sku}`);로 바꾼다.
5. 에지 측 서비스를 위한 새 디렉터리를 생성한다.
6. 로컬 nginx.conf 구성 파일이 포함된 nginx:latest 이미지를 사용하여 Dockerfile로 채운다.
7. 서버에는 각 MF에 대한 섹션이 있다(예: 빨간색 마이크로 프런트엔드의 경우 아래를 포함해야 한다.)

```
location /red {
        ssi on;
        proxy_set_header X-Real-IP $remote_addr;
        proxy_set_header X-Forwarded-For $proxy_add_x_forwarded_for;
        proxy_set_header X-NginX-Proxy true;
        proxy_pass http://host.docker.internal:2001;
        proxy_ssl_session_reuse off;
        proxy_set_header Host $http_host;
        proxy_cache_bypass $http_upgrade;
        proxy_redirect off;
}
```

MF의 URL을 각각 변경한다. 예제에서 우리는 Docker 컨테이너에서 localhost에 액세스하기 위해 host.docker.internal을 참조한다.

8. 사용된 ESI 태그를 SSI로 수정한다. 예를 들어, red 마이크로 프런트엔드에서

   ```
   <esi:include src="/mf-blue/buy-button?sku=<%= current.sku %>" />
   ```

   위의 부분을 아래와 같이 바꿔준다.

   ```
   <!--# include virtual="/blue/buy-button?sku=<%= current.sku %>" -->
   ```

9. 빨간색 MF의 조각을 전체 HTML 문서로 확장한다.

09-client-side-composition

9장의 '클라이언트 측 구성' 패턴에 대한 예제 프로젝트.

사전 준비 사항

예제를 실행하려면 다음 소프트웨어가 필요하다.

- Git
- Node.js
- NPM
- Bash

실행하기

저장소를 복제한다.

```
git clone https://github.com/ArtOfMicrofrontends/09-client-side-composition.git
```

복제한 저장소의 디렉터리로 이동하여 아래 스크립트를 시작하면 모든 디펜던시가 설치된다.

```
./run.sh
```

단계

같은 것을 처음부터 구현하려면 다음 순서를 따른다.

1. 앱셀로 시작하기 위해서 새 디렉터리를 만들고 아래 스크립트를 실행하기.

   ```
   npm init -y
   ```

2. 디펜던시 실행하기.

   ```
   npm i http-server --save-dev
   ```

3. 새로운 public 폴더에 index.html과 style.css와 같은 정적 리소스를 생성하기. 여기서 중요한 부분은 커스터마이즈된 컴포넌트와 스크립트를 통해서 마이크로 프런트엔드가 참조되어야 한다.

   ```
   <product-page id="app"></product-page>
   <script src="http://localhost:2001/product-page.js"></script>
   ```

4. HTTP 서버 실행하기. (http-server ./public —port 1234)

5. 마이크로 프런트엔드 앱 생성하기 (예시 red 마이크로 프런트엔드)

6. 각 마이크로 프런트엔드에 대한 디렉터리를 생성하여 새 Node.js 프로젝트로 초기화하기.

   ```
   npm init -y
   ```

7. 개발용으로 필요한 디펜던시 설치하기.

   ```
   npm i file-loader http-server style-loader webpack webpack-cli webpack-dev-server --save-dev
   ```

8. webpack.config.js 파일 생성하기. public 경로는 마이크로 프런트엔드에 노출되는 서버 경로여야 한다. (예시: red의 경우 http://localhost:2001/)

9. 마이크로 프런트엔드 생성 시 다음과 같이 커스터마이즈된 웹 컴포넌트 형태로 생성하기.

```js
// reference resources by importing them
import "./style.css";
import image from "./image.jpg";

class MyComponent extends HTMLElement {
  constructor() {
    super();
    // initial rendering below
    this.innerHTML = ``;
  }

  static get observedAttributes() {
    // mark which attribute(s) to observe
    return [];
  }

  attributeChangedCallback(name, oldValue, newValue) {
    // react to changes
  }
}

customElements.define("my-component", MyComponent);
```

10. Webpack을 사용해서 마이크로 프런트엔드 빌드하기

```
npx webpack --mode production
```

11. 디버깅을 하기 위해서 간단한 마이크로 프런트엔드에 노출된 간단한 HTTP 서버 실행하기

```
npx http-server dist --port 2001
```

10-spa-composition

10장의 'SPA 구성' 패턴에 대한 예제 프로젝트.

사전 준비 사항

예제를 실행하려면 다음 소프트웨어가 필요하다.

- Git
- Node.js
- NPM
- Bash

실행하기

저장소를 복제한다.

```
git clone https://github.com/ArtOfMicrofrontends/10-spa-composition.git
```

복제한 저장소의 디렉터리로 이동하여 아래 스크립트를 시작하면 모든 디펜던시가 설치된다.

```
./run.sh
```

단계

같은 것을 처음부터 구현하려면 다음 순서를 따른다.

1. 앱셸로 시작하기 위해서 새 Node.js 프로젝트를 초기화하고 디펜던시 설치하기.

   ```
   npm init -y
   npm install bootstrap bootstrap-icons regenerator-runtime --save
   npm install parcel-bundler --save-dev
   ```

2. 콘텐츠에 대한 자리표시자가 있는 애플리케이션의 템플릿 디자인을 사용하여 index.html 파일을 생성하기 (예시: #app-content)

3. 레퍼런스 스크립트와 스타일시트 추가하기

4. scripts.json 파일에서 설정이 되어져 있는 모든 마이크로 프런트엔드 불러오기.

   ```
   [
       "/mfes/balance/balance.js",
       "/mfes/tax/tax.js",
       "/mfes/settings/settings.js"
   ]
   ```

   로딩하는 로직은 아래와 같이 최대한 간단하게 작성하기.

   ```
   import("./scripts.json").then((scripts) =>
     scripts.forEach((url) => {
       const script = document.createElement("script");
       script.src = url;
       document.body.appendChild(script);
     })
   );
   ```

5. hashchange와 popstate 리스너를 연결해 라우팅을 설정하기.

6. bootrap, mount 그리고 unmount의 컴포넌트들에 대한 라이프 사이클 함수를 설정하기. – renderComponent 함수에서 설정.

```javascript
window.renderComponent = (name, componentName, target, props = {}) => {
  const id = makeId(name, componentName);
  const info = registry[id];

  if (info !== undefined) {
    const user = {
      target,
      props,
      data: undefined,
      state: "init",
    };
    info.used.push(user);
    info.wait = bootstrapComponent(info, user);
    info.wait = mountComponent(info, user);
  }
};
```

7. 마이크로 프런트엔드 생성하기. (예를 들어, tax 마이크로 프런트엔드의 경우 프로젝트를 초기화하고 세팅 작업을 진행해야 한다.)

```
npm init -y
npm install file-loader svelte svelte-loader webpack webpack-cli --save-dev
```

사용하는 프레임워크에 따라 적절히 Webpack을 구성해야 한다.

8. 각 마이크로 프런트엔드의 index.js 파일은 노출된 마이크로 프런트엔드의 라이프 사이클 등록을 하기 위해서 아래와 같은 보일러플레이트 코드가 필요하다.

```javascript
window.registerComponent("<namespace-name>", "<component-name>", {
  bootstrap: () => {
    // load component
  },
```

```
  mount: (target, props) => {
    // mount component
  },
  unmount: (target, info) => {
    // unmount component
  },
});
```

11-service-feed

11장의 '사이트리스 UI' 패턴의 피드 서비스를 위한 예제 프로젝트.

사전 준비 사항

예제를 실행하려면 다음 소프트웨어가 필요하다.

- Git
- Node.js
- NPM

실행하기

저장소를 복제한다.

```
git clone https://github.com/ArtOfMicrofrontends/11-service-feed.git
```

복제한 저장소의 디렉터리로 들어가 NPM 설치 명령어를 실행한다.

```
npm install
```

이제 애플리케이션을 실행한다.

```
npm start
```

단계

같은 것을 처음부터 구현하려면 다음 순서를 따른다.

1. 새로운 Node.js 프로젝트를 초기화하고 필요한 라이브러리를 설치한다.

   ```
   npm init -y
   npm install connect-busboy cors express mime-types pm2 tar --save
   ```

2. 새로운 Express 앱을 실행하고 필요한 미들웨어와 연결한다.

   ```
   app.use(
     cors({
       origin: "*",
       allowedHeaders: ["Content-Type", "Authorization"],
       credentials: true,
       optionsSuccessStatus: 200,
     })
   );
   app.use(express.json());
   app.use(express.urlencoded({ extended: true }));
   app.use(busboy());
   ```

3. 3개 이상의 엔드포인트를 추가한다. 하나는 모듈 가져오기, 하나는 모듈 게시, 하나는 게시된 모듈의 파일 가져오기용이다.

   ```
   app.get("/modules", getLatestModules());
   app.post("/modules", publishModule(host));
   app.get("/files(/@:org)?/:name/:version/:file?", getFiles());
   ```

4. 예제에서는 단순화를 위해 서비스는 메모리 데이터에 대해서만 작동한다.

   ```
   const modulesData = {};

   exports.getModules = () => {
   ```

```
  const allModules = [];

  Object.keys(modulesData).forEach((name) =>
    Object.keys(modulesData[name]).forEach((version) => {
      allModules.push(modulesData[name][version]);
    })
  );

  return allModules;
};

exports.getModuleData = (name, version) => {
  const versions = modulesData[name] || {};
  return versions[version];
};

exports.setModuleData = (moduleData) => {
  const meta = moduleData.meta;
  const current = modulesData[meta.name] || {};
  modulesData[meta.name] = {
    ...current,
    [meta.version]: moduleData,
  };
};
```

5. 모듈이 tar 형태로 압축이 된 상태로 배포가 되면 파일을 추출하고 검사해야 한다 – 다음 파이프라인이 이를 도와준다.

```
exports.getModuleContent = (stream, rootUrl) =>
  untar(stream).then((files) => {
    const data = getPackageJson(files);
    const path = getMainPath(data, files);
    const root = dirname(path);
```

```
    const fileName = basename(path);
    const meta = extractMetadata(data, fileName, rootUrl);
    return {
      meta,
      root,
      files,
    };
  });
```

6. 기본 경로를 찾기 어려울 수 있다. 그래서 설정에 따라 정렬된 배열을 사용할 수 있다.

```
function getMainPath(data, files) {
  const paths = [
    data.main,
    `dist/${data.main}`,
    `${data.main}/index.js`,
    `dist/${data.main}/index.js`,
    "index.js",
    "dist/index.js",
  ];
  return paths
    .map((filePath) => `${packageRoot}${filePath}`)
    .filter((filePath) => !!files[filePath])[0];
}
```

7. node src/index.js와 같은 진입점으로 이어지는 node로 서버를 실행한다.

11-app-shell

11장의 '사이트리스 UI' 패턴에 대한 예제 프로젝트.

사전 준비 사항

예제를 실행하려면 다음 소프트웨어가 필요하다.

- Git
- Node.js
- NPM

실행하기

저장소를 복제한다.

```
git clone https://github.com/ArtOfMicrofrontends/11-app-shell.git
```

복제한 저장소의 디렉터리로 들어가 NPM 설치 명령어를 실행한다.

```
npm install
```

이제 애플리케이션을 실행한다.

```
npm start
```

단계

같은 것을 처음부터 구현하려면 다음 순서를 따른다.

1. 새로운 Node.js 프로젝트를 초기화하고 필요한 라이브러리를 설치한다.

   ```
   npm init -y
   npm install bootstrap bootstrap-icons regenerator-runtime --save
   npm install parcel-bundler cssnano --save-dev
   ```

2. 10장(SPA 구성)에서 작성된 예제의 HTML 템플릿을 재사용한다. 변경할 필요가 없다.

3. 이전 예제에서 나온 app.js의 대부분이 유효하다. 그러나 MF를 가져오는 부분을 다음과 같이 수정할 필요가 있다.

   ```
   fetch(feedUrl)
     .then((res) => res.json())
     .then((modules) =>
       modules.forEach((moduleData) => {
         const script = document.createElement("script");
         script.src = moduleData.link;
         script.onload = () => {
           const nsName = moduleData.name;
           const { setup } = window[nsName] || {};

           if (typeof setup === "function") {
             const api = createApi(nsName);
             setup(api);
           }
         };
         document.body.appendChild(script);
       })
     );
   ```

4. 각각의 MF를 위한 API를 생성하기 위한 createApi 함수를 추가한다.

11-frontend-balance

11장의 '사이트리스 UI' 패턴의 잔액표 마이크로 프런트엔드에 대한 예제 프로젝트.

사전 준비 사항

예제를 실행하려면 다음 소프트웨어가 필요하다.

- Git
- Node.js
- NPM

실행하기

저장소를 복제한다.

```
git clone https://github.com/ArtOfMicrofrontends/11-frontend-balance.git
```

복제한 저장소의 디렉터리로 들어가 NPM 설치 명령어를 실행한다.

```
npm install
```

이제 애플리케이션을 실행한다.

```
npm start
```

단계

같은 것을 처음부터 구현하려면 다음 순서를 따른다.

1. 새로운 프로젝트를 초기화하고 필요한 라이브러리를 설치한다.

   ```
   npm init -y
   npm install react react-dom --save
   npm install @babel/core @babel/preset-env @babel/preset-react babel-loader file-loader style-loader webpack webpack-cli --save-dev
   ```

2. webpack.config.js 파일을 추가하고 library를 타깃으로 하는지 (패키지 이름과 함께) 확인한다.

3. preset-react를 사용해 Babel을 위해 .babelrc 파일을 추가한다.

   ```
   {
     "presets": ["@babel/preset-env", "@babel/preset-react"]
   }
   ```

4. 이전 예제에서 사용한 잔고 내역(balance sheet) 코드를 복사한다.

5. setup 함수를 가져오기 위해 index.jsx 파일을 변경한다.

   ```jsx
   export function setup(api) {
     let BalanceSheet = undefined;

     api.registerPage("/", {
       bootstrap: () =>
         import("./BalanceSheet").then((content) => {
           BalanceSheet = content.BalanceSheet;
         }),
       mount: (target) => render(<BalanceSheet onRender={api.renderExtension} />, target),
       unmount: (target) => render(null, target),
     });
   }
   ```

6. onRender 프로퍼티를 포워드하기 위해 BalanceSheet를 변경하고 renderExtension API를 가리키게 만든다.

7. MoreBalanceInfo 컴포넌트에서 onRender 프로퍼티를 사용한다.

   ```
   const MoreBalanceInfo = ({ onRender, ...props }) => {
     const ref = React.useRef(null);

     React.useEffect(() => {
       return onRender(ref.current, "balance-info", props);
     }, []);

     return <slot ref={ref} />;
   };
   ```

8. 웹팩을 사용해 (npx webpack —mode production) MF를 만들고 아래 코드로 배포한다.

   ```
   npm pack
   curl -F 'file=@./balance-1.0.0.tgz' http://localhost:9000/modules
   rm *.tgz
   ```

   localhost:9000은 피드 서버의 주소다.

11-frontend-settings

11장의 '사이트리스 UI' 패턴의 마이크로 프런트엔드 설정에 대한 예제 프로젝트다.

사전 준비 사항

예제를 실행하려면 다음 소프트웨어가 필요하다.

- Git
- Node.js
- NPM

실행하기

저장소를 복제한다.

```
git clone https://github.com/ArtOfMicrofrontends/11-frontend-settings.git
```

복제한 저장소의 디렉터리로 들어가 NPM 설치 명령어를 실행한다.

```
npm install
```

이제 애플리케이션을 실행한다.

```
npm start
```

단계

같은 것을 처음부터 구현하려면 다음 순서를 따른다.

1. 새로운 프로젝트를 초기화하고 필요한 라이브러리를 설치한다.

   ```
   npm init -y
   npm install vue --save
   npm install @babel/core @babel/preset-env @babel/plugin-proposal-json-strings
   @babel/plugin-syntax-dynamic-import @babel/plugin-syntax-import-meta babel-loader
   css-loader vue-loader vue-template-compiler webpack webpack-cli --save-dev
   ```

2. webpack.config.js 파일을 추가하고 library를 타깃으로 하는지 (패키지 이름과 함께) 확인한다.
3. 이전 예제의 설정 코드를 복사한다.
4. setup 기능을 내보내도록 index.js를 변경한다.

   ```js
   export function setup(api) {
     let SettingsPage = undefined;

     api.registerPage("/settings", {
       bootstrap: () =>
         import("./Settings.vue").then((content) => {
           SettingsPage = content.default;
         }),
       mount: (target) => new Vue({
         el: target.appendChild(document.createElement('div')),
         render(h) {
           return h(SettingsPage, {
             props: {},
           });
         },
       }),
   ```

```
    unmount: (_, instance) => instance.$destroy(),
  });
}
```

5. 웹팩을 사용해 (npx webpack —mode production) MF를 만들고 아래 코드로 배포한다.

```
npm pack
curl -F 'file=@./settings-1.0.0.tgz' http://localhost:9000/modules
rm *.tgz
```

localhost:9000은 피드 서버의 주소다.

11-frontend-tax

11장의 '사이트리스 UI' 패턴의 세금 정보 마이크로 프런트엔드에 대한 예제 프로젝트.

사전 준비 사항

예제를 실행하려면 다음 소프트웨어가 필요하다.

- Git
- Node.js
- NPM

실행하기

저장소를 복제한다.

```
git clone https://github.com/ArtOfMicrofrontends/11-frontend-tax.git
```

복제한 저장소의 디렉터리로 들어가 NPM 설치 명령어를 실행한다.

```
npm install
```

이제 애플리케이션을 실행한다.

```
npm start
```

단계

같은 것을 처음부터 구현하려면 다음 순서를 따른다.

1. 새로운 프로젝트를 초기화하고 필요한 라이브러리를 설치한다.

   ```
   npm init -y
   npm install file-loader svelte svelte-loader webpack webpack-cli --save-dev
   ```

2. webpack.config.js 파일을 추가하고 library를 타깃으로 하는지 (패키지 이름과 함께) 확인한다.
3. 이전 예제에서 사용한 잔고 내역(balance sheet) 코드를 복사한다.
4. setup 기능을 내보내도록 index.js를 변경한다.

   ```js
   export function setup(api) {
     let Info = undefined;

     api.registerExtension("balance-info", {
       bootstrap: () =>
         import("./Info.svelte").then((content) => {
           Info = content.default;
         }),
       mount: (target, props) =>
         new Info({
           target,
           props,
         }),
       unmount: (_, info) => info.$destroy(),
     });
   }
   ```

5. 웹팩을 사용해 (npx webpack —mode production) MF를 만들고 아래 코드로 배포한다.

   ```
   npm pack
   curl -F 'file=@./tax-1.0.0.tgz' http://localhost:9000/modules
   rm *.tgz
   ```

   localhost:9000은 피드 서버의 주소다.

A – F

A/B 테스트	19, 58
aggregation layer	111
anti-forgery token	238
app shell	139
architecture guild	271
authentication	60
Backend for frontend	98
Backend for Frontend	30
BFF	30, 98
bounded context	51
breaking change	32
Browsersync	264
bundler	226
cache invalidation	128
Carbon Design	283
Cascading Style Sheets	5
CDN	140, 186
CDN: Contents Delivery Networks	123
central linking directory	91
CGI	3
change detection	44
chief product owner	273
CI/CD 파이프라인	204
CI/CD 프로세스	276
CI: continous integration	36
CircleCI	42
client-side composition	138, 141
Common Gateway Interface	3
compile-time symbol	262
Content Delivery Network	186
Contents Delivery Network	140
Content Security Policy	66
Content-Security-Policy	237
context map	52
CORS	14
cross-origin resource sharing	14
CSP	66, 237
CSR: client-side rendering	5, 78
CSRF: Cross-Site Request Forgery	238
CSS	5
DDD: domain-driven design	18
docgen	260
Docusaurus	257
DOM	62
DOM API	176
DSL: Domain-specific language	250
DX: developer experience	253
ECMAScript 5	67
edge-side composition	122
Edge Side Include	79
EMR: electronic medical records	280
ES 모듈(ESM) 시스템	169
ESI	79, 134
ESI 태그	116
extensibility	243
extension slot	179
FaaS	195
feature integration	274
feature owner	230
fullstack team	218
functional split	55
Function as a Service	195

G – M

GDPR	235
General Data Protection Regulation	235
GraphQL 게이트웨이	271
horizontal team setup	220
HTML 자리 표시자	174
HTML 템플릿	149
http-proxy-middleware	264
hybrid team setup	220
IDE	253
identity management	276
iframe-resizer	94
import maps	170
Javascript minification	5
JavaScript Web Token	30
JWT	30
keylogger	30
kitchen sink	111, 248
knowledge sharing	31
kras	264
linking directory	111
micro frontend	50
Module Federation	76, 226
monorepo	37
Mosaic 9	112

N – Z

NDA: Non-disclosure agreements	17
Nginx	126
npm 이니셜라이저	256
npm 패키지	140
OpenAPI 명세	264
OpenMRS	280
Open Web Application Security Project	233
OWASP	233
Parcel	189
Pilet	200
Piral	78, 198
Piral Inspector	265
Podium	77

Podlet	119
Progressive Web App	283
props drilling	192
PWA	283
RACI 매트릭스	215
Request for Comments	280
resolution	98
RFC	280
root config	167
scaffolding	76
scheduled release	46
SEO: search engine optimization	93
server-side composition	96
Server Side Include	79
Server Side Includes	4
shadow DOM	12
shared resource	219
shared team setup	220
single-spa	82, 166
single-spa-inspector	265
Siteless	72
Siteless UI	258
SOA: service-oriented architecture	7
SoC	54
SPA	263
SPA: single-page application	6
SPA: single-page applications	156
SRI	66
SRP: single-responsibility principle	8
SSI	4, 79, 115, 133
SSR: Server-side Rendering	3
Styleguidist	249
Subresource Integrity	66
swarming	215
SystemJS	169, 282
Tailwind CSS	233
teamchilla Blueprint	255
technical split	54
type declaration	257
TypeScript	260
typing	260
UI: user interface	71
UX	240
UX: User Experience	224
vertical team setup	218
Web Components	139
webpack	141
Webpack Module Federation	171
window.postMessage 함수	12
WMF	171
XSS	234
YAML: Ain't Markup Language	37
Yeoman	255
ZAP	231
Zed Attack Proxy	231

ㄱ - ㅅ

개발자 경험	253
검색 엔진 최적화	93
공유 인력	219
공유 팀 구성	220
관심사 분리	54
기능적 분할	55
기술적 분할	54
깃허브 Actions	204
내비게이션 마이크로 프런트엔드	55
녹색 마이크로 프런트엔드	105
단일 책임 원칙	8
단일 페이지 애플리케이션	6, 156, 263
단절적 변경	32
도메인 기반 설계	18
도메인 특화 언어	250
도큐사우르스	257
동영상으로 문서화	259
라우팅	165
레이아웃	114
리소스 경로 선정	98
마이크로 프런트엔드	50
마이크로 프런트엔드 레지스트리	151
모노리포	37, 73
모듈 페더레이션	76
문서 객체 모델	62
바운디드 콘텍스트	51, 60
번들러	226
변경 감지	44
보일러플레이트(boilerplate) 코드	76
부트스트랩	159
비밀 유지 서약서	17
빨간색 마이크로 프런트엔드	99
사용자 경험	224, 240
사용자 인증	60
사용자 인터페이스	71
사이트 간 스크립팅	234
사이트 간 요청 위조	238
사이트리스	72
사이트리스 UI	258
섀도 DOM	12, 147, 150
서버 측 구성	96
서버 측 렌더링	3
서비스 지향 아키텍처	7
세금 마이크로 프런트엔드	161
솔리드 프레임워크	173
수직 팀 구성	218
수평적 팀 구성	220
스워밍	215
스캐폴딩	76, 267
스캐폴딩 도구	255
신원 관리	276

ㅇ - ㅎ

아키텍처 길드	271
앱 셸	139
아믈	37
에지 측 구성	122
연결 디렉터리	111
예약된 릴리스	46
웹 컴포넌트	139, 148
웹팩	141
웹팩 모듈 페더레이션	226
위조방지 토큰	238
임포트 맵	170
자기완비적(self-contained) 도메인	52
자바스크립트 축소	5
재귀적 레졸루션	98
전략적 도메인 설계	52
전술적 설계	52
전자 의무 기록	280
정보 중심적(information-driven) 웹 애플리케이션	121
주문 마이크로 프런트엔드	57
중간자 공격	66
중앙 연결 디렉터리	91
지속적 통합	36
지식 공유	31
집계 계층	111
집계(aggregation) 계층	98
최고 프로덕트 오너	273
카본 디자인	283
캐시 무효화	128
컴파일 타임 기호	262
콘텍스트 맵	52
콘텐츠 전송 네트워크	123
클라이언트 측 구성	138, 141
클라이언트 측 렌더링	5, 78
키로거	30
키친 싱크	111, 248
타이핑	260
타입 선언	257
타입스크립트	260
통합 개발 환경	253
트랙터 매장	99
파란색 마이크로 프런트엔드	103
파이럴	78, 198, 256
파이럴 CLI	204
파일렛	200
포들릿	119
포디움	77
폴백	245
풀스택 팀	218
프롭 드릴링	192
피처 오너	230
피처 통합	274
하이브리드 팀 구성	220
화면 디자인	240
확장성	241
확장 슬롯	179
횡단 관심사	26, 60